跨境电子商务
创新型人才培养系列教材

跨境电商
物流管理

郭冬芬 / 主编

CROSS-BORDER
Electronic Commerce

人民邮电出版社
北京

图书在版编目（ＣＩＰ）数据

跨境电商物流管理 : 微课版 / 郭冬芬主编. -- 北京 : 人民邮电出版社, 2024.1
跨境电子商务创新型人才培养系列教材
ISBN 978-7-115-62147-4

Ⅰ. ①跨… Ⅱ. ①郭… Ⅲ. ①电子商务－物流管理－高等学校－教材 Ⅳ. ①F713.365.1

中国国家版本馆CIP数据核字(2023)第120381号

内 容 提 要

本书采用项目导向、任务驱动的编写体例，共七个项目，包括认识跨境电商和跨境电商物流、认识跨境电商物流网络、跨境电商出口物流模式选择、跨境电商物流运输管理、跨境电商出口物流通关、跨境电商进口物流模式选择，以及科技赋能。全书内容编排基于企业业务过程和教育认知规律，循序渐进展开。

本书可作为应用型本科院校和高等职业院校物流管理类、邮政快递类、跨境电商类、国际贸易类等专业的教材，也可作为物流企业、快递企业、邮政企业、电子商务企业在职人员的培训教材。

◆ 主　　编　郭冬芬
责任编辑　刘　尉
责任印制　王　郁　彭志环
◆ 人民邮电出版社出版发行　　北京市丰台区成寿寺路 11 号
邮编　100164　　电子邮件　315@ptpress.com.cn
网址　https://www.ptpress.com.cn
三河市兴达印务有限公司印刷
◆ 开本：787×1092　1/16
印张：12.75　　2024 年 1 月第 1 版
字数：279 千字　　2024 年 1 月河北第 1 次印刷

定价：42.00 元

读者服务热线：(010)81055256　印装质量热线：(010)81055316
反盗版热线：(010)81055315
广告经营许可证：京东市监广登字 20170147 号

前言
FOREWORD

跨境电商是“互联网+”时代新兴的国际贸易模式，近年来发展势头迅猛。跨境电商的发展为我国物流企业带来了新机遇，越来越多的物流企业开展跨境电商物流业务。作为国际贸易新业态，跨境电商的交易流程、物流方式、结算方式等相比传统国际贸易发生了很大变化。为适应行业发展，满足企业对跨境电商物流专业人才的需求，编者在深入企业调研的基础上，联合行业企业专家，撰写了本书。

本书遵循以下几项原则。

（1）贯彻党的二十大精神，落实立德树人根本任务。将社会主义核心价值观、爱岗敬业、行业工匠精神、担当意识、服务意识等融入教材，通过案例、讨论培养学生良好的职业素养。

（2）内容选取基于企业岗位需求。经过长达两年的企业调研，在充分梳理业务流程、岗位任务的基础上，与企业专家合作，设计大纲，撰写内容，注重先进性和实用性，注重培养学生的综合素质和岗位胜任能力。

（3）建设丰富的配套资源。针对重要知识点和技能点，与专业公司合作，制作了配套微课和动画，以二维码形式嵌入本书中，命制了多样性试题库，便于教师教学和学生自主学习。

（4）内容编排遵循科学性、完整性和逻辑性。基于企业业务过程和学生的认知规律，循序渐进编排内容，做到图文并茂、层次分明、布局合理。

本书共七个项目，包括认识跨境电商和跨境电商物流、认识跨境电商物流网络、跨境电商出口物流模式选择、跨境电商物流运输管理、跨境电商出口物流通关、跨境电商进口物流模式选择和科技赋能，覆盖了从事跨境电商物流服务所需的相关知识和技能。

本书与当前市场上同类教材的不同之处在于系统梳理了跨境电商B2C出口通关模式及流程、跨境电商B2B出口通关模式及流程，跨境电商包裹直邮进口、集货直邮进口、保税备货进口的物流流程和通关流程，增加了科技赋能跨境电商物流的内容，填补了同类教材在这些知识点上的空白，更具实用性、先进性和科学性。

在编写本书的过程中，编者到中国邮政集团有限公司福州市分公司、青岛市分公司、河南省分公司、广州市分公司、上海市分公司、北京市分公司等企业调研，得到了企业专家的指导和支持；本书参考了大量企业资料、案例，以及其他学者的文献资料，编者在此一并表示感谢。

本书由郭冬芬教授任主编，中国邮政速递物流股份有限公司企业专家孙韬对本书的框架设计和内容选择给予指导，为本书编写提供了许多资料，并对内容进行把关。具体编写分工为：项目一、项目二由郭冬芬、侯维磊编写，项目三由常琳、赵世文编写，项目四由赵世文、王彬编写，项目五由郭冬芬、孙韬编写，项目六由郭冬芬、孙韬、常琳编写，项目七由郭冬芬、赵世文编写。郭冬芬对全书进行统稿、修改工作。此外，中国邮政集团有限公司山东省分公司郭嘉伟、中国邮政航空有限责任公司胡丕辉为本书的编写提供了案例和技术帮助。

跨境电商物流模式仍处于不断变化的阶段，行业相关的新政策也不断出台，加之编者水平有限，书中难免存在不足之处，敬请广大读者批评指正。

编者

2023年6月

目录
CONTENTS

认识跨境电商和跨境电商物流

知识目标

- 掌握跨境电商的概念、优势及分类
- 掌握跨境电商物流的概念及特点
- 了解跨境电商的发展背景及产业链

能力目标

- 能分析跨境电商物流存在的问题
- 能分析跨境电商物流的发展趋势

职业素养目标

- 建立新时代国际物流视野
- 培养敏锐的行业洞察力
- 坚定文化自信、行业自信
- 培养爱岗敬业、乐于奉献的品质

任务一 认识跨境电子商务

任务背景

随着互联网技术的迅猛发展，国际贸易形态被重塑。作为国际贸易新业态，我国跨境电商市场交易规模持续增长，成为拉动经济增长的新引擎。跨境电商的发展对跨境电商物流提出新要求，也带来新机遇。图1-1所示为2010—2021年中国跨境电商市场交易规模。

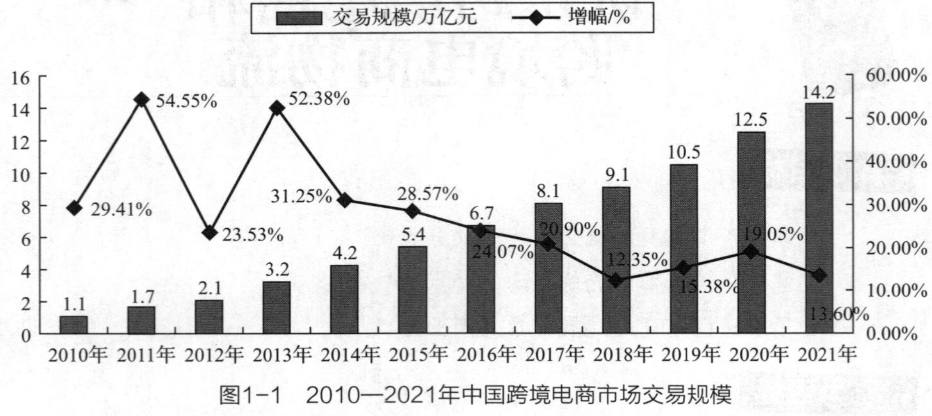

图1-1　2010—2021年中国跨境电商市场交易规模

任务问题

请分析我国跨境电子商务迅猛发展的驱动因素是什么？跨境电子商务与传统跨境贸易有什么区别，具有哪些优势？

知识准备

一、什么是跨境电子商务

跨境电子商务简称跨境电商，是指分属不同关境的交易主体，通过电子商务平台达成交易、进行支付结算，并通过跨境物流送达商品、完成交易的一种国际商业活动。

认识跨境电子商务

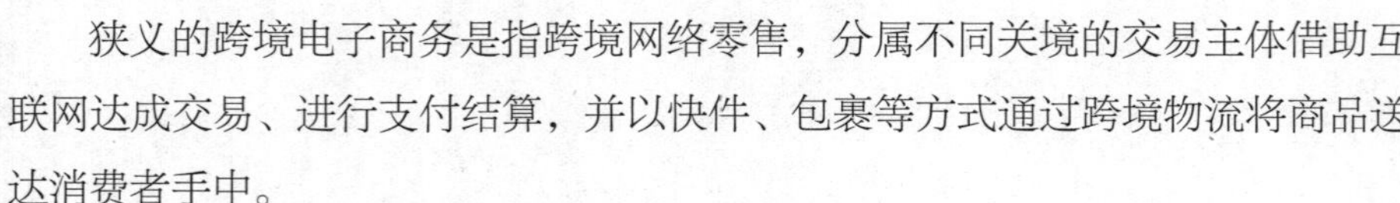

狭义的跨境电子商务是指跨境网络零售，分属不同关境的交易主体借助互联网达成交易、进行支付结算，并以快件、包裹等方式通过跨境物流将商品送达消费者手中。

广义的跨境电子商务泛指对外贸易电子商务的活动，即分属不同关境的交易主体通过电子商务的手段，将传统进出口贸易中的展示、洽谈和成交环节进行电子化、数字化和网络化，并通过跨境物流运输商品，最终达成交易的跨境进出口贸易活动。

二、我国跨境电子商务发展的背景

拉动经济增长的“三驾马车”为“投资”“出口”和“消费”。跨境电子商务连着“出口”和“消费”两驾马车，对拉动国民经济发展有着重要作用。我国跨境电子商务发展的背景因素包括传统外贸面临挑战、采购需求发生变化、互联网经济兴起和国家政策推动。

（一）传统外贸面临挑战

在2008年之前，全球经济快速发展，对外贸易环境宽松。我国于2001年12月加入世界贸易组织（World Trade Organization，WTO），随着对外开放程度的不断提升，物美价廉的中国制造产品受到境外市场的高度欢迎，中国外贸进出口总额以双位数快速增长。

在2008年之后，国际市场需求持续低迷，我国国际贸易面临压力。由于外部环境的不稳定和不确定因素增多，欧美国家号召工业回归，周边新兴经济体中低端制造业开始崛起，我国传统外贸竞争优势受到挑战，需寻找新的增长途径。

（二）采购需求发生变化

金融危机、经济低迷带来的收入增长趋缓，促使普通消费者改变既往的消费方式，转而通过网络从境外市场购买物美价廉的商品；对于贸易进口商而言，出于缓解资金压力和控制库存风险的考虑，也倾向于将大额采购转变为中小额采购、长期采购转变为短期采购，单笔订单的金额明显减少。在这一背景下，小批量、碎片化的跨境电商对我国进出口贸易市场的影响力与日俱增，成为对外贸易发展的新增长点。

（三）互联网经济兴起

虽然传统外贸受到挑战，但我国的互联网经济逐渐兴起。2004年敦煌网成立，B2B线上交易模式开始被行业认知，2006年前后，兰亭集势、环球易购、有棵树、大龙网、米兰网等相继成立。2007年淘宝网“全球购”上线，2010年阿里巴巴集团成立全球速卖通，拓展跨境B2C在线交易；2012年年底，国家发展和改革委员会与海关总署在郑州召开动员大会，启动跨境电商城市试点。2014年，海关总署发布了第56号和第57号文，增列跨境电商专属的监管代码，推进通关便利化和电子化。随着政府继续加强宣传并出台支持政策，各行各业对跨境电商领域的关注热情空前高涨，境内外电商企业、传统外贸企业、零售企业、物流企业等纷纷进入跨境电商行业。

（四）国家政策推动

作为国际贸易新业态，跨境电商的发展也遇到了一些“成长的烦恼”，如海关监管、查验征税、结汇退税需要政策导向，解决支付配套、物流配套、商品侵权、交易纠纷等问题也需要政府支持。为此，国家连续出台一系列政策扶持跨境电商行业发展，包括出台海关监管、支付、税收等政策，设立跨境电商综合试验区，支持海外仓建设，为跨境电商物流服务提供基础设施等。

三、跨境电子商务的优势

互联网技术的发展与应用重塑了许多传统行业的运营模式，跨境电商就是“互联网+”背景下跨境贸易模式被重塑的典型案例。跨境电商相比传统跨境贸易发生了很大变化，主要体现在以下几个方面。

一是基于互联网平台，跨境电商可以大幅降低买卖双方的信息沟通成本，使卖方可以直接面对来自不同国家（地区）的消费者，在线上直接匹配交易主体，最大限度地减少传统跨境贸易所必须涉及的交易环节，提高商品流通效率、增加贸易发生机会。

二是与传统跨境贸易相比，跨境电商的物流方式更加敏捷和便利。传统跨境贸易通过大规模、集装箱方式将商品从出口国（地区）运送至进口国（地区），再通过进口国（地区）的批发商、零售商进一步分销，发货时间间隔长，发货频次少；而跨境电商通过小规模、快递包裹的方式将商品从出口国（地区）运送至进口国（地区），并直接配送到零售商或者消费者手中，发货时间间隔短，发货频次多，发货品种多样。跨境电商与传统跨境贸易流通环节的对比如图1-2所示。

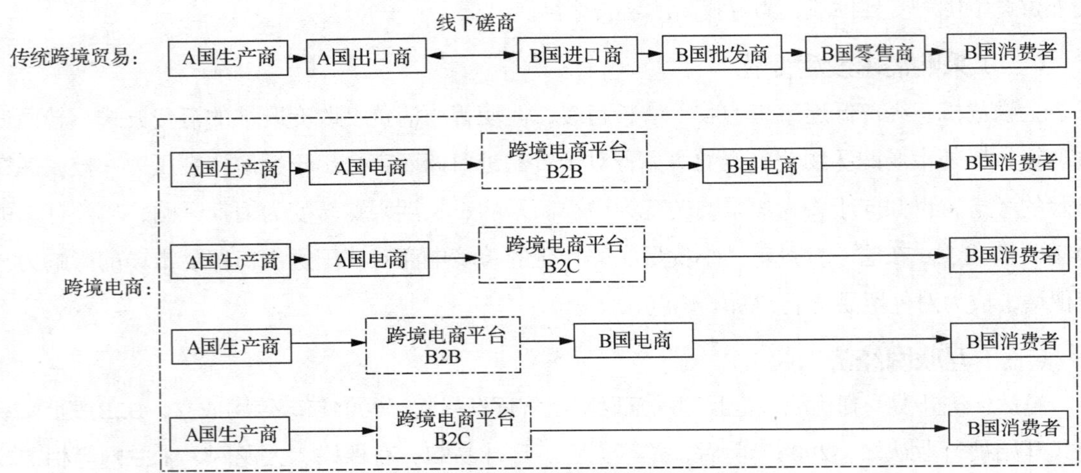

图1-2　跨境电商与传统跨境贸易流通环节的对比

三是在跨境电商模式下，从订购、支付到数字化商品的交付都可通过网络在线完成，交易过程中的运输单据、交易合同以及各种票据都可以电子形式传输和保存。

总体来说，跨境电商具有以下优势。

（1）缩短贸易中间环节，提高商品流通效率。

（2）随着信息技术、物流、通关、支付等配套的完善，可进一步降低全球贸易门槛，增加企业参与机会。

（3）可直接获取境外市场信息和消费者反馈信息，提高卖家应对境外市场的灵敏度，有利于提供精准营销和个性化定制等服务。

【案例】跨境电商让卖家和境外消费者更近

中国假发在美国十分畅销，一位黑人女孩买了假发以后，戴着假发在游泳的时候，假发一缕一缕地脱落，场面非常尴尬。第二天，她很气愤地到全球速卖通平台投诉，为什么假发不防水？一周后，全球速卖通平台上的中国卖家制造出第一款防水假发。

四、跨境电子商务的类型

跨境电子商务的类型

（一）按跨境电商交易主体分类

跨境电子商务的交易主体主要分为企业卖家（Business）和个人消费者（Consumer）。根据参与跨境电商交易的主体不同，将跨境电子商务分为B2B（企业对企业）跨境电子商务、B2C（企业对个人）跨境电子商务和C2C（个人对个人）跨境电子商务3种类型。

B2B（Business to Business）跨境电子商务也称在线批发，是指境内企业卖家与境外企业买家通过跨境电商平台进行商品、服务及信息交换，代表性平台有敦煌网、阿里巴巴国际站、环球资源网、中国制造网等。

B2C（Business to Consumer）跨境电子商务是指企业卖家通过跨境电商平台对个人消费者进行网上零售，代表性平台有天猫国际、全球速卖通、考拉海购和京东国际等。

C2C（Consumer to Consumer）跨境电子商务是指从事外贸活动的个人通过跨境电商平台对境外个人消费者进行网上零售，代表性平台有海蜜、洋码头等。

（二）按商品流动方向分类

按商品流动方向，将跨境电子商务分为出口跨境电子商务和进口跨境电子商务。

出口跨境电子商务是指通过电子商务渠道把境内商品销售到境外市场，代表性平台有全球速卖通、敦煌网、兰亭集势、Wish、eBay、亚马逊等。

出口跨境电子商务可以细分为B2B出口跨境电子商务、B2C出口跨境电子商务。

B2B出口跨境电子商务是指境内企业卖家通过跨境物流将商品运送至境外企业或海外仓，并通过跨境电商平台完成交易的贸易形式。其卖家主要以境内的生产商、贸易商为主，买家主要以境外的贸易商、批发零售商、生产商、网店主为主体。该模式下，从交易撮合到完成订单、物流配送、融资、结汇退税、交易保障等都能在线上进行。

B2C出口跨境电子商务是指境内企业卖家通过跨境电商平台向境外个人买家销售商品的贸易形式。其卖家主要以境内的贸易商、网店主为主，也有少量的生产商；买家主要以境外的个人消费者为主。该模式下，平台为卖家将商品销售给境外消费者提供信息展示和交易流程服务，消费者不需要通过中间批发商或零售商等环节，就能实现选购商品并在线支付及完成收货。

进口跨境电子商务是指通过电子商务渠道把境外商品销售到境内市场的贸易形式。例如境内买家在电子商务平台上挑选、购买境外商品，由跨境物流将商品运送到境内并完成配送。经营进口跨境电子商务的平台有洋码头、考拉海购、天猫国际、聚美优品等。

（三）按商品销售平台是否自建分类

按商品销售平台是否自建，将跨境电子商务分为自营型跨境电子商务和平台型跨境电子商务。

自营型跨境电子商务通常是指企业自建销售平台，将其经营的商品放在平台上展示并进行在线交易，然后通过物流配送将商品送达最终消费群体的模式。这种模式的代表有考拉海购、兰亭集势等。

平台型跨境电子商务是通过收集买卖双方的信息并提供给供应商或者客户进行实际交易，通过线上搭建电商商城，整合物流、支付等服务资源，吸引各大卖家入驻，提供跨境电商服务。这种模式的代表有亚马逊、天猫国际、京东国际等。

【课堂活动】

环球易购、eBay、Wish分别属于哪一类跨境电子商务平台?

（四）按经营品类分类

根据经营品类的不同，将跨境电子商务分为综合型跨境电子商务和垂直型跨境电子商务。

综合型跨境电子商务销售的商品种类多、杂，业务形式多样，如eBay、天猫国际、考拉海购。

垂直型跨境电子商务销售某一特定领域、特定范围的商品，如唯品会、聚美优品等。

五、跨境电子商务产业链

跨境电子商务产业链除了上游生产制造企业、跨境电商企业和下游跨境电商买家之外，还需要诸多相关配套服务，如支付、物流、清关、法律咨询等。跨境电商相关配套服务的质量与效率直接影响跨境电商买家体验和交易规模的扩大。

跨境电子商务产业链相关主体包括生产制造企业、跨境电商企业、跨境电商买家、跨境电商平台、支付服务商、物流服务商、运营服务方和监管主体等，如图1-3所示。下面对产业链中的若干主体进行介绍。

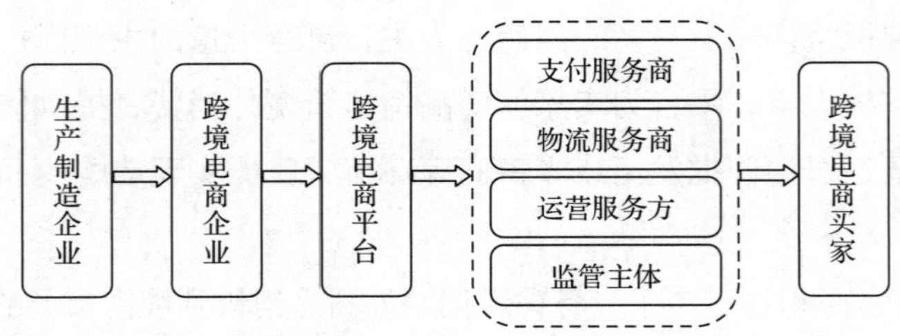

图1-3　跨境电子商务产业链示意图

（一）跨境电商企业

跨境电商企业即商家，是指自境外向境内消费者销售跨境电子商务进口商品的境外注册企业（不包括在海关特殊监管区域或保税物流中心注册的企业），或者自境内向境外消费者销售跨境电子商务出口商品的企业。

（二）跨境电商平台

跨境电商平台是指在境内办理工商登记，为交易双方（跨境电商买家和跨境电商企业）提供网页空间、虚拟经营场所、交易规则、信息发布等服务，并为交易双方独立开展交易活动提供信息网络系统的经营者。例如敦煌网、阿里巴巴国际站、亚马逊、Wish等属于跨境电商在线交易平台。

（三）支付服务商

根据商家归属地、买家归属地、交易币种、结算币种的不同，将跨境支付分为出口贸易跨境支付和进口贸易跨境支付。

目前，跨境电子支付服务机构主要有第三方支付服务商、银联和银行，其中选择使用第三方支付服务商的跨境电商买家最多。例如，PayPal是全球最大的在线支付公司之一，支持全球190个国家和地区的25种货币交易，在欧美地区的应用普及率极高。

我国支付宝凭借境内第三方支付的良好基础，逐步进军跨境电商支付行列，目前已覆盖30多个国家和地区，支持美元、英镑、欧元、瑞士法郎等10多种外汇结算。此外，还有财付通、快钱、汇付天下等第三方支付机构，以及提供一站式跨境收款支付服务的企业，如连连跨境支付、Skyee等。

（四）物流服务商

提供跨境电商物流服务的企业有第三方物流服务商和平台自建物流。

1. 第三方物流服务商

第三方物流服务商又可分为综合类物流服务商和专业类物流服务商。

（1）综合类物流服务商

综合类物流服务商能够提供从揽收、头程运输、清关报关到海外仓储、配送全链条服务，服务区域可覆盖多数国家和地区，并通过提供多种时效、多种可追踪性、多种服务水平的差异化产品供买家选择。

我国综合类物流服务商代表有中国邮政、顺丰速运、递四方、纵腾集团、燕文物流、万邑通等。

（2）专业类物流服务商

专业类物流服务商是指聚焦揽收、境内货代、头程、清关报关、海外配送中的某个环节，或聚焦某个特定目标国（地区）提供服务项目的物流企业，如深圳市坤鑫国际货运代理有限公司等。

2. 平台自建物流

平台自建物流代表企业有菜鸟网络、京东物流、亚马逊物流等。

菜鸟网络通过打造“全球72小时达”物流网络，面向阿里巴巴国际站、天猫国际、淘宝全球购、全球速卖通、天猫淘宝海外等提供跨境物流服务。

京东物流在北美洲和欧洲等地设立了多个海外仓，京东旗下的京东国际在杭州、广州、郑州、廊坊和上海等地拥有保税仓，在法国开设了采购中心，联手eBay提供跨境直购服务，京东物流为其提供进口清关及配送等服务。

亚马逊物流同时把IT、物流和零售做到极致，通过整合供应链物流资源成为集仓配、国际货运于一体的综合物流服务商。

（五）运营服务方

运营服务方指外贸综合服务平台、外贸流程中不同环节的服务方、为跨境电商提供专业服务的企业等。

1. 外贸综合服务平台

外贸综合服务平台是指以整合各类环节服务为基础，然后统一投放给中小外贸企业，主要服务包括融资、通关、退税以及物流、保险等外贸必要环节。通过外贸综合服务平台，中小外贸企业可以在通关、退税等方面享受到大企业的服务。例如阿里巴巴的一达通外贸综合服务平台，通过线上操作及建立有效的信用数据系统，整合各项外贸服务资源和银行资源，为中小企业提供专业、低成本的通关、外汇、退税及配套的物流和金融服务。

2. 外贸流程中不同环节的服务方

外贸流程中不同环节的服务方是指围绕外贸过程中的验厂、检测验货、跟单等环节，以及一般的通关、货代业务等，为跨境买卖双方提供服务的服务商。

3. 为跨境电商提供专业服务的企业

为跨境电商提供专业服务的企业主要包括：针对跨境电商生态链条提供各类服务的主体，例如，境外法律咨询与整体合规解决方案服务、关汇税专业咨询服务，数据分析服务机构，系统集成机构、专业协会等；在境内办理工商登记，接受跨境电商企业委托，为其提供申报、支付、物流、仓储等服务，具有相应运营资质，直接向海关提供有关支付、物流和仓储信息，接受海关、市场监管部门监督并承担相应责任的主体。

（六）监管主体

监管主体指在海关检疫、税收、支付等方面对跨境电商各主体与场景模式进行监督管理的政府部门。

任务二 认识跨境电商物流

任务背景

随着跨境电商产业的不断发展壮大，其对跨境电商物流服务的需求也同步增加。近年来，我国跨境电商物流行业市场规模呈现逐年增长态势，如图1-4所示。跨境电商碎片化、小批量、高频率的购买方式使得跨境电商物流具有更复杂的特征，目前，跨境物流仍然是商品跨境流通过程中的短板。作为行业后备人才，应该了解跨境电商物流的特点、存在的问题，才能在今后的工作中有意识地改进物流服务质量，满足跨境电商物流服务需求。

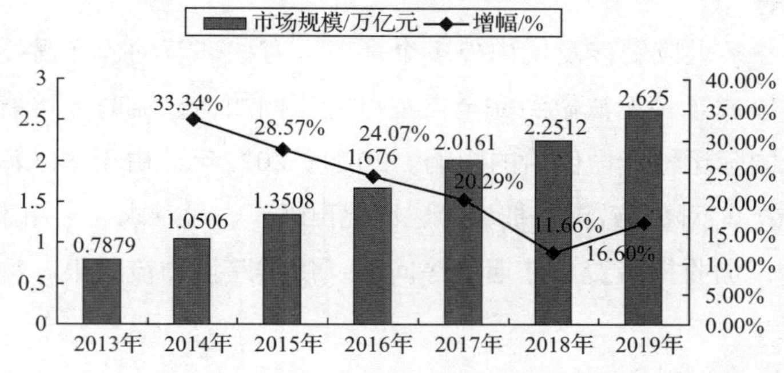

图1-4 2013—2019年中国跨境电商物流行业市场规模及增幅

任务问题

请查阅资料，分析近10年来我国跨境电商物流发展情况，说出跨境电商物流有哪些特点，在支撑跨境电商发展方面还存在哪些问题？国家出台了哪些政策和措施来支持跨境电商物流发展？跨境电商物流今后的发展趋势是什么？

知识准备

一、什么是跨境电商物流

有商品交换就有物流活动。中华人民共和国国家标准《物流术语》（GB/T 18354—2021）对物流（Logistics）的定义：根据实际需要，将运输、储存、装卸、搬运、包装、流通加工、配送、信息处理等基本功能实施有机结合，使物品从供应地向接收地进行实体流动的过程。

认识跨境电商物流

跨境电商物流就是由跨境电子商务交易所产生的物流活动，是通过国际物流网络，用最合适的渠道和路径，以合理的价格和最小的风险实现对跨境电子商务交易订单的履行和实物的交付，包括仓储、运输、配送一体化物流及进出口清关、本地化售后服务等。

跨境电商交易主体分属不同关境，交易在网上完成，此时线下的实物交付过程就显得十分重要，直接影响客户体验和整个交易过程能否顺利完成。跨境电商迅速发展，必然需要物流跟上节奏。作为行业的新生板块，跨境电商物流的发展极具潜力。

二、跨境电商物流的特点

跨境电商物流主要包括以下几个特点。

（一）复杂程度高

跨境电商物流的复杂性体现在流程环节多、运输距离远、物流过程长等方面。跨境电商物流除了涉及境内外的揽收、集运、中转、运输、仓储、分拨、配送等常规物流环节外，还涉及清关报关、检验检疫问题，还要求工作人员具备较好的税务知识和外语沟通能力。

（二）可控性差

跨境电商物流整条供应链涉及境内外多个环节，有些环节的操作需要外包给其他物流商，物流时效、物流成本等无法做到完全自主可控。例如，物流时效可能会受海关清关效率的影响，还会受国际运输能力供给的影响。2020—2022年，由于国际海运、空运班次减小，境外港口作业效率下降导致港口拥堵等，因此出现了一舱难求、一箱难求，海运公司、航空公司大幅涨价，加收拥堵费、滞期费等问题，使得跨境物流时限、物流成本受到严重挑战。

（三）多种形式并存

由于跨境电商物流链条比国内电商物流链条更长，涉及的经营者也更为多样，既有支持B2B大额业务的海运拼箱及空运业务，也有支持跨境小包裹的快递业务，还有围绕贸易过程中的验厂、检测验货、跟单，以及通关、货代等业务；跨境电商物流模式也有邮政包裹、国际快递、海外仓、跨境专线、平台自建物流等多种形态。

（四）对科技的依赖度高

数字化正在改变着贸易格局、供应链物流效率和竞争方式。跨境电子商务交易具有碎片化、小单化、高频次、强时效、交易商品低值化等特点，物流效率和物流成本直接影响电商卖家的利润和买家体验，而跨境电商物流的复杂性又使得物流时效、物流成本较难控制，因此物流业必须依靠科技手段创新服务模式，优化作业流程，才能达到提质增量、降本增效、改善买家体验的目的。

（五）需要整合多方资源

跨境电商物流业务具有链条长、运输距离远，且涵盖报关清关等业务环节的特点，这使得物流服务商很难对跨境物流全环节实现全流程自营，往往需要通过整合外部物流资源才能完成综合物流服务。

例如，部分跨境物流服务商通过自营物流人员上门揽货并通过自有车队进行运输，如燕文物流、递四方；也有部分跨境物流服务商利用第三方（如通达系）网点进行揽货，如纵腾集团等。

在货物的国际运输环节，多数跨境物流服务商向船公司、航空公司、铁路运输公司、公路运输公司或其代理公司采购运力，如燕文物流、递四方、中国邮政等。少数跨境物流服务商具备自有运力，如UPS、FedEx、DHL等，但在旺季也会对外采购运力做补充。

尾程配送是将跨境包裹配送给买家的最后一个环节，多数跨境物流服务商并不具备境外尾程配送的能力，通常会根据货物品类和时效要求，选择目的国（地区）的物流服务商，如邮政网络、第三方物流服务商，DHL、FedEx等完成配送。

【案例】马士基宣布收购两大电商物流公司

2021年8月，马士基宣布收购总部位于美国犹他州盐湖城、专注于美国B2C包裹速递和B2C配送服务的物流公司Visible Supply Chain Management（Visible SCM）。同时，马士基还有意收购总部位于荷兰、专注于欧洲B2C包裹速递服务的物流公司B2C Europe Holding B.V.（B2C Europe）。在电商物流领域，马士基通过整合资源，正专注于构建两大核心业务能力——以强大灵活的电商技术支撑的B2C配送和B2C包裹速递服务。

三、跨境电商物流存在的问题

跨境电商市场的日益繁荣和不断壮大，为跨境电商物流的发展带来巨大潜力，但目前跨境电商物流的发展仍跟不上跨境电商发展的节奏，在跨境电商平台的订单投诉中，很大一部分是因为物流引起的。货物积压、延误或丢失破损，物流成本高、配送周期长、基础设施不完善、信息化水平低等问题成为制约跨境电商发展的瓶颈，如何提高跨境电商物流效率、降低跨境电商物流成本、提高跨境电商物流服务水平是当前跨境电商物流企业面临的痛点。

（一）物流成本高

跨境电商物流的运输、存储、配送、管理等环节比国内物流要复杂很多，有些环节的费用也比国内物流高出很多倍，跨境电商物流的高成本会降低商品的利润，如果再产生退货行为，则会进一步增加物流成本。跨境电商物流成本居高不下，不仅让小企业望而却步，而且会让大企业倍感压力。

（二）配送周期长

跨境电商物流运输距离长、涉及环节多，影响物流效率的因素有很多。物流效率不仅受国际运输、装卸搬运、仓储作业效率等因素的影响，还受海关通关效率的影响。通关不顺、海关通关效率低下会进一步限制跨境电商物流效率。

相比国内电商包裹快递已建立起的“当日达”“次日达”的配送标准，目前跨境电商的境外客户下单后，网购商品的配送时间往往长达3～15天，甚至一个月，不仅使得某些商品的质量不能得到保障，也严重影响客户购物体验。

（三）退换货难

网购的特点是由于没有实体店的亲身体验，客户可能会感觉收到的商品与网上展示的样式或功能有出入，进而产生退换货要求。如何给客户提供便捷、满意的退换货服务，成为商家的一大问题。但跨境电商物流涉及境外物流环节， 程序复杂，物流周期长，造成货物损坏或者丢失的风险高，存在海关与商检可能。跨境电商退换货难、退货手续烦琐、退货成本高是跨境物流的一大短板。

（四）基础设施建设不完善

跨境电商物流涉及跨国家（地区）之间的运输、配送、仓储等环节，需要完善的物流基础设施做支撑，而当前缺少境外自主可控的物流中转分拨中心，一些国家（地区）的物流基础设施建设还比较落后，作业效率也比较低下。我国在出口跨境物流能力建设方面存在较大短板，如自主可控的国际航空货运能力严重不足，缺乏具有全球服务能力的物流集成商和服务跨境电商业务的专业化、国际化供应链管理商和大型航空承运商等。

（五）物流信息化水平不能满足客户需求

跨境电商物流商品的物流状态无法全程跟踪。客户从网站购物之后，希望能及时查询已购商品处于什么位置，但许多时候并不能及时查询商品位置信息变更，客户可能会等待许久才有信息。目前，跨境电商物流存在跨境物流信息专业人才缺乏，物流信息整合能力弱，信息的传输渠道不够通畅，信息的完整性无法得到保证等问题。

四、跨境电商物流发展趋势

（一）发展前景广阔

跨境电商的发展离不开线下物流体系的支撑，跨境电商和跨境电商物流是相辅相成、相互促进的正反馈关系。

一方面，作为国际贸易新业态，我国跨境电商交易规模将持续增长，预计2020—2025年，中国跨境电商复合增速达25%，跨境电商交易规模的持续增长带来跨境电商物流需求的增长，将驱动跨境电商物流产业不断发展。

另一方面，国家高度重视物流业发展，将物流业定位为支持经济发展的基础性、先导性、战略性产业，密集出台文件和措施促进跨境电商物流基础设施建设，扶持跨境电商物流发展。可以说，在跨境电商规模持续增长的带动下，以及国家利好政策的推动下，我国跨境电商物流将与跨境电商协调发展，未来具有非常广阔的发展空间。

（二）物流服务水平将不断提升

物流体验直接影响电商客户的选择。据有关机构调查，接近1/4的全球网购客户认为配送速度是影响他们选择平台时的关键考量。跨境电商平台和卖家为了给境外客户提供与其在本国（地区）网购更为接近的消费体验，会对跨境物流服务商的时效、物流线路的稳定性、售后纠纷处理、退换货便利性等服务质量提出更高要求，同时也对服务价格十分敏感，会高度关注旺季或网路异常情况下物流服务商的应对能力。这些需求将促使跨境电商物流服务商提高综合运营能力、提升跨境电商物流服务水平。

（三）数字化、信息化、智能化水平提升

数字化、信息化、智能化技术在我国电商物流领域的应用已经很广泛，在提高物流效率、降低物流成本、改善客户体验方面取得非常好的效果。未来将带动物联网、大数据、云计算、区块链、AI人工智能等技术在跨境物流领域的应用，助力实现跨境商品的全流程跟踪、网络线路的智

能优化、供应链精准预测，未来跨境电商物流过程将更加透明，开展智慧作业，保障跨境物流运输安全。

（四）跨境物流服务向综合型、一体化方向发展

随着线上购物的持续渗透，全球客户对物流服务的需求更加多样，跨境电商平台和大卖家会根据商品单价、品类、时效、目的国家（地区）等因素，对跨境电商物流服务产品提出多样化的需求，同时能否提供良好的售后维修、退换货服务也是跨境电商平台改善客户体验需要考虑的重要因素，这些要求会促使跨境物流服务商向提供多种服务产品、全链条、正向物流、逆向退货、售后维修的综合物流服务转变。

【职业素养栏目】了解国家政策，树立行业自信

扫描二维码，学习阅读材料中列举的文件内容。讨论国家对跨境物流行业有着怎样的重视？上网搜集国家近期出台了哪些支持跨境电商物流发展的文件？作为在校学生，谈谈自身学习与行业发展的关系？

阅读材料：国家高度重视跨境电商物流的发展

课后习题

一、单选题

1. 以下不是跨境电商流通环节的是（　　）。

A. A国生产商—A国出口商—B国进口商—B国批发商—B国零售商—B国消费者

B. A国生产商—A国电商—跨境电商平台（B2C）—B国消费者

C. A国生产商—跨境电商平台（B2C）—B国消费者

D. A国生产商—A国电商—跨境电商平台（B2B）—B国电商—B国消费者

2. 平台为卖家将商品销售给境外消费者提供信息展示和交易流程服务，消费者不需要通过中间批发商或零售商等环节，就能实现选购商品并在线支付及完成收货属于（　　）模式。

A. B2B　　B. B2C　　C. C2B　　D. C2C

3. 以下提供跨境电商物流服务的企业中不属于平台自建物流的是（　　）。

A. 菜鸟网络　　B. 京东物流　　C. 亚马逊物流　　D. 中国邮政

4. 以下不属于跨境电商物流存在的问题的是（　　）。

A. 物流成本高　　B. 配送批量大　　C. 退换货难　　D. 基础设施建设不完善

5. 2020—2022年，由于国际海运、空运班次减少，境外港口作业效率下降导致港口拥堵等，因此出现了一舱难求、一箱难求，海运公司、航空公司大幅涨价，加收拥堵费、滞期费等问题，体现了跨境电商物流的（　　）特点。

A. 复杂程度高　B. 可控性差　C. 多种形式并存　D. 对科技的依赖度高

6. 跨境电商物流成本高的原因不包括（　　）。

A. 货物积压、延误或丢失破损　B. 跨境电商物流比国内物流流程更复杂

C. 跨境电商物流效率低下　D. 跨境电商物流服务水平低

7. 流程环节多、运输距离远、物流过程长。涉及境内外的揽收、集运、中转、运输、仓储、分拨、配送，以及清关报关、检验检疫问题等，体现了跨境电商物流（　　）的特点。

A. 复杂程度高　B. 可控性差　C. 多种形式并存　D. 对科技的依赖度高

8. 跨境电子商务监管主体不包括（　　）。

A. 海关检疫　B. 税收　C. 支付　D. 物流

9. 根据经营品类的不同，跨境电商可以分为（　　）。

A. 综合型跨境电商和垂直型跨境电商　B. B2B和B2C

C. 直营和加盟　D. 出口跨境电商和进口跨境电商

二、多选题

1. 以下属于推动我国跨境电子商务发展的背景因素包括（　　）。

A. 传统外贸面临挑战　B. 采购需求发生变化

C. 互联网经济兴起　D. 国家政策推动

2. 跨境电商在商品流通过程中的优势包括（　　）。

A. 缩短贸易中间环节，提高商品流通效率

B. 可降低全球贸易门槛，增加企业参与机会

C. 可直接获取境外市场信息和客户反馈，有利于提供精准营销和个性化定制等服务

D. 跨境电商通过大规模、集装箱方式将商品出口，可降低成本

3. 根据参与跨境电商交易的主体不同，跨境电商可以分为（　　）。

A. B2B　B. B2C　C. C2B　D. C2C

4. 目前，跨境电商物流仍存在的问题包括（　　）。

A. 物流成本高　B. 配送周期长

C. 退换货难　D. 信息化水平不能满足客户需求

5. 跨境电商物流服务商的类型有（　　）。

A. 综合类物流服务商　B. 专业类物流服务商

C. 平台自建物流　D. 平台运营服务方

6. 跨境电商物流的特点包括（　　）。

A. 复杂程度高　B. 可控性差

C. 多种形式并存　　D. 对科技的依赖度高

E. 需要整合多方资源

7. 跨境电商产业链中，运营服务方是指（　　）。

A. 外贸综合服务平台　　B. 外贸流程中不同环节的服务方

C. 物流企业　　D. 为跨境电商提供专业服务的企业

8. 跨境电商产业链相关主体包括（　　）。

A. 生产制造商　B. 跨境电商平台　C. 跨境支付企业　D. 物流企业

9. 跨境电子商务是指分属不同关境的交易主体，通过（　　）的一种国际商业活动。

A. 电子商务平台达成交易　　B. 进行支付结算

C. 通过跨境物流送达商品　　D. 完成交易

10. 以下属于跨境电商物流发展趋势的是（　　）。

A. 发展前景广阔　　B. 物流服务水平将不断提升

C. 数字化、信息化、智能化水平提升　D. 跨境物流服务向多极化方向发展

三、判断题

1. 跨境电商通过大规模、集装箱方式将商品从出口国（地区）运送至进口国（地区），再通过进口国（地区）的批发商、零售商进一步分销，发货时间间隔长，发货频次少。（　　）

2. 跨境电商交易环节比传统跨境贸易复杂，信息化要求高。（　　）

3. 按商品销售平台是否自建，跨境电商可以分为自营型跨境电商和平台型跨境电商。（　　）

4. 跨境电商产业链相关主体包括生产制造企业、跨境电商企业、跨境电商买家、跨境电商平台、支付服务商、物流服务商、运营服务方和监管主体等。（　　）

5. 跨境电商的发展离不开线下物流体系的支撑，跨境电商和跨境电商物流是相辅相成、相互促进的正反馈关系。（　　）

6. 跨境电商物流就是由跨境电子商务交易所产生的物流活动，特点是单品种、大批量的物流活动。（　　）

7. 跨境电商物流链条比国内电商物流更长，物流模式形态多样。（　　）

8. 跨境电商物流是传统物流的创新，具有流程简单、可控性好的特点。（　　）

9. 广义的跨境电子商务是指外贸电商，泛指电子商务在跨境贸易领域的应用。（　　）

10. 跨境电商对拉动国民经济发展具有重要作用。（　　）

四、简答题

1. 跨境电子商务与传统的对外贸易对比有哪些优势?

2. 阐述我国跨境电子商务迅猛发展的动因。

3. 阐述近三年来，国家出台了哪些政策措施来促进跨境电商和跨境电商物流的发展。

项目二 认识跨境电商物流网络

知识目标

- 掌握国际物流网络和国际邮政网络的概念
- 掌握国际物流节点的功能和类型
- 掌握我国出入境口岸的类型和布局
- 掌握主要的国际物流运输线路
- 掌握国际邮件互换局和国际邮件交换站的概念和职能

能力目标

- 能查询海运航线分布区域、途经港口情况
- 能描述我国出入境口岸的类型和布局情况
- 能查询我国邮件互换局设置情况

职业素养目标

- 具有国际贸易地理人文素养
- 具有热爱行业、乐于奉献的精神
- 具有新时代国际物流视野

任务一 认识国际物流网络

任务背景

王女士想从美国买一个手提包，于是她登录跨境电商平台开始选购商品，然后完成支付，在家就可以等购买的商品送达了。

任务问题

网购商品是怎样跨越时空到达我们手中的呢？请你讲一讲国际物流网络由哪些要素组成？口岸的作用是什么？我国出入境口岸是如何布局的？

知识准备

一、什么是物流网络

在现实生活中，我们见过各种各样的网，这些网（或网络）都有一个共同的特点，就是网（或网络）是由节点和连通节点与节点的线路构成的。

国家标准《物流术语》（GB/T 18354—2021）对物流网络的定义：通过交通运输线路连接分布在一定区域的不同物流节点形成的系统。

跨境网购商品依托国际物流网络或国际邮政网络在不同国家（地区）之间流动。国际物流网络和国际邮政网络既有区别，也有共享的节点和线路，下面分别介绍国际物流网络和国际邮政网络。

二、什么是国际物流网络

国际物流网络是指由多个收发货物和信息的“节点”与它们之间的“连线”所构成的实物流动网络及信息流动网络的集合。国际物流节点是指从事国际物流活动的各级仓库以及汇集和处理信息的场所。国际物流连线是连接国际物流节点之间的运输线路和信息流动线路。图2-1所示为国际物流网络示意图。

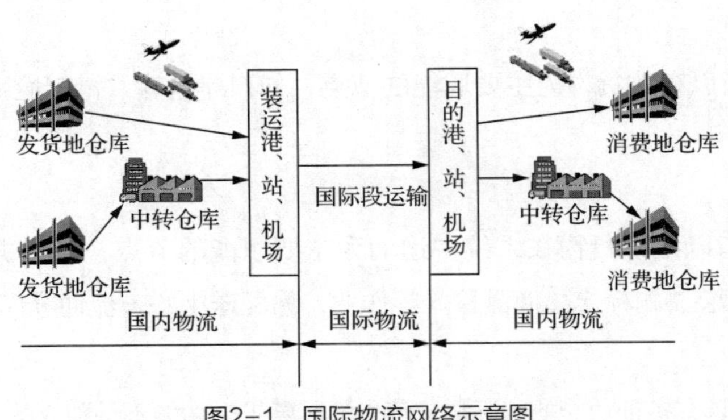

图2-1 国际物流网络示意图

三、国际物流节点

在国际物流网络中，物流节点具体表现为进出口过程中涉及的制造方仓库、中间商仓库、境内外中转仓库、流通加工中心、配送中心、口岸、自由贸易区、保税区与出口加工区、国际物流中心、国际物流园区等。

（一）国际物流节点的功能

在国际物流网络中，物流节点承担着物流作业处理、物流线路衔接、物流系统管理与调度、物流信息收集和处理等职能，具体功能如下所述。

1. 作业功能

国际物流节点承担的作业功能包括储存、包装、流通加工、装卸、搬运、分拣、配送、信息处理等。不同的物流节点，其作业功能可多可少或有所侧重。

2. 衔接功能

通过国际物流节点将各条物流线路变得相互贯通，这就是物流节点的衔接功能。例如，通过国际物流节点衔接不同的运输方式，衔接干线运输和支线运输；通过物流节点进行集装箱、托盘等集装化处理，衔接“门到门”运输等。

3. 管理功能

国际物流节点一般是集系统管理、指挥调度、运输衔接及货物处理于一体的综合设施，整个国际物流系统的运转效率取决于物流节点的管理水平。

4. 信息功能

国际物流节点是物流信息的采集、处理、传递和发送的集散地。物流信息是保证国际物流系统有序运转、相互协调和有效衔接的重要基础。

（二）国际物流节点的类型

根据物流节点所起的作用和目标的不同，将国际物流节点划分为以下几种类型。

1. 转运型节点

转运型节点是指以连接不同运输方式为主要职能的节点，如机场、港口、码头、车站、货场、货站等。

2. 储存型节点

储存型节点是指以存放货物为主要职能的节点，如口岸仓库、港口仓库、储备仓库、营业仓库等。

3. 流通型节点

流通型节点是指以组织货物在系统中运动为主要职能的节点，可根据需要对货物进行包装、分割、计量、组装、刷标志、商品检验等作业，如配送中心、流通仓库等。

4. 综合型节点

综合型节点是指具有多种功能的国际物流节点，其若干个功能不是独立的，而是相互关联的。

综合型节点往往表现为一个大区域，如自由贸易区、保税区与出口加工区、国际物流中心、国际物流园区等。

（三）国际物流网络特有的节点——口岸

与国内物流网络相比，国际物流网络还有一类特殊节点——口岸。什么是口岸呢?

1. 口岸的概念

根据国家标准《物流术语》（GB/T 18354—2021），口岸是指经政府批准设置的供人员、货物和交通工具直接出入国（关、边）境的港口、机场、车站、跨境通道等。

口岸是国家指定对外往来的门户，也是国际货物运输的枢纽，在促进国家经济发展方面发挥着重要作用。

【思考】

口岸是国际物流网络的重要节点，了解我国口岸的分布情况和其特点是跨境物流工作人员必备的业务知识。你知道我国有哪些口岸吗？这些口岸分布在什么地方，办理哪些业务，分为哪些类型?

2. 口岸的类型

（1）按开放程度，将口岸分为一类口岸和二类口岸。

一类口岸是指由国务院审批，允许中国籍和外国籍人员、货物、物品和交通工具直接出入国（关、边）境的海（河）、陆、空客货口岸。

二类口岸是指由国务院审批，允许中国籍人员、货物、物品和交通工具直接出入国（关、边）境的海（河）、陆、空客货口岸。

（2）按照出入国（关、边）境的交通运输方式，将口岸分为航空口岸、港口口岸、陆地口岸。

航空口岸是国家在开辟有国际航线的机场上开设的供货物和人员进出国境及航空器起降的通道。

港口口岸是国家在江河湖海沿岸开设的供货物和人员进出国境及船舶往来挂靠的通道。港口口岸包括海港港口口岸和内河港口口岸。

陆地口岸是国家在陆地上开设的供货物和人员进出国境及陆上交通工具停站的通道。

3. 口岸办理的业务

口岸在出入境货物管理中主要办理通关、检验检疫、边检、装卸储存货物等业务。

4. 我国出入境口岸布局

（1）我国主要陆地边境口岸布局

中国陆路边境线全长约2.2万千米，有10余个接壤国家，边境口岸众多。我国主要陆地边境口岸布局如表2-1所示。

表2-1　我国主要陆地边境口岸布局

区域	通往国家	陆地边境口岸布局
东北	俄罗斯	内蒙古的满洲里、吉林的珲春、黑龙江的绥芬河、同江铁路口岸； 满洲里、绥芬河、东宁、珲春、黑河、黑瞎子岛公路口岸
	朝鲜	辽宁的丹东、吉林的图们、集安、（南坪）铁路口岸； 辽宁的丹东、吉林的图们、集安、南坪、圈河、长白、临江、集安公路口岸
北部	蒙古国	内蒙古的二连浩特、（策克）、（甘其毛都）、（珠恩嘎达布其）铁路口岸； 内蒙古的二连浩特、策克、满都拉、珠恩嘎达布其、甘其毛都、阿尔山、新疆的塔克什肯公路口岸
西北	哈萨克斯坦	新疆的霍尔果斯、阿拉山口铁路口岸； 新疆的霍尔果斯、阿拉山口、巴克图、都拉塔、吉木乃公路口岸
	塔吉克斯坦	新疆的卡拉苏公路口岸
	吉尔吉斯斯坦	新疆的伊尔克什坦、吐尔尕特公路口岸，（中吉乌铁路口岸）
	巴基斯坦	新疆的红其拉甫公路口岸，（中吉乌铁路口岸）
西南	越南	广西的凭祥、河口铁路口岸； 广西的友谊关、东兴、水口、龙邦，云南的天保、河口公路口岸
	缅甸	云南的瑞丽、打洛、孟定清水河、畹町、腾冲猴桥公路口岸，（瑞丽铁路口岸）
	尼泊尔	西藏的吉隆、樟木、普兰、里孜公路口岸
	老挝	云南的磨憨铁路口岸； 云南的磨憨、勐康公路口岸
备注	括号内为国家规划建设，但目前尚未启动建设的项目	

其中，满洲里为地理位置最北、中国最大的国际陆路口岸，有铁路、公路与俄罗斯相连，素有“亚欧大陆桥”口岸之称。

绥芬河口岸有1条铁路、3条公路与俄罗斯相连，是黑龙江省最大的陆运口岸。

二连浩特口岸的主要功能是国际铁路联运，各类大型机械设备齐全，因铁路轨距不同，需要进行换装。

阿拉山口口岸是在北疆铁路建成，并在阿拉山口与哈萨克斯坦土西铁路支线接轨后设立的口岸。

上述4个口岸均担负着过境集装箱和国际联运货物的换装或交接的任务，是中国沟通欧洲的咽喉要冲。

霍尔果斯口岸是新疆西进中亚地区最大的公路口岸，目前成为集商贸、旅游、进出口贸易和货物中转于一体的具有全天候通过能力并对第三国开放的综合性口岸。

凭祥铁路口岸、友谊关公路口岸于1955年开通后，便开始办理中越铁路联运。莫斯科—北京—凭祥—河内的国际联运铁路从凭祥市穿过，使其成为连接东欧独联体与东南亚的交通要道。瑞丽口岸是中国和缅甸边境最大的人员、货物出入口岸通道。

（2）我国主要的航空口岸布局

“十四五”期间，我国将打造与全国民用机场布局规划相匹配的，布局合理、功能互补、协调高效的航空口岸体系，构建更加符合新发展格局、“一带一路”建设需要的国际航线网络布局。航空口岸体系包括国际枢纽口岸和区域枢纽口岸，如表2-2所示。

表2-2 我国主要的航空口岸布局

类型	名称
国际枢纽口岸（10个）	北京、上海、广州、昆明、重庆、成都、深圳、乌鲁木齐、西安、哈尔滨
区域枢纽口岸（29个）	天津、石家庄、太原、呼和浩特、大连、沈阳、长春、杭州、厦门、南京、青岛、福州、济南、南昌、温州、宁波、合肥、南宁、桂林、海口、三亚、郑州、武汉、长沙、贵阳、拉萨、兰州、西宁、银川

作为国际枢纽口岸，北京首都国际机场、上海虹桥国际机场、上海浦东国际机场、广州白云国际机场的规模和吞吐量名列前茅。

北京首都国际机场位于北京市东北郊，截至2017年7月，共拥有3座航站楼，面积共计141万平方米，由航空货运站区、国际快件监管中心、进出口货物海关监管区、北京空港保税物流中心及综合办公设施等部分组成。

上海浦东机场为中国最大的货运机场，2020年货邮吞吐量达368.66万吨，占全国机场总货邮吞吐量（1607.5万吨）的23%。2021年浦东机场货邮吞吐量继续增长，7月吞吐量达35.6万吨，同比增长14.88%。

广州白云国际机场位于广州市区西北部，距离市中心5千米。目前，白云机场已开通境内外航线110多条，通达境内外100多个城市，2020年货邮吞吐量为175.93万吨。

（3）我国主要的海运口岸布局

我国海运口岸体系按照环渤海、长三角、东南沿海、粤港澳大湾区、西南沿海五大口岸集群建设，如表2-3所示。

表2-3 我国海运口岸布局

区域	定位	主要港口口岸	区域性港口口岸
环渤海	主要服务于我国北方沿海和内陆地区经济社会发展	大连、天津、秦皇岛、青岛	营口、唐山、烟台、日照
长三角	主要服务于长三角以及长江沿线地区经济社会发展	上海、宁波、舟山、连云港	温州、南京、镇江、南通、苏州（张家港、常熟、太仓）
东南沿海	主要服务于福建和江西等省份部分地区的经济社会发展及对台人员和经贸往来需要	福州、厦门	泉州、莆田、漳州
粤港澳大湾区	主要服务于华南、西南部分地区，加强广东省和内陆地区与港澳地区交流	广州、深圳、珠海、汕头	汕尾、惠州、虎门、茂名
西南沿海	主要服务于西部地区开发，为海南扩大与岛外人员和经贸往来提供保障	湛江、钦州、防城港、海口、洋浦	北海、八所、三亚

① 上海港

上海港（见图2-2）位于长江与东海交汇处，水陆交通便利，通过高速公路和国道、铁路干线及沿海运输网可辐射到长江流域甚至全国。全国31个省市都有货物经过上海港装卸或换装转口，上海港是我国沿海的主要枢纽港。

图2-2　上海港

② 宁波港

宁波港（见图2-3）是我国著名的深水良港，内外辐射便捷。宁波港向外直接面向东亚及整个环太平洋地区，海上至香港、高雄、釜山、大阪、神户均在 1000 海里之内；向内不仅可连接沿海各港口，而且通过江海联运，可沟通长江、京杭大运河，直接覆盖整个华东地区及经济发达的长江流域，是中国沿海向美洲、大洋洲和南美洲等地区港口远洋运输辐射的理想集散地。

图2-3　宁波港

③ 大连港

大连港（见图2-4）地处辽东半岛的南端，冬季不冻，是东北地区最重要的综合性外贸口岸。大连港经东北铁路网和公路网，连接俄罗斯和朝鲜，通过西伯利亚铁路线，成为欧亚大陆桥的起点。大连港与美国的奥克兰港、休斯敦港，加拿大的温哥华港，日本的北九州港、横滨港等结为友好港，成为转运东亚、南亚、北美、欧洲货物最便捷的港口。

图2-4 大连港

④ 天津港

天津港（见图2-5）位于海河下游及其入海口处，是首都北京的海上门户，也是亚欧大陆桥最短的东端起点。天津港对外交通十分发达，京哈、京沪、京津3条铁路干线在此交汇，北达北京、内蒙古和东北各地，南抵华东、华南各地，西连西部和西北部地区，进而连通蒙古国、俄罗斯及欧洲各国。天津港公路网四通八达，京津唐高速公路、丹拉高速公路、津晋高速、海防公路等形成辐射状公路网络，连接了北京、天津及华北、西北地区各省市。

图2-5 天津港

⑤ 秦皇岛港

秦皇岛港（见图2-6）是我国北方著名的天然不冻港，集疏运条件优越，有沈山、津山、京哈和大秦4条铁路干线直达港口。秦皇岛港公路通过城市集疏港道路与102、205国道相联，可直达北京、天津、沈阳等地。秦皇岛港已开辟到达北京、广州等地的多条航线，每月有定期航班。秦皇岛港海上运输可到达中国沿海各港及长江中下游港口，与世界上80多个国家和地区的港口通航。

图2-6　秦皇岛港

⑥ 青岛港

青岛港（见图2-7）位于山东半岛南岸的胶州湾内，是太平洋西海岸重要的国际贸易口岸和海上运输枢纽，与130多个国家和地区的450多个港口有贸易往来。青岛港是我国仅次于上海、深圳的第三大集装箱运输港口。

图2-7　青岛港

⑦ 深圳盐田港

深圳盐田港（见图2-8）是现代化集装箱大港，毗邻国际金融、贸易和航运中心香港特别行政区，背靠中国较大的出口加工基地珠江三角洲，是华南地区以国际航线为主的枢纽型港区，每周航线近百条，其中欧美航线占60%。深圳盐田港还是单体吞吐量和效益领先全球的集装箱码头，运营仓库117万平方米，包括保税仓、监管仓等19座仓库。

图2-8 深圳盐田港

【做一做】学习企业文化，了解企业业务

任选两家港口企业，上网查询企业文化和主营业务，将资料填写在表中，并谈谈你的感想。

序号	企业名称	企业文化	主营业务
1	上海国际港务（集团）股份有限公司		
2	宁波舟山港股份有限公司		
3	青岛港国际股份有限公司		
4	天津港集团有限公司		

四、国际物流运输线路

国际物流运输线路是指连接境内外众多收发货节点的运输线路，如各种海运航线、航空线路、铁路线路、公路线路、输油管线以及海、陆、空联合运输航线。下面主要介绍国际海运航线、国际航空运输线路、大陆桥与小陆桥运输线路和中欧班列运输线路。

（一）国际海运航线

按照航程远近，国际海运航线可分为远洋航线和近洋航线。

1. 远洋航线

远洋航线是指货运船舶（或其他水运工具）跨越大洋的运输航线，主要集中在三大洋，分别为太平洋航线、印度洋航线和大西洋航线。三大洋的航线通过苏伊士运河（或好望角）、巴拿马运河（或麦哲伦海峡、合恩角）和马六甲海峡（或巽他海峡）连接起来，形成一条环球航线。

（1）太平洋航线

太平洋航线是指连接太平洋西岸的亚洲、大洋洲与太平洋东岸的美洲之间的航线。太平洋航线拥有世界1/6的港口，连接30个国家和地区，货运量非常大，具体如表2-4所示。

表2-4　太平洋航线

序号	航线名称	通达范围
1	远东—北美西海岸航线	从中国、朝鲜、日本等海港到加拿大、美国、墨西哥等北美西海岸各港的贸易运输线
2	远东—加勒比、北美东海岸航线	该航线经夏威夷群岛南北方向至巴拿马运河后抵达
3	远东—南美西海岸航线	从中国北方沿海各港出发的船只多经琉球庵美大岛，硫黄列岛，威克岛，夏威夷群岛之南的莱恩群岛穿越赤道进入南太平洋，至南美西海岸各港
4	远东—东南亚航线	该航线是中国、朝鲜、日本货船去往东南亚各港，以及经马六甲海峡去往印度洋、大西洋沿岸各港的主要航线。东海、台湾海峡、巴士海峡、南海是该航线船只的必经之路，航线繁忙
5	远东—澳大利亚、新西兰航线	中国北方沿海港口到澳大利亚东海岸和新西兰港口的船只，需走琉球久米岛、加罗林群岛的雅浦岛进入所罗门海，珊瑚湖； 从中国、日本去往澳大利亚西海岸航线，需经菲律宾的民都洛海峡、望加锡海峡以及龙目海峡进入印度洋
6	澳新—北美东西海岸航线	从澳大利亚、新西兰至北美西海岸，多经苏瓦、火奴鲁鲁等太平洋上重要航站到达；至北美东海岸则经社会群岛中的帕皮提，过巴拿马运河到达

（2）印度洋航线

印度洋航线主要为进出波斯湾沿岸国家和地区的航线，绕道好望角通往大西洋，到达西欧和北美线等，具体如表2-5所示。

表2-5　印度洋航线

序号	航线名称	通达范围
1	波斯湾—好望角—西欧、北美航线	该航线主要由超级油轮经营，是世界上最主要的海上石油运输线
2	波斯湾—东南亚—日本航线	该航线经马六甲海峡（20万吨载重吨以下船舶可行）、龙目海峡、望加锡海峡（20万吨载重吨以上超级油轮可行）至日本
3	波斯湾—苏伊士运河—地中海—西欧、北美航线	该航线可通行30万吨载重吨的超级油轮
4	除了以上3条航线之外，印度洋其他航线还有：远东—东南亚—东非航线；远东—东南亚—地中海—西北欧航线；远东—东南亚—好望角—西非、南美航线；澳新—地中海—西北欧航线；印度洋北部国家（如缅甸、孟加拉国、印度、巴基斯坦等）—欧洲航线	

（3）大西洋航线

大西洋航线是指连接大西洋东岸的欧洲、非洲与大西洋西岸的美洲之间的航线，具体如表2-6所示。

表2-6 大西洋航线

序号	航线名称	通达范围
1	西北欧—北美东海岸航线	该航线是西欧、北美两个世界工业发达地区之间的原燃料和产品交换的运输线，航线极为繁忙，船舶大多走偏北大圆航线。该航区冬季风浪大，并有浓雾、冰山，对航行安全有威胁
2	西北欧、北美东海岸—加勒比航线	西北欧—加勒比航线一般出英吉利海峡后横渡北大西洋。它同北美东海岸各港出发的船舶一起，经莫纳海峡、向风海峡进入加勒比海。除去往加勒比海沿岸各港外，还可经巴拿马运河到达美洲太平洋岸港口
3	西北欧、北美东海岸—地中海、苏伊士运河到远东航线	世界最繁忙的航段，它是北美、西北欧与亚太海湾地区间贸易往来的捷径
4	西北欧、地中海—南美东海岸航线	该航线一般经西非大西洋岛屿——加那利群岛、佛得角群岛的航站
5	西北欧，北美东海岸—好望角，远东航线	该航线一般是巨型油轮的航线。佛得角群岛、加那利群岛是过往船只停靠的主要航站
6	南美东海岸—好望角—远东航线	这是一条以石油、矿石为主的运输线，该航线处在西风漂流海域，风浪较大。一般西航偏北行，东航偏南行

【做一做】了解远洋航线

查询太平洋航线、印度洋航线、大西洋航线分布图，谈谈航线的特点、连接的国家和港口情况。

2. 近洋航线

近洋航线是指本国各港口至邻近国家（地区）港口间的海上运输航线。在我国，习惯上指由我国各港口东至日本海，西至马六甲海峡，南至印度尼西亚沿海，北至鄂霍次克海的各海港间的航线，具体如表2-7所示。

表2-7 我国开辟的近洋航线

序号	航线名称	通达范围
1	中国至朝鲜、韩国航线	主要停靠港口有清津、仁川和釜山等
2	中国至日本航线	主要停靠港口有神户、大阪、东京、横滨、千叶、四日、门司等
3	中国至俄罗斯航线	主要停靠港口有纳霍德卡、东方港、海参崴、苏维埃港等
4	中国至越南航线	主要停靠港口有胡志明市、海防等
5	中国至菲律宾航线	主要停靠港口有马尼拉、宿务等
6	中国至新加坡、马来西亚航线	主要停靠港口有新加坡、巴生港、槟城、马六甲等
7	中国至泰国、柬埔寨航线	主要停靠港口有曼谷、宋卡、磅逊等
8	中国至印度尼西亚航线	主要停靠港口有雅加达、苏腊巴亚（泗水）、三宝垄等
9	中国至北加里曼丹航线	主要停靠港口有文莱、米里、古晋等
10	中国至孟加拉湾航线	主要停靠港口有仰光、吉大港、加尔各答、马德拉斯等

续表

序号	航线名称	通达范围
11	中国至斯里兰卡航线	主要停靠港口有科伦坡等
12	中国至阿拉伯海、波斯湾航线	主要港口有孟买、卡拉奇、阿巴斯、迪拜、哈尔克岛、科威特、多哈、巴士拉等
13	中国至澳新航线	主要停靠港口有悉尼、墨尔本、阿德莱德、布里斯班、奥克兰、惠灵顿、苏瓦、韦里曼特尔等

【知识拓展】国际运河

国际运河是指人工开凿的连接海洋的重要国际海上通道，主要是指苏伊士运河、巴拿马运河以及基尔运河。

1. 苏伊士运河

苏伊士运河位于埃及境内，于1869年修筑通航，全长175千米，河面平均宽度为135米，平均深度为13米。

苏伊士运河连接地中海与红海，将大西洋、地中海与印度洋连接起来，大大缩短了东西方航程。与绕道非洲好望角相比，从欧洲大西洋沿岸各国（地区）到印度洋缩短了5500～8000千米；从地中海各国（地区）到印度洋缩短了8000～10000千米。苏伊士运河是世界使用最频繁的航线之一，也是亚洲与非洲的交界线，是亚洲与非洲、欧洲人民来往的主要通道。

2. 巴拿马运河

巴拿马运河位于美洲巴拿马共和国的中部，横穿巴拿马地峡，它是沟通太平洋和大西洋的著名国际运河。

巴拿马运河由美国建成，全长81.3千米，水深13～15米，河宽150～304米。自1914年通航至1979年，一直由美国独自掌控。1979年，巴拿马运河的控制权转交给巴拿马运河委员会（由美国和巴拿马共和国共同组成的一个联合机构），并于1999年12月31日正式交给巴拿马。

原先行驶于美国东西海岸之间的船只不得不绕道南美洲的合恩角，而使用巴拿马运河后可缩短航程约15000千米，由北美洲的一侧海岸至另一侧的南美洲港口也可节省航程多达6500千米，航行于欧洲与东亚或澳大利亚之间的船只经由该运河也可减少航程3700千米。

3. 基尔运河

基尔运河位于德国北部，西南起于易北河口的布伦斯比特尔科克港，东北至基尔湾的霍尔特瑙港，横贯日德兰半岛，是连接北海和波罗的海的重要航道，故又名“北海—波罗的海运河”。基尔运河全长98.6千米，河面宽111米，平均深度11.3米。基尔运河的开通极大地缩短了北海与波罗的海之间的航程，比绕道厄勒海峡—卡特加特海峡—斯卡格拉克海峡减少了685千米。

任务：通过互联网调研上述3条运河的地理位置，阐述其在国际物流运输中有什么样的地位和作用？

【知识拓展】国际海峡

海峡是指两个水域之间的狭窄水上通道，它是海上交通要道、航运枢纽，被称为海上交通“咽喉”。国际海峡主要是指马六甲海峡、霍尔木兹海峡、英吉利海峡、直布罗陀海峡等。

1. 马六甲海峡

马六甲海峡因沿岸有马来西亚的著名古城马六甲而得名，是位于马来半岛与印度尼西亚的苏门答腊岛之间的漫长海峡，由新加坡、马来西亚和印度尼西亚共同管辖。

马六甲海峡呈东南—西北走向。它的西段属缅甸海，东南端连接中国南海。海峡全长约1080千米，西北部最宽达370千米，东南部的新加坡海峡最狭窄处只有37千米，是连接太平洋与印度洋的咽喉要道，通航历史达两千多年，是亚、非、澳、欧沿岸国家（地区）往来的重要海上通道。

2. 霍尔木兹海峡

霍尔木兹海峡是连接波斯湾和印度洋的海峡，也是唯一一个进入波斯湾的水道。霍尔木兹海峡的北岸是伊朗、阿巴斯港，海峡的南岸是阿曼。

霍尔木兹海峡自古以来就是东西方国家间文化、经济、贸易的枢纽，因此被称为世界重要的咽喉，具有十分重要的经济和战略地位，是海湾地区石油输往世界各地的唯一海上通道。

3. 英吉利海峡

英吉利海峡位于欧洲大陆和大不列颠岛之间，连接北海和大西洋，自古便是兵家战略要冲，船只通过量居首位。英吉利海峡长560千米，宽240千米，最狭窄处又称多佛尔海峡，仅宽34千米。

4. 直布罗陀海峡

直布罗陀海峡位于西班牙最南部和非洲西北部之间，全长约90千米，最狭窄处只有13千米。直布罗陀海峡是连接地中海和大西洋的重要门户，是大西洋通往南欧、北非和西亚的重要航道。

任务：通过互联网调研上述4个海峡的地理位置，阐述其在国际物流运输中有什么样的地位和作用？

（二）国际航空运输线路

1. 西欧—北美的北大西洋航空线

该航线主要连接巴黎、伦敦、法兰克福、纽约、芝加哥、蒙特利尔等航空枢纽。

2. 西欧—中东—远东航空线

该航线连接西欧各主要机场至北京、东京等机场，并途经雅典、开罗、德黑兰、卡拉奇、新德里、曼谷、新加坡等重要航空站。

3. 远东—北美的北太平洋航空线

这是北京、东京等机场经北太平洋上空至北美西海岸的温哥华、西雅图、旧金山、洛杉矶等机场的航空线，并可延伸至北美东海岸的机场。太平洋中部的火奴鲁鲁是该航线的主要中继加油站。

此外，还有北美—南美、西欧—南美、西欧—非洲、西欧—东南亚—澳新、远东—澳新、北美—澳新等国际航空运输线路。

（三）大陆桥与小陆桥运输线路

1. 大陆桥运输

大陆桥是指连接两个海洋之间的陆上通道，是横贯大陆、以铁路为骨干、避开海上绕道运输的便捷运输大通道。

大陆桥运输是指用横贯大陆的铁路或公路作为中间桥梁，将大陆两端的海上运输连接起来的连贯运输方式。大陆桥运输线路如下所述。

（1）北美大陆桥

北美大陆桥是世界上出现最早的一条大陆桥。北美大陆桥包括美国大陆桥和加拿大大陆桥。美国大陆桥有两条运输线路：一条是从美国西部太平洋沿岸至美国东部大西洋沿岸的铁路和公路运输线；另一条是从美国西部太平洋沿岸至美国东南部墨西哥湾沿岸的铁路和公路运输线。

北美大陆桥运输是指从日本东京，利用海路运输到北美西海岸，再经由横贯北美大陆的铁路线，运输到北美东海岸，再经海路运输到欧洲的“海—陆—海”运输形式。

（2）西伯利亚大陆桥

西伯利亚大陆桥又称第一欧亚大陆桥，以俄罗斯东部的符拉迪沃斯托克（海参崴）为起点，经西伯利亚铁路通向莫斯科，然后通向欧洲各国（地区），最后到达荷兰鹿特丹港。

西伯利亚大陆桥是世界上最著名的国际集装箱多式联运线路之一，通过西伯利亚铁路，把亚洲东部、东南亚和澳大利亚地区与欧洲、中东地区连接起来。

日本、中国、东南亚等地运往欧洲、中东地区的货物，经西伯利亚大陆桥有以下3种联运方式。

① 铁路/铁路线

经西伯利亚大铁路运至俄罗斯西部境内，经伊朗、东欧或西欧铁路再运至欧洲各地，或按相反方向运输。

② 铁路/海运线

经西伯利亚大铁路运至莫斯科，经铁路运至波罗的海的圣彼得堡、里加或塔林港，再经船舶运至西欧、北欧和巴尔干地区，或按相反方向运输。

③ 铁路公路线

经西伯利亚大铁路运至俄罗斯西部境内，再经公路运至欧洲各地，或按相反方向运输。

（3）新亚欧大陆桥

新亚欧大陆桥又名“第二亚欧大陆桥”，是从中国江苏省连云港市到荷兰鹿特丹港的国际化铁路运输干线。在中国境内由陇海铁路和兰新铁路组成，途经江苏、河南、安徽、陕西、甘肃、山西、四川、宁夏、青海、新疆等省区，从中哈边界的阿拉山口出境，再经北线、中线、南线3条线路抵达荷兰鹿特丹港，具体如表2-8所示。

表2-8 新亚欧大陆桥出境后运输线路

北线	经哈萨克斯坦与西伯利亚大铁路接轨，途经俄罗斯、白俄罗斯、波兰通往西欧及北欧诸国
中线	与俄罗斯铁路友谊站接轨，进入俄罗斯铁路网，途经阿克斗亚、切利诺格勒、古比雪夫、斯摩棱斯克、布列斯特、华沙、柏林抵达荷兰鹿特丹港
南线	由土库曼斯坦阿什哈巴德向南入伊朗，至马什哈德折向西，经德黑兰、大不里士入土耳其，过博斯普鲁斯海峡，经保加利亚，通往中欧、西欧及南欧诸国，同时还可经土耳其埃斯基谢希尔南下中东及北非地区

【做一做】新亚欧大陆桥

查询新亚欧大陆桥线路图，了解其途经国家（地区）和城市名称。

2. 小陆桥运输

小陆桥运输是指集装箱的海陆或陆海联运，即集装箱通过海运，再由陆桥铁路或公路运送至陆地或陆桥另一侧海岸的目的地，或者按相反方向运输。例如，集装箱由日本港口海运到美国西海岸—太平洋沿岸的港口，再通过美国的铁路运送到美国东海岸—大西洋沿岸的城市。

（四）中欧班列运输线路

中欧班列是指按照固定车次、线路、班期和全程运行时刻开行，往来于中国与欧洲及“一带一路”沿线国家间的集装箱国际铁路联运列车。

目前，依托新亚欧大陆桥和西伯利亚大陆桥，已经形成西、中、东三条中欧班列运输通道：西部通道从我国中西部经阿拉山口（霍尔果斯）出境，中部通道从我国华北地区经二连浩特出境，东部通道从我国东南部沿海地区经满洲里（绥芬河）出境。西、中、东三条中欧班列运输通道如表2-9所示，西、中、东三条中欧班列开行情况如表2-10所示。

表2-9 西、中、东三条中欧班列运输通道

线路	出境口岸
西线	从阿拉山口（霍尔果斯）出境，经过哈萨克斯坦、俄罗斯、白俄罗斯进入波兰，最后抵达德国，最远到达西班牙马德里

续表

线路	出境口岸
中线	从二连浩特出境，经过蒙古国进入俄罗斯
东线	从满洲里（绥芬河）出境

表2-10 西、中、东三条中欧班列开行情况

班列线路	出境口岸	途经国家（地区）
重庆—杜伊斯堡	阿拉山口	途经哈萨克斯坦、俄罗斯、白俄罗斯、波兰至德国杜伊斯堡站，全程约11000千米，运行时间约15天
成都—罗兹	阿拉山口	途经哈萨克斯坦、俄罗斯、白俄罗斯至波兰罗兹站，全程9965千米，运行时间约14天
西安—华沙	阿拉山口	途经哈萨克斯坦、俄罗斯、白俄罗斯，最终抵达波兰华沙站，全程9048千米，运行时间约12天
郑州—汉堡	阿拉山口	途经哈萨克斯坦、俄罗斯、白俄罗斯、波兰至德国汉堡站，全程10245千米，运行时间约15天
苏州—华沙	满洲里	途经俄罗斯、白俄罗斯至波兰华沙站，全程11200千米，运行时间约15天
武汉—捷克、波兰	阿拉山口	途经哈萨克斯坦、俄罗斯、白俄罗斯到达波兰、捷克、斯洛伐克等国家，全程约10700千米，运行时间约15天
长沙—杜伊斯堡（主线）	阿拉山口	途经哈萨克斯坦、俄罗斯、白俄罗斯、波兰、德国，全程11808千米，运行时间18天
长沙—杜伊斯堡（辅线）	霍尔果斯	经新疆霍尔果斯出境，最终抵达乌兹别克斯坦塔什干站，全程6146千米，运行时间11天
长沙—杜伊斯堡（辅线）	二连浩特（或满洲里）	经二连浩特（或满洲里）出境，到达俄罗斯莫斯科，全程8047千米（或10090千米），运行时间13天（或15天）
义乌—马德里	阿拉山口	途经哈萨克斯坦、俄罗斯、白俄罗斯、波兰、德国、法国、西班牙，全程13052千米，运行时间约21天，贯穿新丝绸之路经济带，是当前中国史上行程最长、途经城市和国家最多、境外铁路换轨次数最多的火车专列
哈尔滨—俄罗斯	满洲里	经俄罗斯西伯利亚大铁路到达俄罗斯中部的比克良站，全程5574千米，运行时间约10天
哈尔滨—汉堡	满洲里	东起哈尔滨，经满洲里、俄罗斯后贝加尔斯克到赤塔，转入西伯利亚大铁路，经俄罗斯叶卡捷琳堡和莫斯科到达波兰的马拉舍维奇，最终抵达终点德国汉堡站，全程9820千米
兰州—汉堡	阿拉山口	途经哈萨克斯坦、俄罗斯、白俄罗斯和波兰到达德国汉堡站，全程8027千米，运行时间约15天，比走海运到欧洲节省时间15天
保定—明斯克	满洲里	华北地区第一条直达欧洲的陆运通道。从保定出发，经满洲里出境，途经俄罗斯，最后抵达白俄罗斯明斯克，全程约9500千米，运行时间12～14天

续表

班列线路	出境口岸	途经国家（地区）
西宁—安特卫普	阿拉山口	从青海省西宁市双寨铁路物流中心出发，前往位于比利时的欧洲第二大集装箱港口安特卫普，运行全程约12天
广州—莫斯科	满洲里	从广州大朗站出发，经满洲里出境，直达俄罗斯莫斯科，全程11500千米，运行时间15天
青岛—莫斯科	满洲里	从青岛出发，经满洲里出境，直达俄罗斯莫斯科，班列全程7900千米，运行时间约22天，比海运运输节省约30天
长春—汉堡	满洲里	途经俄罗斯、白俄罗斯、波兰、比利时、德国等欧洲国家的多个城市，全程12～15天
唐山—比利时	阿拉山口	从唐山港京唐港区出发，经北京、呼和浩特、包头、哈密、乌鲁木齐，由阿拉山口出境，途经哈萨克斯坦、俄罗斯、白俄罗斯、波兰、德国到达比利时安特卫普，全程约11000千米，运行时间约16天
内蒙古自治区—伊朗	阿拉山口	从呼和浩特东南部的沙良物流园出发，到达伊朗东南部城市巴姆，历时15天，全程约9000千米，比走海运节省20天
乌鲁木齐—杜伊斯堡	阿拉山口	从乌鲁木齐出发，经亚欧大陆桥桥头堡，由阿拉山口出境，经哈萨克斯坦、俄罗斯、波兰至德国杜伊斯堡
合肥—德国汉堡、阿拉木图	阿拉山口	从合肥北站出发，自新疆阿拉山口出境，途经哈萨克斯坦、俄罗斯、白俄罗斯、波兰到达德国汉堡站。“合新欧”铁路货运班列共分为两类：一类是开往中亚阿拉木图的货运班列，运行时间为9天，行程4954千米；另一类是直通德国汉堡的货运班列，行程11000千米，运行时间为15天

任务二 认识国际邮政网络

任务背景

邮政是收派包裹“首尾一千米”的主力。据统计，我国目前80%的跨境电商包裹要经过国际邮政网络传输。小李是上海邮政公司的一名订单生，暑期来到上海国际邮件互换局和国际邮件交换站实习，他在这里学习到很多知识与技能。

任务问题

暑期实习返校后，班级召开暑期实习交流总结大会。小李拟定了汇报的大纲，大纲内容包括什么是国际邮政网络，什么是万国邮政联盟，什么是国际邮件互换局和国际邮件交换站，国际邮件互换局和国际邮件交换站的职能是什么。请你按照小李拟定的大纲，完成相关内容的制作。

知识准备

一、国际邮政网络简介

认识国际邮政网络

国际邮政网络是指在万国邮政联盟框架下，由数个国家和地区的邮政运营商协同配合、连续作业完成邮件在国际间传输所形成的具有全程全网特性的实物传递网络，也是仅有的一网包运全球任何地方的物流网络。

【知识拓展】

通过邮政网络寄递的信件、包裹、汇款通知、报刊和其他印刷品等统称为邮件。

二、万国邮政联盟简介

认识万国邮政联盟

万国邮政联盟（Universal Postal Union，UPU），简称“万国邮联”，是一个商定国际邮政事务的政府间国际组织，目前会员将近200个。

万国邮联自成立以来，在各会员政府的帮助下，在促进国际邮政业务的发展、规范国际邮件的传递、解决会员邮政之间的争端、指导会员之间的技术合作、参加联合国技术援助等方面发挥了不可替代的巨大作用。

万国邮联通过一些法规公约来改善国际邮政业务，发展邮政方面的国际合作。万国邮联的法规公约包括其会员政府全权代表签订的邮联组织法、邮联总规则、万国邮政公约及其实施细则、各项业务协定等。

《万国邮政公约》是国际邮政业务的基本法规，规定每个国家都要指定邮政运营机构来保证信件的流通。在UPU框架下，各会员邮政遵守《万国邮政公约》及各项协定的有关规定，让全球邮政网络看起来如同一个连接的整体。

目前，邮政网络以万国邮联各类协定为基础，已覆盖全球220多个国家和地区，只要设置了邮局的国家或地区都可以通邮。

三、国际邮政网络的重要节点

按照万国邮政联盟规定，国际间寄递的邮件，必须由各国（地区）指定的互换局对外进行封发和接收处理，其他各局不得直接发生关系。据此，各个国家（地区）都需要设置一定数量的国际邮件互换局，以便进行国际间的邮件传输。同时，各国还要根据需求，设置一定数量的国际邮件交换站，用于国际邮件总包直接交换。因此，国际邮件互换局和国际邮件交换站是国际邮政网络中不可缺少的两大节点。在我国的国际邮政通信中，省会分公司及国际邮件指定经转局和验关局也承担着一定的国际邮件传输职能。

（一）国际邮件互换局

1. 国际邮件互换局的概念

国际邮件互换局（以下简称互换局）是指与其他国家和地区的邮政机构有直接封发和接收邮件总包关系的邮局。

【知识拓展】

封发是指按照发运路线将邮件或快件进行封装并交付运输的过程。总包是指混装在同一个容器内、同一路由、同一种类的邮件的集合，如图2-9所示。

图2-9　总包邮件示意图

国际邮件互换局
和国际邮件交换站

2. 国际邮件互换局的职能

互换局担负着国际邮件进出口的集散职能，是各个国家和地区之间互换邮件的具体实施单位，其作用包括以下几个方面。

（1）向指定国家和地区互换局封发各类国际邮件总包。

（2）接收、开拆各类进口国际邮件总包，处理进口和散寄经转邮件。

（3）通过缮发验单、简函和拍发电报，与其他国家和地区的互换局进行业务联系。

（4）根据邮件地址变化情况，及时提出调整总包封发关系的意见和散寄邮件原寄国（地区）应向邮件寄达国（地区）直封总包的建议。

（5）搞好国际邮件总包的计划封发和发运工作，进行终端费统计和散寄航空函件的统计。

（6）参与国际账务结算工作。

3. 国际邮件互换局的设置

我国国际邮件互换局的设立与撤销均由国家邮政局审定，各省邮政分公司可根据实际情况提出增设或撤销互换局的建议。

国际邮件互换局的设置应考虑以下因素。

（1）当地有足够的与其他国家和地区往来的业务量，这是设置互换局的首要条件。

（2）交通比较便利，这是设置互换局的客观条件。一般情况下，互换局应设置在海、陆、空港口城市。互换局最好设在航空通航局，然后结合水陆路交通条件进行综合考虑，以适应对内集散邮件和对外直封总包的需要。

（3）设有海关驻局办事处。总包的封发开拆和邮袋装卸转运必须经海关监管。海关是否在邮局设立办事处也是设置互换局的必要条件。

（4）具备必要的场地、人员、设备，这是设置交换局的物质基础。

（二）国际邮件交换站

1. 国际邮件交换站的概念

国际邮件交换站（以下简称交换站）是负责与其他国家和地区邮政或邮政的运输代理机构进行国际邮件总包交换的部门。

2. 国际邮件交换站的职能

交换站的主要职能是根据国际航班、车次、海运班期及其进出港时间，完成各类国际进出口邮件总包和过境邮件总包的接收与发运。

交换站不得开拆和封发国际邮件总包，但对袋皮破损、袋牌脱落、袋绳封志发生异常等情况的邮件总包，应会同海关、运输部门对其进行查验，重新进行袋封后发出。同时，将查验情况以验单形势通知原互换局、寄达互换局和经转互换局。

按规定，交换站在接收、装卸转运国际邮件总包时需在海关的监督下进行。

3. 国际邮件交换站的设置

交换站的设立与撤销和互换局一样，由国家邮政局决定，各省邮政分公司可根据实际情况提出增设或撤销交换站的建议。交换站主要设置在国际机场、海港、边境口岸等，且交通条件便利的地方。在国际机场、海港设置的国际邮件交换站，与运输部门——如各航空公司、各轮船公司交换邮件总包；在边境口岸设置的国际邮件交换站则直接与境外邮政机构互换邮件总包。

我国现有互换局和交换站共68个，55个城市兼有互换局与交换站功能，6个城市单设互换局，7个城市单设交换站。

（三）省会邮政分公司、指定经转局、设关局

我国各县、市邮政分公司收寄的出口国际邮件都必须通过省会邮政分公司或者国际邮件指定经转局转往国内相关互换局进行汇总封发，按指定发运路由发运出口；其他国家发来的进口邮件总包由互换局开拆，发往各省会邮政分公司或国际邮件指定经转局，再分转各县、市邮政分公司进行投递。

省会邮政分公司和国际邮件指定经转局也是国际邮政网络中的重要节点。

1. 省会邮政分公司和国际邮件指定经转局的职能

省会邮政分公司和国际邮件指定经转局的业务职能基本相同，主要负责全省或指定地区进、出口国际邮件的质量检查和经转工作，对进口用外文书写收件人名址的邮件进行批译，并对各局的国际件收集和投递工作进行业务指导。

2. 设关局的职能

设关局是海关对国际邮递物品进行查验的功能局，多数设关局担负着互换局、省会分公司或国际邮件指定经转局的任务，仅有个别设关局只有验关单一职能。

四、国际邮政网络的发运路由

国际邮件按一定的封发关系和发运路由进行发运。

（一）国际邮件的封发关系

1. 国际邮件的封发方式

国际邮件以总包形式发运。原寄邮政向某一寄达邮政封发邮件，可以有两种方式：直封总包和散寄经转。

直封总包是指原寄邮政将寄往寄达邮政的邮件，直接封成一袋或数袋发往寄达邮政的传递方式。直封总包可以减少经转，缩短邮件传递的时间。

散寄经转是指当邮件不具备直封总包的条件时，将其封入寄往第三国的邮件总包内，经第三国再转往寄达国的传递方式。

2. 建立直封总包关系应考虑的因素

与哪些国家建立直封总包关系，并通过这些总包关系，将寄往其他国家的邮件用散寄经转方式转寄到寄达国，是一个需要统筹规划的问题。

建立直封总包关系应当考虑以下因素。

（1）我国与寄达国之间的通邮数量。对邮件数量较大的寄达国，应当建立直封总包关系。

（2）我国与寄达国之间的交通状况及政治关系情况。对邻近国家和交通运输条件较好的国家，应建立直封总包关系。

（3）地区平衡因素。对于每一地区，即使邮件数量不是很多，也要选择关系好或运输条件较好的国家建立直封总包关系。

除了上述因素外，直封总包关系还受互换局设置的影响。此外，国际关系、业务量、世界各国交通联系等因素都是在不断变化发展的，因此国际邮政网的直封总包关系需要不断调整。

（二）国际邮件的发运路由

国际邮件的发运路由由两部分组成：国际邮件在国内的发运路由和国际邮路。

对于国内路由，在不止一个互换局向寄达国封发总包时，省会邮政分公司（指定经转局）应根据其地理位置和总包的发运路由，按照尽可能避免迂回运输的原则，将邮件发往最适合的互换局。

国际邮路是指利用各种运输工具出境，经过一国或数国，运递我国出口国际邮件和第三国过境邮件所经由的路线。

1. 国际路由选择的总体原则

根据万国邮政联盟的规定，国际邮件的发运路由应由总包原寄邮政根据迅速、准确、安全和经济的原则制订。应以不给经转国邮政造成额外开支为前提，否则经转国邮政有权提出修改意见，原寄邮政应予采纳。为此，选择国际邮路的总体原则如下所示。

（1）能够确保邮件在运输途中的安全。

（2）能够迅速转运，尽量减少经转环节。

（3）能够做到运输费用经济合理。

2. 国际路由选择的考虑因素

具体而言，选择国际路由应考虑以下因素。

（1）经转环节尽量少，利用最短、最直接的路线。

（2）在同一路线上有我国运输工具和其他国家运输工具共同运行时，应优先利用我国运输工具（国际航班、远洋货轮等），然后考虑卸运口岸所在国的运输工具，尽量避免使用第三国的运输工具。

（3）当总包需经第三国经转时，选择经转国的标准如下所示。

① 该国与我国和寄达国均有较频繁、稳定的运输联系，最好建有总包直封关系。

② 该国邮政运营状况较好，转发邮件安全、迅速，同我国邮政合作较好。

③ 该国地理位置适当，邮件无须明显绕道。

封发关系和发运路由决定了国际邮件在网络中的传输线路。这些线路会随着我国同世界各国的政治、经济关系，各个国家的互换局的通邮情况，国际交通运输网路情况的变化而变化。

【职业素养】拓展新时代国际物流视野

作为在校学生，应该了解国家在促进国际贸易发展、加强海运、空运、陆运等基础设施建设、构建海陆空立体化物流网络方面所采取的战略和措施，以拓展新时代国际物流视野。请查找相关报道，并完成以下任务。

（1）请阐述我国在海运、空运、陆运基础设施建设方面所取得的成就，这些成就对构建海陆空立体化物流网络有什么意义？你对行业发展前景有什么看法？

（2）谈谈什么是国内国际双循环，什么是“一带一路”。

（3）阐述中欧班列在服务国内国际双循环、促进“一带一路”沿线国家贸易和经济发展方面发挥了什么作用。

课后习题

一、单选题

1. 国际物流节点承担的作业功能不包括（　　）。

A. 储存　　B. 流通加工　　C. 运输　　D. 配送

2. 通过物流节点将国际海运和区域内的汽车送货到门连接起来，体现了该节点的（　　）功能。

A. 衔接功能　　B. 作业功能　　C. 管理功能　　D. 信息收集与处理

3. 自由贸易区、保税区与出口加工区、国际物流中心、国际物流园区属于国际物流节点中的（　　）。

A. 转运型节点　　B. 储存型节点　　C. 流通型节点　　D. 综合型节点

4. 由我国各港口东至日本海，西至马六甲海峡，南至印度尼西亚沿海，北至鄂霍次克海的各海港间的航线，习惯上指（　　）。

A. 远洋航线　　B. 近洋航线　　C. 太平洋航线　　D. 大西洋航线

5. 世界上最早的大陆桥是（　　）。

A. 北美大陆桥　　B. 新亚欧大陆桥

C. 西伯利亚大陆桥　　D. 日韩大陆桥

6. 集装箱由日本港口海运到美国西海岸—太平洋沿岸的港口，再通过美国的铁路运送到美国东海岸—大西洋沿岸的城市，上述国际运输描述的是（　　）运输。

A. 北美大陆桥　　B. 小陆桥

C. 西伯利亚大陆桥　　D. 新亚欧大陆桥

7. 国际邮政网络中，国际间寄递的邮件，必须由各国指定的（　　）对外进行封发和接收处理。

A. 经转局　　B. 设关局　　C. 邮件互换局　　D. 交换站

8. 在我国的国际邮政通信中，省会分公司及国际邮件指定（　　）也承担着一定的国际邮件传输职能。

A. 海关　　B. 经转局　　C. 设关局　　D. 口岸

9. 关于中欧班列表述不正确的是（　　）。

A. 中欧班列车次数量由货物总量决定

B. 中欧班列按照固定线路开行

C. 往来于中国与欧洲及“一带一路”沿线国家的集装箱国际铁路联运

D. 中欧班列已经形成西、中、东三条中欧班列运输通道邮政特快专递

10. 关于“万国邮联”表述不正确的是（　　）。

A. “万国邮联”是一个商定邮政事务的政府间国际组织

B. 万国邮政联盟通过一些法规公约来改善国际邮政业务，发展邮政方面的国际合作

C. 国际邮政网络是仅有的一网包运全球任何地方的物流网络

D. 国际间寄递的邮件，必须由各国指定的交换站对外进行封发和接收处理，包括所有经转局和验关局

二、多选题

1. 在国际物流网络中，物流节点承担着（　　）。

A. 物流作业处理　　B. 物流线路的衔接

C. 物流信息的收集和处理　　D. 运输职能

2. 根据物流节点所起的主要作用和目标不同，可以将国际物流节点划分为（　　）。

A. 转运型节点　B. 储存型节点　C. 流通型节点　D. 综合型节点

3. 口岸按照出入境的交通运输方式可划分（　　）。

A. 铁路口岸　B. 港口口岸　C. 陆地口岸　D. 航空口岸

4. 国际邮政网络中不可缺少的两大节点是（　　）。

A. 经转局　B. 设关局　C. 互换局　D. 交换站

5. 远洋航线是指运输船舶（或其他水运工具）跨越大洋的运输航线。其主要集中在三大洋，分别为（　　）。

A. 太平洋航线　B. 北冰洋航线　C. 印度洋航线　D. 大西洋航线

6. 互换局是各个国家和地区之间互换邮件的具体实施单位，其作用包括（　　）。

A. 向指定国家和地区互换局封发各类国际邮件总包

B. 接收、开拆各类进口国际邮件总包，处理进口和散寄经转邮件

C. 通过缮发验单、简函和拍发电报，与国外互换局进行业务联系

D. 根据邮件地址变化情况，及时提出调整总包封发关系的意见和散寄邮件原寄国（地区）应向邮件寄达国（地区）直封总包的建议

E. 参与国际账务结算工作

7. 原寄邮政向某一寄达邮政封发邮件，可以通过（　　）封发方式。

A. 商业快递　B. 直封总包　C. 专线运输　D. 由经转国散寄经转

8. 建立直封总包关系应当考虑（　　）因素。

A. 我国与寄达国之间的通邮数量　　B. 我国与寄达国之间的交通状况及政治关系

C. 地区平衡因素　　D. 价格因素

9. 国际邮件的发运路由由（　　）构成。

A. 国内的发运路由　　B. 国际航空

C. 专线运输　　D. 跨国运输所经路由

10. 选择国际邮路的总体原则包括（　　）。

A. 能够确保邮件在运输途中的安全　　B. 能够迅速转运，尽量减少经转环节

C. 能够确保直达运输　　D. 能够做到运输费用经济合理

三、判断题

1. 国际物流网络是指由多个收发货物和信息的“节点”和它们之间的“连线”所构成的实物流动网络及信息流动网络的集合。（　　）

2. 根据需要对货物进行包装、分割、计量、组装、刷标志、商品检验等作业。例如配送中心、流通仓库属于储存型节点。(　　)

3. 口岸是国家指定对外往来的门户，也是国际货物运输的枢纽，可进行对外贸易、政治、外交、科技、文化、旅游等往来。(　　)

4. 中央管理的口岸和由省、自治区、直辖市管理的口岸属于二级口岸。(　　)

5. 太平洋航线指连接太平洋西岸的亚洲、大洋洲与东岸的美洲之间的航线，属于近洋航线。(　　)

6. 大陆桥是指架设在海洋上的桥梁，方便提供国际公路运输和铁路运输。(　　)

7. 国际邮件以总包形式发运。(　　)

8. 国际关系、业务量、世界各国和地区交通联系等因素都是在不断变化发展的，但是国际邮政网的直封总包关系与这些因素无关，不需要调整。(　　)

9. 直封总包可以减少经转，缩短邮件传递的时间。(　　)

10. 总包的封发开拆和邮袋装卸转运必须经海关监管。(　　)

四、简答题

1. “十四五”期间，我国将打造怎样的航空口岸体系，我国的海运口岸体系是怎样设计的?

2. 简述我国的主要陆地边境口岸布局。

3. 简述我国西、中、东中欧班列运输通道及班列开行情况。

4. 什么是国际邮件互换局和国际邮件交换站？其职能是什么?

跨境电商出口物流模式选择

知识目标

- 掌握邮政物流渠道产品特点和优劣势
- 掌握国际快递渠道产品特点和优劣势
- 掌握跨境专线物流渠道产品特点和优劣势
- 掌握海外仓物流模式的特点和优劣势

能力目标

- 能准确描述不同物流模式的定义、特点和适用对象
- 具有向客户解释和推荐不同跨境物流渠道产品的能力
- 具有在客户选择和使用海外仓时提供建议的能力

职业素养目标

- 树立以客户为中心的服务理念
- 具有敬业精神和担当意识
- 具备锐意进取和改革创新意识

为满足跨境电商卖家对各类商品的不同物流时效和物流成本需求，物流企业提供多种跨境物流模式，客户可根据需求选择合适的跨境物流方案。在我国，跨境电商出口物流主要采用直邮模式和海外仓模式。

直邮模式是境外消费者通过跨境电商平台下单后，商品以跨境包裹方式直接邮递给境外消费者。直邮模式的发货渠道主要有邮政物流、国际快递和跨境专线物流。

任务一 邮政物流模式发货

任务背景

万国邮联国际局副总局长帕斯卡尔·克里瓦兹这样评价中国邮政在全球跨境电商领域中扮演的角色：在全球跨境电商领域中，中国邮政扮演着一个引领者的角色，近几年，全球跨境电商的货物像“海啸”一般涌往世界各个国家和地区，如果没有中国、没有中国邮政提供的支撑，这些数量庞大的货物根本无法得到处理。邮政物流是跨境电商物流的重要渠道，掌握邮政物流的产品体系及特点是制定跨境电商物流解决方案的重要基础。

任务问题

什么是邮政物流模式？邮政物流模式有哪些服务产品？邮政国际小包、e邮宝、e特快、e速宝等产品在市场定位、收寄要求、计费规则、服务品质方面各有什么特点？假设你是中国邮政集团有限公司项目经理，将如何根据客户需求，为其推荐合理的跨境电商物流产品？

知识准备

一、什么是邮政物流模式

狭义的邮政物流模式是指通过万国邮联（UPU）各个会员的邮政网络完成跨境电商包裹寄递，邮政企业自行揽收或第三方物流商揽收后交邮政企业，邮政企业负责出关、国际运输及目的国（地区）的清关与配送。

广义的邮政物流模式是指由中国邮政集团有限公司（以下简称中国邮政）提供跨境电商物流服务，既包括通过万国邮联网络的包裹寄递，也包括通过商业渠道（非邮政渠道）的包裹寄递。

二、中国邮政跨境物流产品体系

中国邮政跨境物流产品体系按照渠道划分，分为邮政渠道和商业渠道两大类；按照进出口划分，分为出口产品和进口产品两大类。每种产品都有自身的特点和市场定位，综合形成了覆盖多个目标市场的产品体系，具体如表3-1所示。

表3-1　中国邮政跨境物流产品体系

产品体系	邮政渠道	商业渠道	市场定位
出口产品	邮政国际小包		跨境电商寄递市场
	e邮宝	e速宝	
	e特快		
		中邮海外仓	跨境电商海外仓配市场
	国际包裹		个人寄递市场
	国际及港澳台EMS	中速快件	个人/商务寄递市场
进口产品	进口EMS包裹	进口商业快件	进口寄递市场
		保税进口	
		中邮海外购	

下面主要介绍中国邮政面向出口跨境电商领域的物流产品，包括邮政国际小包、e邮宝、e特快、e速宝等。

三、中国邮政出口跨境物流产品及特点

（一）邮政国际小包

邮政国际小包简称邮政小包，是中国邮政基于万国邮联网络，针对2kg以下轻小件物品推出的直邮型产品。

1. 邮政国际小包的特点

邮政国际小包可细分为平常小包、挂号小包、跟踪小包3种产品，如图3-1所示。

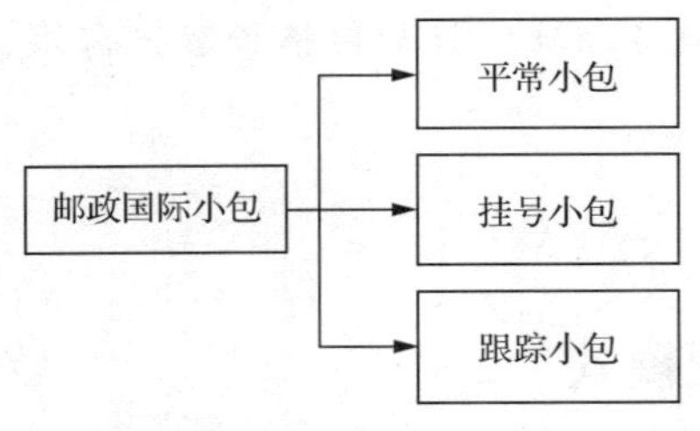

图3-1　邮政国际小包产品体系

邮政国际小包

（1）平常小包特点

平常小包为邮联函件产品，属于经济型直发寄递产品，价格实惠、清关便捷。平常小包又细分为“普通平常小包”和“平+小包服务”两种产品，具体如表3-2所示，两者的区别是信息跟踪水平不同。

表3-2　平常小包的细分产品及特点

	细分产品	产品特点	信息跟踪水平	增值服务
平常小包	普通平常小包	邮联函件产品，经济实惠、清关便捷、通达全球	只提供境内段收寄、封发、计划交航等信息	无
	平+小包服务	在普通平常小包的基础上，为卖家提供1～2个境外关键节点信息	在普通平常小包的基础上，额外提供到达境外邮政、到达境外邮政二级处理中心等1～2个节点信息	无

（2）挂号小包特点

挂号小包是标准类直发寄递产品，服务品质高于平常小包。挂号小包与平常小包的区别是可提供签收和网上信息查询。根据信息跟踪水平不同，将挂号小包细分为“普通挂号小包”和“Prime挂号小包”两种产品，具体如表3-3所示。

表3-3 挂号小包的细分产品及特点

	细分产品	产品特点	信息跟踪水平	增值服务
挂号小包	普通挂号小包	邮联函件产品，安全可靠。主要路向全程时限16～30天	不强制提供境外段信息，但大部分路向可提供境内及境外段全程跟踪信息	均可提供签收、查询（提供网上查询和向境外邮政发查服务）、赔偿等增值服务
	Prime挂号小包	在境外段信息提供上更有保障	在普通挂号小包的基础上，对境外反馈信息质量提出要求	

注：Prime代表该产品在处理过程中的优先级别较同类产品高。

（3）跟踪小包特点

跟踪小包也是标准类直发寄递产品，特点是可提供全程关键节点的跟踪信息。跟踪小包与挂号小包的区别是可提供全程信息跟踪，信息更细更全。跟踪小包可细分为双边跟踪小包和Prime跟踪小包，具体如表3-4所示，两者在信息跟踪水平方面没有区别。

表3-4 跟踪小包的细分产品及特点

	细分产品	产品特点	信息跟踪水平	增值服务
跟踪小包	双边跟踪小包	与境外邮政双边合作产品，全程信息跟踪、质量稳定，价格优惠	提供境内段信息，以及境外段到达境外邮政、妥投/试投等关键节点信息	无
	Prime跟踪小包	Prime跟踪体系产品，产品性质与双边跟踪小包相同	提供境内段信息，以及境外段到达境外邮政、妥投/试投等关键节点信息	无

2. 邮政国际小包的收寄规格限制

邮政国际小包的收寄重量和体积限制如表3-5所示。

表3-5 邮政国际小包的收寄重量和体积限制

项目	要求	
收寄重量限制	单件包裹限重2kg	
收寄体积限制	最大尺寸	长方型包装：长+宽+高≤ 90厘米，最长边≤ 60厘米 圆卷状包装：2倍直径+长度 ≤ 104厘米，单件长度 ≤90厘米
	最小尺寸	长方型包装：至少有一面长度≥ 14厘米，宽度 ≥ 9厘米 圆卷状包装：2倍直径+长度 ≥ 17厘米，单件长度 ≥10厘米

3. 邮政国际小包的计费规则

邮政国际小包按起重和续重分档收取资费。平常小包30g及以下包裹统一收取起重资费（件资费），30（不含）～80g和80g以上包裹按两档设置续重资费（千克资费）；

挂号小包和跟踪小包按照0～150g、150（不含）～300g、300g以上三档设置起重资费（件资费）和续重资费（千克资费）。

4. 邮政国际小包的发货注意事项

（1）包装。按照邮政包装规定进行包装，不能使用塑料袋或蛇皮袋等包装材料。

（2）面单。包裹面单上必须有清晰的收件人姓名、电话、地址、邮编等，收件人地址必须是英文。

（3）报关单。报关单上的商品、数量、重量及价值应由客户填写。

5. 邮政国际小包的优势和劣势

（1）优势

作为万国邮联函件产品，邮政国际小包具有以下优势。

一是通达范围广。凭借万国邮政联盟的强大网络，目前可以寄达全球220多个国家和地区。

二是资费相对低。得益于万国邮联会员之间低成本的结算，邮政国际小包具有较强的价格优势，计费规则也较其他物流产品优惠，可有效节省邮寄费用。

三是优先通关。万国邮联规定，国际邮件享有优先通关权，可以缩短商品通关时限。

（2）劣势

一是速度慢。包裹寄达亚洲邻国需5～10天，寄达欧美地区主要国家需7～15天，寄达其他国家和地区需7～30天。

二是平常小包不提供查询服务，且多国（地区）邮政不提供妥投信息。此外，挂号查询无时间保证，如中国香港邮政查询期是1到3个月。

三是旺季清关容易拥堵。虽然邮政国际小包享受邮件通关优先权，但在跨境电商旺季包裹激增的情况下，多国（地区）海关可能会对邮政国际小包提出限制措施，使其优先通关的优势受到影响。

6. 邮政国际小包的适用场景

在目前电商微利环境下，卖家对物流成本的控制比较关注。例如小饰品、小配件、小玩具等低价值、利润薄的轻小件商品，若其不带电且客户对时限要求不高，邮政国际小包是最佳的选择。若目的国（地区）属于偏远小国、岛国，邮政国际小包的运费和通达范围也是更有优势的。

【做一做】

比较平常小包、挂号小包、跟踪小包各自细分产品的特点有何异同?

（二）e邮宝

e邮宝（e-Packet）是中国邮政为适应跨境电商轻小件物品寄递需要而推出的标准型直发寄递产品。

你知道e邮宝吗?

1. e邮宝的特点

e邮宝在境内段使用邮政EMS网络发运，出口至境外后，由寄达国（地区）邮政通过其境内轻小件网络按邮件进行投递。例如包裹到达美国后，美国邮政使用其境内一类函件网进行投递。e邮宝的服务品质优于邮政国际小包，具有可跟踪查询、支持退件服务、可线上发货的优势。

卖家可通过中国邮政官网、11183客户服务专线等查询e邮宝邮件的实时状态。对于因安检或海关清关未通过而被退回的邮件，会退回寄件人。目前，退运邮件不收取费用，但e邮宝不提供个性化退货服务，例如美国邮政定期将邮件汇总退回中国，由中国邮政投递给客户，全国大部分省市可提供上门揽收和自送服务。平台卖家登录在线发运系统，注册账号，即可上传订单信息，打印邮件详情单，发送派揽请求。

2. e邮宝的收寄规格限制

e邮宝的收寄重量和体积限制如表3-6所示。

表3-6 e邮宝的收寄重量和体积限制

项目	要求	
收寄重量限制	单件包裹限重2kg	
收寄体积限制	最大尺寸	长方型包装：长+宽+高 ≤90厘米，最长边≤ 60厘米 圆卷状包装：2倍直径+长度≤104厘米，单件长度≤90厘米
	最小尺寸	长方型包装：单件长度≥14厘米，宽度≥11厘米 圆卷状包装：2倍直径+长度≥17厘米，单件长度≥11厘米

3. e邮宝计费规则

e邮宝的计费规则：首重50克，续重按照每克计算，暂不计泡，无挂号费。

4. e邮宝的发货注意事项

e邮宝严禁收寄液体、粉末、带电、侵权、食品、种子、药品、毒品等物品，具体要求可参阅国际在线发运系统规定的“禁止寄递物品指导目录”。

5. e邮宝的优势

e邮宝在跨境电商领域受到广泛欢迎，业务模式拓展到多个国家和地区，其具有以下几个方面的优势。

一是时效稳定。相对邮政国际小包，e邮宝平均时效更快且稳定。正常情况下，包裹仅需7～15个工作日即可完成妥投。

二是价格优惠。支持按总重计费，暂不计泡，无挂号费。

三是可全程跟踪。提供关键节点扫描信息和妥投信息，可让客户放心。

四是清关便捷、稳定。通过邮政EDI（Electronic Date Interchange，电子数据交换）方式便捷清关，清关稳定。

五是投递覆盖范围广。目前，e邮宝在寄达国（地区）的投递范围已覆盖各国（地区）的本土区域，其中，美国可投递至本土及本土以外所有属地和其海外军邮地址；英国可投递至本土及海峡群岛、马恩岛；对于其他国家（地区），只能投递到本土区域。

6. e邮宝通达的路向

e邮宝业务于2010年7月开通美国路向，截至目前，通达范围扩展到俄罗斯、澳大利亚、法国、加拿大、英国、德国、挪威、以色列、乌克兰、沙特阿拉伯、韩国、马来西亚、奥地利、比利时、新加坡、匈牙利、意大利、卢森堡、新西兰、波兰、瑞典、土耳其、芬兰、爱尔兰、葡萄牙、瑞士、荷兰、墨西哥、巴西、西班牙、日本、泰国、印度尼西亚、越南、哈萨克斯坦等国家及地区。

（三）e特快

e特快（e-EMS）是基于EMS网络设计的一款邮政渠道高端跨境电商寄递产品，适应跨境电商高价值物品寄递需要。

你知道e特快吗

1. e特快的特点

e特快属于优先类直发寄递产品，在中国境内全程使用特快专递EMS网络优先处理，国际运输使用最快的运输工具，境外使用快递类网络优先处理和投递。e特快的特点：在服务品质上，保持了EMS的时限标准、信息标准、规格尺寸标准、客服查询服务标准等；在计费规则方面，采用了50g起续重计费，计费方式较EMS优惠，具体如表3-7所示。

表3-7 e特快产品的特点

产品特点	具体特性
信息全程跟踪	全程节点轨迹可视，客户可随时了解邮件状态
性价比高	50g起续重计费
有邮件损失赔偿	邮件发生丢失或内件损毁时，按实际损失比例赔偿，但每件赔偿最高不超过（2×首重资费＋2元×邮件实际重量÷50g）元

2. e特快产品的收寄规格限制

e特快的市场定位高于邮政国际小包和e邮宝。邮政国际小包和e邮宝均定位为0～2kg的轻小件市场，而e特快定位为2～30kg（个别国家或地区略有突破）高端跨境电商物流市场，如图3-2所示。

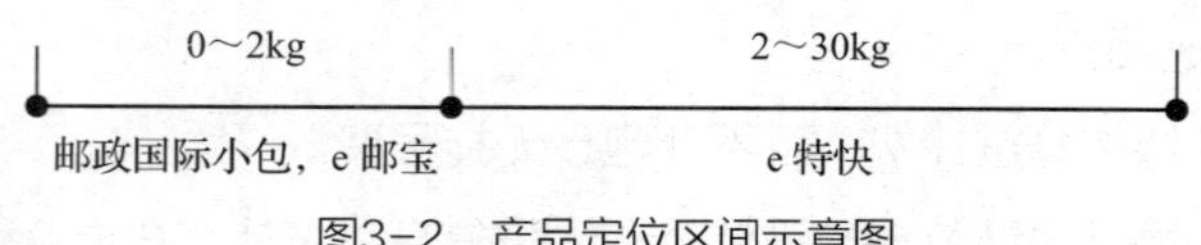

图3-2 产品定位区间示意图

根据寄达国家（地区）不同，e特快的收寄重量和体积限制如表3-8所示。

表3-8 e特快的收寄重量和体积限制

寄达目的地	最高限重/kg	最大尺寸限制/m
新加坡、韩国、英国、法国、加拿大、荷兰、俄罗斯、菲律宾、柬埔寨、马来西亚、泰国、印度尼西亚、巴布亚新几内亚、新西兰、爱尔兰、奥地利、比利时、丹麦、德国、芬兰、卢森堡、马耳他、挪威、葡萄牙、瑞典、瑞士、西班牙、希腊、意大利、南非、立陶宛、巴基斯坦、老挝、孟加拉国、尼泊尔、斯里兰卡、土耳其、阿联酋、巴拿马、白俄罗斯、捷克、秘鲁、墨西哥、匈牙利、约旦、黎巴嫩、乌拉圭、哥斯达黎加、智利、阿曼、埃及、埃塞俄比亚、爱沙尼亚、保加利亚、博茨瓦纳、刚果（布）、刚果（金）、吉布提、几内亚、加纳、加蓬、卡塔尔、科特迪瓦、科威特、克罗地亚、拉脱维亚、卢旺达、马达加斯加、马里、摩洛哥、莫桑比克、尼日尔、尼日利亚、塞内加尔、塞浦路斯、沙特阿拉伯、突尼斯、乌干达、伊朗、乍得、乌兹别克斯坦、阿尔及利亚	30	标准1
巴西、朝鲜、阿根廷	30	标准2
美国	31.5	标准5
澳大利亚	20	标准4
蒙古国	20	标准2
日本	30	标准3
印度	35	标准1
圭亚那、乌克兰、以色列、巴林、哈萨克斯坦、波兰	20	标准1
越南、布基纳法索、肯尼亚、罗马尼亚	31.5	标准1
哥伦比亚、阿塞拜疆	50	标准1
古巴	10	标准1
标准1：任何一边的尺寸≤1.5 m，长度和长度以外的最大横周合计≤3 m。 标准2：任何一边的尺寸≤1.05m，长度和长度以外的最大横周合计≤2 m。 标准3：任何一边的尺寸≤1.05m，长度和长度以外的最大横周合计≤2.5m。 标准4：任何一边的尺寸≤1.05m，长度和长度以外的最大横周合计≤3m。 标准5：任何一边的尺寸≤1.52m，长度和长度以外的最大横周合计≤2.74m。		

3. e特快的计费规则

计费重量：取体积重量和实际重量较大者。邮件任一单边长度超过60cm时开始计泡，体积重量=长（cm）×宽（cm）×高（cm）/6000。

资费=50g首重资费+续重资费。

4. e特快的优势

一是客户体验好。与其他产品相比，e特快保持了EMS的时限标准、信息标准、规格尺寸标准、客服查询等高品质服务标准。

二是e特快采用邮政EDI清关，安全快速。

三是时效快。包裹从中国寄往欧美国家仅需3～5个工作日，从中国寄往日韩仅需1～3个工作日。

四是可全程跟踪。e特快提供全程实时跟踪信息，信息反馈更完整。同时，支持线上发货、自助打单，可提高跨境卖家发货效率。

（四）e速宝

e速宝是中国邮政通过整合境内外优质物流资源，专门针对不同国家和地区设计的一款商业渠道跨境电商物流产品。

认识e速宝

1. e速宝的特点

e速宝适用于资质较高、产品种类较规范、申报数据较齐全的跨境电商卖家或贸易企业。e速宝采用商业清关，末端可使用经济类或标准类投递网络，时效稳定，售后服务较好，具体如表3-9所示。

表3-9　e速宝产品特点及具体特性

产品特点	具体特性
商业清关	客户可以寄递带电、弱磁类物品（澳大利亚、新西兰及东南亚路向除外），弥补邮政渠道其他产品不可寄递带电类物品的不足
按克计费	按克计费，经济实惠，最高限重30kg
信息可追踪	通过商业渠道在线发运系统下单，自动生成单号，可跟踪到最终的投递局，邮政EMS官网同步更新信息，安全放心
时效稳定	根据客户下单时的选择，末端投递可使用经济类或标准类投递网络，提供出门投递信息，时效稳定
售后服务较好	可提供赔偿及退件服务

2. e速宝的收寄规格限制

根据客户下单时的选择，可使用经济类或标准类投递网络，不同的网络对商品的规格有不同的限制，客户可在下单时咨询邮政工作人员。

3. e速宝的发货注意事项

（1）拒收仿牌、刀具、纯电池等航空违禁品。

（2）拒收国家明令禁止的物品，如古董、货币及其他出口货物。

（3）拒收液体、粉末、食品、药品等。

4. e速宝的优势

（1）收件当天即可查询上网信息，可全程跟踪货物轨迹状态，提供妥投信息。

（2）可寄递带电类物品，弥补邮政渠道其他产品不可寄递带电类物品的不足。

（3）可线上发货。通过商业渠道在线发运系统建立订单，订单信息可用Excel批量上传，或通过API（Application Programming Interface，应用程序接口）对接建立订单。

（4）服务范围覆盖美国、英国、德国、法国、西班牙、意大利、泰国、新加坡、马来西亚、印度等国家，寄运时效为7～12个工作日。

四、邮政物流运作流程

（一）国际邮件传递过程

国际邮件传递过程是指自寄件人在邮局交寄国际邮件起至寄达国邮局将邮件投递给收件人的全部处理和运递过程。

国际邮件传递过程可划分为收寄环节、运输环节和投递环节。其中，收寄环节和运输环节是由中国邮政运行的，邮件在运输到寄达国之后，交由寄达国邮政进行投递。国际邮件传递过程如图3-3所示。

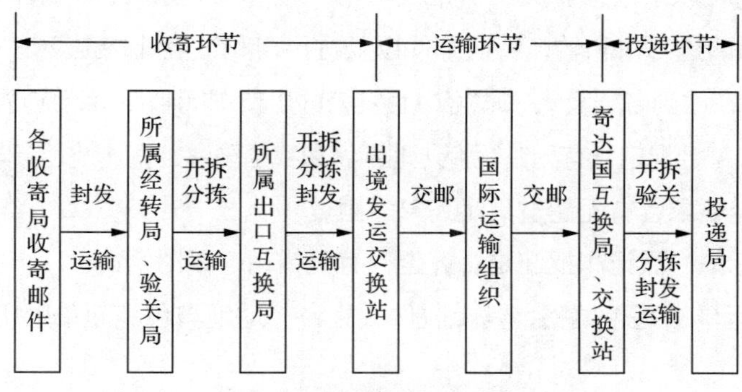

图3-3　国际邮件传递过程

（二）国际邮件的收寄处理

1. 国际邮件的收寄

（1）国际邮件收寄要求

收寄各类国际邮件时，要严格执行实名制与验视制度。在收寄应受海关监管的邮件时，要提示寄件人按要求如实、准确、详细填写报关单，并在需要时随附相关证明文件。

（2）国际邮件收寄手续

① 验看邮件内有无禁寄物品以及是否符合限寄规定。

② 验视所寄邮件重量、尺寸、封装情况是否符合规定。

③ 查看详情单是否已按规定填写，收件人和寄件人的姓名与地址是否清晰可辨。

④ 应随附的文件（CN22/ CN23报关单及内件发票或形式发票等）是否齐全，是否装入背胶透明塑料封套（如CP92塑料封套）并牢固地粘贴在邮件封面上。国际邮件详情单和e邮宝面单式样分别如图3-4和图3-5所示。

⑤ 出口国际邮件在发往经转局或验关局时，应封成专袋，相关封发清单、袋牌上应注明“国际”字样。

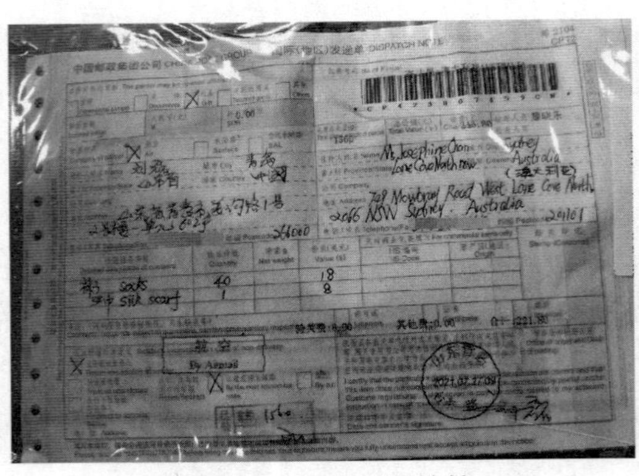

图3-4 国际邮件详情单

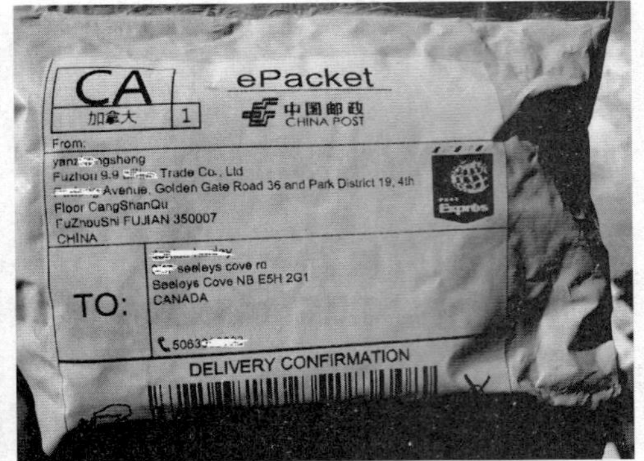

图3-5 e邮宝面单式样

2. 国际邮件验关局的处理

国际邮件验关局（以下简称验关局）指设有海关驻邮局办事处的邮政机构，其任务是将内装应受海关监管物品的进出口和转口特快邮件以及进出口和过境邮袋提交海关查验放行。

经转局和验关局在收到各局及大宗收寄中心发来的出口国际邮件后，应逐件查核下列各项。

① 封面书写是否符合规定，有无错写寄达地国名和我国国名，寄达地地名与国名是否相符。

② 封装是否符合要求，有无超过重量、尺寸限度。

③ 各种单式、标签、戳记和批注是否齐全，有无错用、漏附情况。

④ 包裹多式联运单据是否填妥，其上收件人姓名、地址与包裹面单上所填收件人姓名、地址是否一致。

⑤ 包裹实际重量与多式联运单据上所注重量是否相符。

⑥ 有无收寄禁寄物品或超过规定限量寄递的物品。

⑦ 稽核邮袋重量和实际重量是否与系统中记录的重量一致，或者差异是否在可允许的阈值内。

国际邮件验关局名单如表3-10所示。

表3-10 国际邮件验关局名单

地区	验关局	地区	验关局	地区	验关局
北京	北京	陕西	西安	湖南	长沙
上海	上海	新疆	乌鲁木齐、伊宁	广东	广州、深圳、珠海、汕头、江门
天津	天津	江苏	南京、苏州	河南	郑州
重庆	重庆	浙江	杭州、温州	四川	成都
内蒙古	呼和浩特	福建	福州、厦门	云南	昆明
辽宁	沈阳、大连、丹东、营口、锦州	山东	济南、青岛、威海、烟台	海南	海口
吉林	长春、延吉	湖北	武汉	西藏	拉萨
黑龙江	哈尔滨	广西	南宁		

3. 国际邮件互换局的处理

国际邮件互换局（以下简称互换局）的任务是向境外邮政机构封发特快邮件总包和接收、开拆、处理境外邮政机构发来的特快邮件总包。

对于出口国际邮件，互换局应按照发运计划所规定的封发关系、发运路由和封发频次进行封发。封发出口国际邮件必须使用印有英文“POST PEOPLE’S REPUBLIC OF CHINA”（中国邮政）字样的国际邮袋，如图3-6所示。

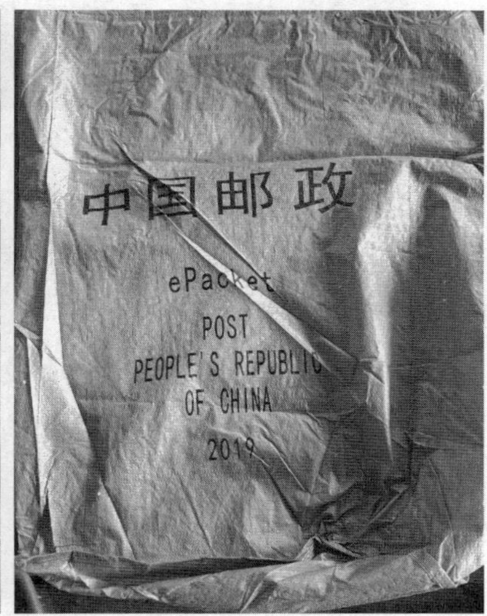

图3-6　国际邮袋

封发总包时要实行“三核对”（邮件、清单和袋牌相互核对），并对邮袋袋牌、清单和路单上所注重量以及航班号码等进行逐项核对。各类国际邮件总包封妥后，应按规定的发运路由发往相关出口国际邮件交换站。国际邮件总包袋牌式样如图3-7所示。

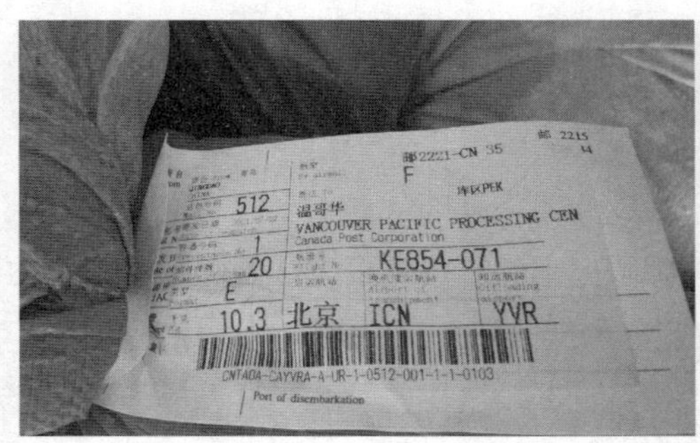

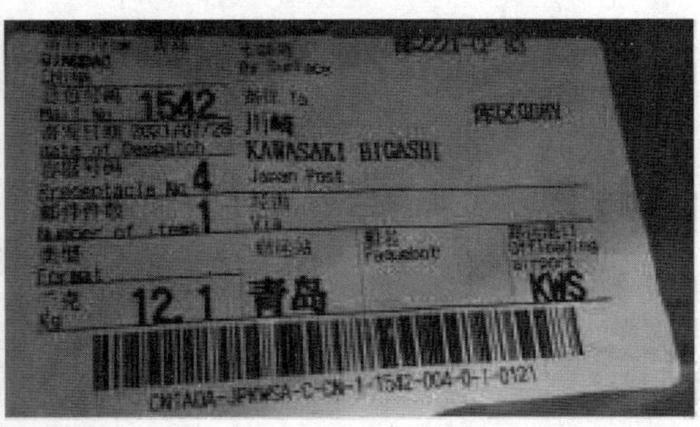

图3-7　国际邮件总包袋牌式样

4. 国际邮件交换站的处理

国际邮件交换站的任务是负责与国外邮政机构或其委托的运输机构直接交换国际邮件总包。按照规定，交换站在接收、装卸和转运国际邮件总包时需要在海关监管下进行。国际邮件总包式样如图3-8所示。

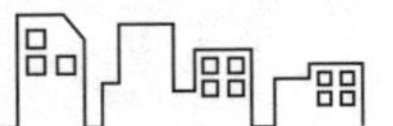

图3-8　国际邮件总包式样

（三）国际邮件运输处理

国际邮件的发运路由包括国际邮件在国内的发运路由和国际邮路两部分。

1. 国内发运路由的选择

国际邮件在国内的运递，即国际邮件在收寄局（投递局）、指定经转局及互换局之间的运输，国际邮件总包在互换局、交换局之间的运输，其利用的路由比照同类国内邮件路由来决定。

2. 国际邮路的选择

国际邮路一般指利用各种运输方式，经过一国（地区）或数国（地区），运递我国出口国际邮件和第三国过境邮件所经由的路线。

根据万国邮政联盟的规定，国际邮件的发运路由应由总包原寄局邮政根据迅速、准确、安全和经济的原则制定。选择国际邮路的总原则和要求如下。

① 能够确保邮件在运输途中的安全。

② 能够迅速转运，尽量减少经转环节。

③ 能够做到运输费用经济合理。

④ 增强邮件发运的可控性。

（四）国际邮件的投递处理

国际邮件总包经国际运输到达寄达国后，我国邮政把邮件总包交至寄达国邮政，由寄达国邮政按照万国邮联网络的相关要求进行投递，并按照要求反馈邮件的信息。

任务二　国际快递模式发货

任务背景

某家跨境电商公司主要经营食品、服装和假发等商品的出口业务，该公司拟增加国际快递渠道发货，公司物流部门正在筛选国际快递服务商，征集快递物流解决方案，请你为该公司做一份物流咨询建议书。

任务问题

国际快递渠道的主要服务商有哪几家？其产品体系的布局和特点是什么？与邮政物流渠道相比较，国际快递渠道发货的优劣势是什么？商家应该如何根据产品特点、目的国家（地区）选择服务商及产品？

知识准备

一、什么是国际快递模式

国际快递模式是指通过国际快递公司完成电商包裹在两个或两个以上的国家或地区之间的寄递。一般情况下，国际快递公司自行揽收货物或通过第三方物流服务商揽收货物，然后自行组织出关、国际运输及目的国（地区）清关配送。

我国进出口快件90%以上的业务被UPS、DHL、FedEx三大国际商业快递公司以及国际EMS承包，不同公司的快递产品，在价格、资费、时效上有所不同。下面介绍这几家快递公司的产品特点。

二、UPS公司产品

（一）公司概况

UPS（United Parcel Service，联合包裹服务）于1907 年在美国华盛顿州西雅图市成立，迄今已成为全球最大的快递承运商和包裹运送公司之一，业务涵盖快递、物流、运输、电子商务服务等领域。

认识国际快递

UPS的运营网络覆盖全球 220 多个国家和地区。UPS在美国境内建有6个航空枢纽，在德国、加拿大、中国也建立了国际航空转运中心，UPS每周从中国到达美国、欧洲以及亚洲其他国家和地区的航班达 200多个班次。

（二）快递服务产品

根据时限不同，UPS旗下的快递服务产品主要有4种，如表3-11所示。

表3-11 UPS旗下的快递服务产品

序号	产品名称	服务范围和时限	产品特点
1	UPS全球特快加急 UPS Worldwide Express Plus	送达美国、欧洲和亚洲主要城市。时限为1～3天	享受准时送达保证，是邮寄紧急货件的理想选择。适用于UPS 10kg箱和UPS 25kg箱货物
2	UPS全球特快 UPS Worldwide Express	送达美国境内大部分地区，加拿大、欧洲和亚洲的主要城市以及美洲选定地区。时限为1～3天	适用于UPS 10kg箱和UPS 25kg箱货物

续表

序号	产品名称	服务范围和时限	产品特点
3	UPS全球速快（红单） UPS Worldwide Express Saver	覆盖全球220多个国家和地区。转运时间一般为1～3个工作日，视具体目的地而定	是UPS全球限时快递的一项经济实惠型的服务，适用于UPS 10kg箱和UPS 25kg箱货物
4	UPS 全球快捷（蓝单） UPS Worldwide Expedited	覆盖全球220多个国家和地区。时限为2～5天	该产品是非紧急货件的经济选择，在特定国家或地区支持准时送达保证

注：UPS红单时效高，蓝单价格低。

UPS 10kg箱尺寸为42cm × 34cm × 27cm（最大载重量15kg）；UPS 25kg箱尺寸为50cm × 45cm × 34cm（最大载重量30kg），示意图如图3-9所示。

图3-9　UPS 25kg箱示意图

（三）UPS收寄重量和尺寸限制

（1）每件包裹的最大重量：70kg。

（2）每件包裹的最大长度：274cm。

（3）每件包裹的最大尺寸：（长+周长）=400 cm。

（4）每批货件总重量与包裹件数无限制。

（四）UPS的资费

1. 计费重量

计费重量取实际重量和体积重量较大者。实际重量不足0.5 kg的，按0.5 kg计算。

体积重量（kg）=长（cm）×宽（cm）×高（cm）/5000，计算出的数值不足0.5 kg的，按0.5 kg计算。体积测量示意图如图3-10所示。

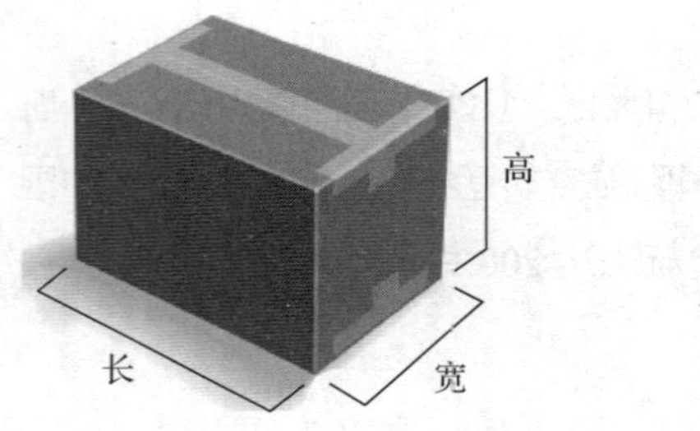

图3-10　体积测量示意图

2. 资费标准

UPS的资费标准采用分区的方式，其中，海南省、广东省、广西省、云南省、福建省、江西省、湖南省和重庆市与其他省市采用不同的计费标准。根据寄达国家（地区）的不同，有9个分区资费标准。

以UPS 全球特快服务的资费表为例，如表3-12所示，该资费表适用于除海南省、广东省、广西省、云南省、福建省、江西省、湖南省和重庆市以外地区寄出的UPS特快服务，费率以人民币计算。

表3-12 UPS全球特快服务资费（部分重量段） 金额单位：元

货件重量/kg	地区1	地区2	地区3	地区4	地区5	地区6	地区7	地区8	地区9
0.5	268	377	381	382	463	464	524	595	984
1.0	323	453	458	460	562	601	665	741	1177
1.5	377	535	541	544	660	757	805	891	1372
2.0	428	615	621	621	761	901	939	1040	1570
2.5	481	697	705	708	860	1048	1081	1193	1761
3.0	535	776	783	785	958	1201	1221	1310	1957
3.5	587	858	866	868	1055	1348	1359	1461	2155
4.0	640	934	942	947	1153	1498	1503	1607	2349
4.5	697	1014	1024	1028	1251	1645	1642	1795	2544
5.0	746	1095	1107	1112	1348	1794	1783	1993	2744
5.5	801	1174	1186	1190	1450	1924	1920	2042	2939
6.0	858	1253	1266	1267	1549	2073	2062	2185	3133
6.5	908	1335	1348	1354	1651	2219	2200	2331	3326
7.0	961	1416	1430	1435	1750	2365	2336	2478	3522
7.5	1014	1496	1511	1516	1850	2514	2477	2627	3716
8.0	1067	1575	1590	1598	1950	2662	2616	2772	3910
8.5	1121	1655	1672	1679	2050	2808	2755	2918	4108
9.0	1174	1734	1752	1760	2151	2957	2892	3066	4301
9.5	1227	1816	1833	1840	2250	3104	3033	3208	4494
10.0	1280	1893	1912	1920	2349	3250	3170	3355	4691

对于一票多件货物的总计费重量，取运单每个包裹的实际重量和体积重量较大者计算，不足0.5kg的，按照0.5kg计算；超出0.5kg不足1kg的，计1kg。每票货物的计费重量为每件包裹的计费重量之和。

【例题】客户寄送一票三个托盘的货件，其实际重量分别为50 kg、400 kg和300 kg，所有托盘的体积均为122 cm×102 cm×150 cm，请计算计费重量。

（1）计算实际重量。实际重量=50 kg+400 kg+300 kg = 750kg

（2）计算体积重量。托盘体积重量=（122 cm×102 cm× 150 cm）/ 5000=373.5 kg，货件的体积重量=373.5 kg+ 373.5 kg + 373.5 kg = 1120.5 kg

（3）计算计费重量

货件计费重量=373.5 kg+400 kg+373.5 kg=1147 kg

3. 附加费用

UPS收取附加费的项目包括：更改地址附加费、住宅地址递送附加费、偏远地区附加费。此外，UPS根据客户需求的不同，提供多种有偿附加服务，具体收费项目包括：声明价值费用、星期六递送服务费、滞仓费、大型包裹附加费、燃料附加费、旺季附加费、超重超长费、预先通知附加费、出口申报附加费等。

三、DHL公司产品

（一）公司概况

DHL创建于1969年，目前由德国邮政集团100% 持股，是全球快递、洲际运输和航空货运的领导者，也是全球领先的海运和合同物流提供商。

DHL拥有覆盖全球220多个国家和地区的网络，大约有420架飞机。DHL在欧洲建立了发达的物流网络，具有显著的通关和时效优势，占有欧洲快递市场超过 40%的份额。

DHL还与中国对外贸易运输（集团）总公司合资成立了中外运-敦豪，在我国21个城市设立了130多个办事处。DHL在香港设立了亚洲货运中心，目的是应对市场对空运速递业与日俱增的需求。

（二）DHL快递服务产品

（1）DHL环球快递

DHL环球快递提供在标准转运时间的工作日结束前完成递送至世界各地的派送，适用于单件70kg以下且单票1000kg以下的货件。

（2）DHL正午特派

DHL正午特派保证在标准转运时间的工作日中午十二点前完成派送。此项服务提供退款保证，适用于单件70kg以下且单票300kg以下的货件。

（3）DHL Express朝九特派（十点半特派至美国）

此项服务保证在标准转运时间的工作日上午九点前（美国适用上午十点半前）完成派送，适用于欧洲、中东、非洲、亚洲和美洲的主要商业中心；提供退款保证，适用于单件30kg以下且单票300kg以下的货件。

DHL快递服务产品特点如表3-13所示。

表3-13　DHL快递服务产品特点

指标	DHL 环球快递	DHL 正午特派	DHL Express朝九特派（十点半特派至美国）
覆盖的国家或地区数量	超过 220个	98个	28个
最大单件重量（非托盘）	70kg	70kg	30kg
单票最大件数	—	10	10
最大单件尺寸（长×宽×高）	120cm × 80 cm × 80cm	120 cm × 80 cm × 80cm	120 cm × 80 cm × 80cm
最大托盘重量	300kg	不接受托盘货	不接受托盘货
最大单票重量	1000kg	300kg	300kg
最大托盘尺寸（长×宽×高）	120 cm × 120 cm × 160cm	不接受托盘货	不接受托盘货
退款保证	无	有	有

（4）DHL国际电子商务业务

DHL国际电子商务业务主要有三类业务：DHL跨境电商包裹，是寄达重量较轻物品的经济实惠的选择；DHL跨境电商可追踪包裹适合经济实惠的较轻物品运送，有关键节点查询；DHL跨境电商专线包裹适合直接寄达高端物品，最大重量可达20kg。

DHL国际电子商务业务产品特点如表3-14所示。

表3-14　DHL国际电子商务业务产品特点

产品	DHL跨境电商包裹	DHL跨境电商可追踪包裹	DHL跨境电商专线包裹
最大重量	2 kg	2 kg	20 kg
最大尺寸	长+宽+高≤90cm	长+宽+高≤90cm	长/宽/高≤120/60/60 cm
端到端查询	×	√	√
经济产品运输天数	9～15天	不适用	不适用
标准产品运输天数	不适用	4～10天	5～7天
加急产品运输天数	不适用	不适用	4～6天
关税和税款交付方	收件人	收件人	发件人或收件人
快件保价选择	×	√	√
到付现结	不适用	不适用	目前仅对寄往马来西亚和泰国的包裹开放

（三）资费计算方法

1. 包裹的计费重量

计费重量取体积重量与实际重量较大者。体积重量（kg）=长（cm）×宽（cm）×高（cm）/5000。

2. 资费标准

DHL的资费计算采用分区的方式，根据寄达国家（地区）的不同，有不同的资费标准。资费标准可从DHL网站查询。以从中国寄出的DHL环球快递为例，资费标准如表3-15所示。

表3-15　DHL环球快递出口资费标准　　金额单位：元

重量/kg	1区	2区	3区	4区	5区	6区	7区	8区	9区
2kg以内文件									
0.5	153	216	202	223	317	344	363	450	638
1	206	301	280	307	423	488	510	620	852
1.5	259	386	358	391	529	632	657	790	1066
2	312	471	436	475	635	776	804	960	1280
包裹和2.5kg以上文件									
0.5	252	356	321	381	382	390	500	642	963

续表

重量/kg	1区	2区	3区	4区	5区	6区	7区	8区	9区
1	307	436	406	465	502	519	631	811	1178
1.5	362	516	491	548	622	648	762	980	1393
2	417	596	576	631	742	777	893	1149	1608
2.5	472	677	661	716	862	905	1024	1318	1823
3	525	758	738	797	977	1031	1165	1487	2037
3.5	578	839	815	878	1092	1157	1306	1656	2251
4	631	920	892	959	1207	1283	1447	1825	2465
4.5	684	1001	969	1040	1322	1409	1588	1994	2679
5	737	1082	1046	1121	1437	1535	1729	2163	2893
5.5	787	1159	1122	1203	1542	1661	1855	2315	3086
6	837	1236	1198	1285	1647	1787	1981	2467	3279
6.5	887	1313	1274	1367	1752	1913	2107	2619	3472
7	937	1390	1350	1449	1857	2039	2233	2771	3665
7.5	987	1467	1426	1531	1962	2165	2359	2923	3858
8	1037	1544	1502	1613	2067	2291	2485	3075	4051

3. 附加费用

收取的附加费项目较多，如燃油附加费、偏远地区附加费、超重货件附加费、超长货件附加费、无法堆叠托盘附加费、更正地址附加费、数据录入附加费、高风险地区附加费、限运目的地附加费等。此外，还为客户提供一些有偿的可选服务，如寄件人支付目的地关税、税款、特殊取件、特殊派送、货件准备、周六派送、快件价值保险、文件保障、直接签收、住宅地址派送、气候中和服务、更改账单、中立派送等。其具体收费标准可在官网查询。

四、FedEx公司产品

（一）公司概况

联邦快递（FedEx）创建于1971年，总部设于美国田纳西州孟菲斯，隶属于美国联邦快递集团（FedEx Corp）。FedEx拥有全球最大的航空货运网络，网络覆盖全球220多个国家及地区。

在我国，联邦快递拥有大约12000名员工，服务机场有北京首都国际机场、上海浦东国际机场、深圳宝安国际机场、广州白云国际机场，每周约有 250 次国际航班。

FedEx在东南亚、北美洲和欧洲部分国家有优势，特别是东南亚地区国家，拥有DHL、UPS无法比拟的价格优势，通关能力强。

（二）FedEx快递服务产品

FedEx快递服务产品大致有4类，包括联邦快递国际特早快递服务、联邦快递国际优先快递服务、联邦快递国际经济快递服务、FedEx International Connect Plus（FICP）。这4类快递服务产品具体如表3-16所示。

表3-16　FedEx的快递服务产品

产品	覆盖范围	时限	尺寸重量限制
联邦快递国际特早快递服务 FedEx International Express	在全球主要市场提供特早快递（包含清关、门到门服务），确保收件人在清晨便能收到货件	递送至美国、加拿大、巴西、墨西哥、波多黎各的货件，最早于上午8时前准时送达；时限在1～3个工作日。递送至欧盟的货件在2个工作日内于上午9时前准时送达	尺寸上限：单边≤274 cm，（长度+周长）≤330 cm 重量上限：一票多件，每件重量≤68 kg
联邦快递国际优先快递服务 FedEx International Priority	面向全球220个国家和地区	时限1～3个工作日，于当天结束前送达，具体取决于目的地	
联邦快递国际经济快递服务 FedEx International Economy	面向亚洲地区、美国、欧洲等，以实惠价格为非紧急货件提供可靠服务	递送至亚洲地区需要2～4个工作日，递送至美国需要4个工作日，递送至欧洲需要4～5个工作日	
FedEx International Connect Plus（FICP）	指定日期电子商务递送服务。速度便捷且价格优惠。目前在部分市场提供	通常为1～5个工作日	适用于10kg以下的货件。重量和尺寸限制可能会因目的地市场而异

（三）FedEx资费计算

1. 计费重量

计费重量：取实际重量和体积重量较大者。体积重量的计算公式为：体积重量（kg）=长（cm）×宽（cm）×高（cm）/5000。

2. 资费标准

资费标准可在FedEx官网查询。以FedEx的国际优先快递特快出口为例（此费率适用于广东及福建省以外地区发货，2022年1月3日生效，不包括燃油附加费和其他附加费），FedEx国际优先快递产品的出口费率（部分）如表3-17所示。

表3-17　FedEx国际优先快递产品的出口费率（部分）　金额单位：元

主要目的地		日本	印度尼西亚、菲律宾、蒙古国	澳大利亚、新西兰、柬埔寨	德国、英国、法国	巴西、智利、阿根廷	南非、阿拉伯联合酋长国	美国西部	美国其他地区、加拿大、墨西哥
快递封（FedEx Envelope）	0.50kg	196.00	215.00	308.00	359.00	422.00	444.00	384.00	383.00

续表

主要目的地		日本	印度尼西亚、菲律宾、蒙古国	澳大利亚、新西兰、柬埔寨	德国、英国、法国	巴西、智利、阿根廷	南非、阿拉伯联合酋长国	美国西部	美国其他地区、加拿大、墨西哥
快递袋（FedEx Pak）	0.50kg	230.00	268.00	345.00	405.00	434.00	479.00	396.00	396.00
	1.00kg	315.00	353.00	452.00	560.00	596.00	658.00	544.00	544.00
	1.50kg	396.00	434.00	549.00	705.00	753.00	819.00	680.00	688.00
	2.00kg	472.00	505.00	637.00	834.00	892.00	983.00	800.00	808.00
	2.50kg	558.00	587.00	740.00	986.00	1051.00	1146.00	950.00	950.00
国际优先快递服务（IP）	0.50kg	317.00	359.00	363.00	485.00	615.00	618.00	424.00	432.00
	1.00kg	405.00	442.00	484.00	613.00	773.00	785.00	558.00	566.00
	1.50kg	493.00	525.00	605.00	741.00	931.00	952.00	692.00	700.00
	2.00kg	581.00	608.00	726.00	869.00	1089.00	1119.00	826.00	834.00
	2.50kg	669.00	691.00	847.00	997.00	1247.00	1286.00	960.00	968.00
	3.00kg	748.00	773.00	955.00	1137.00	1415.00	1455.00	1102.00	1112.00
	3.50kg	827.00	855.00	1063.00	1277.00	1583.00	1624.00	1244.00	1256.00
	4.00kg	906.00	937.00	1171.00	1417.00	1751.00	1793.00	1386.00	1400.00
	4.50kg	985.00	1019.00	1279.00	1557.00	1919.00	1962.00	1528.00	1544.00
	5.00kg	1064.00	1101.00	1387.00	1697.00	2087.00	2131.00	1670.00	1688.00
	5.50kg	1140.00	1183.00	1487.00	1825.00	2246.00	2283.00	1812.00	1830.00
	6.00kg	1216.00	1265.00	1587.00	1953.00	2405.00	2435.00	1954.00	1972.00
	6.50kg	1292.00	1347.00	1687.00	2081.00	2564.00	2587.00	2096.00	2114.00
	7.00kg	1368.00	1429.00	1787.00	2209.00	2723.00	2739.00	2238.00	2256.00
	7.50kg	1444.00	1511.00	1887.00	2337.00	2882.00	2891.00	2380.00	2398.00
	8.00kg	1520.00	1593.00	1987.00	2465.00	3041.00	3043.00	2522.00	2540.00
	8.50kg	1596.00	1675.00	2087.00	2593.00	3200.00	3195.00	2664.00	2682.00
	9.00kg	1672.00	1757.00	2187.00	2721.00	3359.00	3347.00	2806.00	2824.00
	9.50kg	1748.00	1839.00	2287.00	2849.00	3518.00	3499.00	2948.00	2966.00
	10.00kg	1824.00	1921.00	2387.00	2977.00	3677.00	3651.00	3090.00	3108.00

3. 附加费用

FedEx收取的附加费项目包括燃油附加费、服务附加费。燃油附加费遵照美国墨西哥湾沿岸航空燃料指标并基于总运输费计算得出。服务附加费包括更改地址附加费、第三方付费的附加费用、第三方收件人附加费、星期六取件附加费、星期六递送附加费、超范围取件费、超范围派送费、住宅交付附加费等。

五、国际EMS

（一）业务简介

国际EMS（Express Mail Service），即邮政特快专递，是建立在万国邮政联盟法规的基础上，按照万国邮政联盟EMS 合作机构制定的统一标识、统一规范，进行国际间的业务合作，以高速度、高质量为用户传递国际紧急信函、文件资料、金融票据、商品、货样等各类文件资料和物品的高端邮递业务。

国际EMS业务在各国（地区）邮政、海关、航空等部门均享有优先处理权，服务深度、处理规定和时限要求等与普通国际邮政业务（如国际函件、国际包裹等业务）有很大的不同。

中国邮政于1980年开办国际EMS业务。目前，该业务已与世界上109个国家和地区建立了EMS双边合作关系。

（二）重量尺寸限制

各寄达国（地区）根据自己的寄递网络和相关设施设备的影响，对进口的国际EMS邮件的重量、尺寸都有不同的限度，具体情况如表3-18所示。

表3-18　国际EMS邮件的重量、尺寸限制

通达国家（地区）	最高限重/kg	最大尺寸限制/m	通达国家（地区）	最高限重/kg	最大尺寸限制/m
日本	30	标准3	斯里兰卡、土耳其、老挝	30	标准1
韩国	30	标准1	巴基斯坦	30	标准2
朝鲜	30	标准2	孟加拉国	20	标准1
马来西亚	40	标准1	印度	35	标准1
印度尼西亚	30	标准4	约旦、圭亚那、巴拿马、秘鲁、捷克、俄罗斯	30	标准1
新加坡、泰国、柬埔寨、蒙古国、越南	30	标准1	巴西、古巴	30	标准2
菲律宾	20	标准2	墨西哥、哥伦比亚、白俄罗斯、波兰、乌克兰、以色列	20	标准1
澳大利亚、新西兰	30	标准2	阿根廷	20	标准2
巴布亚新几内亚	25	标准1	阿联酋、匈牙利	31.5	标准1
美国	31.5	标准2	阿曼、乍得、科威特、突尼斯、乌干达、尼日利亚、克罗地亚、沙特阿拉伯	30	标准1

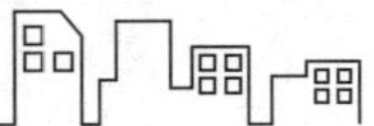

续表

通达国家（地区）	最高限重/kg	最大尺寸限制/m	通达国家（地区）	最高限重/kg	最大尺寸限制/m
英国、希腊、瑞士、德国、瑞典、法国、爱尔兰、比利时、意大利、加拿大	30	标准1	伊朗、巴林、埃及、以色列、叙利亚、吉布提、卡塔尔、几内亚、博茨瓦纳、开曼群岛	20	标准1
丹麦、挪威、芬兰、奥地利	31.5	标准1	肯尼亚、尼日尔、塞浦路斯、布基纳法索	31.5	标准1
卢森堡	31	标准1	拉脱维亚、哈萨克斯坦、保加利亚	30	标准2
西班牙、马耳他	20	标准1	罗马尼亚	31.5	标准2
葡萄牙	30	标准2	叙利亚、伊拉克暂时无法通达		
标准1：任何一边的尺寸都不得超过1.5m，长度和长度以外的最大横周合计不得超过3m。 标准2：任何一边的尺寸都不得超过1.05m，长度和长度以外的最大横周合计不得超过2m。 标准3：东京、大阪指定区域为1.8m×3m，其他地区执行标准1。 标准4：最长一边不得超过0.6m，长、宽、高合计不得超过0.9m。圆卷型长度不得超过0.9m，直径的两倍和长度合计不得超过1.04m。					

（三）资费标准

国际EMS的资费采用首重加续重的计费方式，起重为500g，续重为每500g或其零数（不足500g的按500g计），不同的通达国家和地区的资费标准不同，同时文件和物品类快件的首重收费金额也不同。国际EMS资费标准如表3-19所示。

表3-19　国际EMS资费标准

通达国家和地区	起重500g及以内资费/元		续重每500g或其零数资费/元
	文件	物品	
朝鲜、韩国、日本	115	180	40
菲律宾、柬埔寨、马来西亚、蒙古国、泰国、新加坡、印度尼西亚、越南	130	190	45
澳大利亚、巴布亚新几内亚、新西兰	160	210	55
美国	180	240	75
爱尔兰、奥地利、比利时、丹麦、德国、法国、芬兰、加拿大、卢森堡、马耳他、挪威、葡萄牙、瑞典、瑞士、西班牙、希腊、意大利、英国、南非	220	280	75
巴基斯坦、老挝、孟加拉国、尼泊尔、斯里兰卡、土耳其、印度	240	300	80
阿根廷、阿联酋、巴拿马、巴西、白俄罗斯、波兰、俄罗斯、哥伦比亚、古巴、圭亚那、捷克、秘鲁、墨西哥、乌克兰、匈牙利、以色列、约旦	260	335	100

续表

通达国家和地区	起重500g及以内资费/元		续重每500g或其零数资费/元
	文件	物品	
阿曼、埃及、科威特、沙特阿拉伯、乌兹别克斯坦、突尼斯、乌干达、伊朗、乍得	370	445	120

六、国际EMS、UPS、DHL、FedEx优劣势比较

（一）国际EMS的优势及劣势

在中国邮政提供的服务中，国际EMS是速度最快的，一般为2～15天，时效长短一般与距离远近相关。但是，国际EMS的时效与UPS、DHL、FedEx相比有一定的劣势。在通关方面，国际EMS由于属于万国邮联的业务，因此在世界各国的海关享有优先通关的权利，这一点是其他公司不具备的。国际EMS的资费相比其他公司要低，除了邮件资费之外，没有燃油附加费、偏远附加费、个人地址投递费，也没有其他的附加服务费用，因此能为寄件人节省成本。

（二）三大国际快递的优势及劣势

1. 国际快递的优势

（1）拥有全球化网络

DHL、FedEx和UPS作为当前国际快递三大巨头，都拥有相当数量的全货机，以通达机场、洲际“世界港”、航空枢纽为节点，构建全球化网络布局。

（2）安全可靠

邮件运送自始至终都由同一公司完成，邮件在各节点的处理按照统一的操作规范与服务标准，信息反馈更加通畅及时，传递过程更加安全和可靠。

（3）速度更快

三大国际快递公司针对细分领域的差异化需求，可提供4～5类业务，满足客户对不同距离、时效和重量的多维度的需求。从时限来看，三大国际快递比国际EMS有较明显的优势。

2. 国际快递的劣势

优质的服务必然伴随着昂贵的价格。三大国际快递公司除了资费较高之外，还会收取各种附加费，只有客户交寄的物品价值较高或对时限要求较高时，才适合选择国际快递。

七、国际快递渠道发货流程

国际快递渠道发货流程包括打包备货、办理委托、上门揽收、费用结算、快件追踪、快件签收，如图3-11所示。

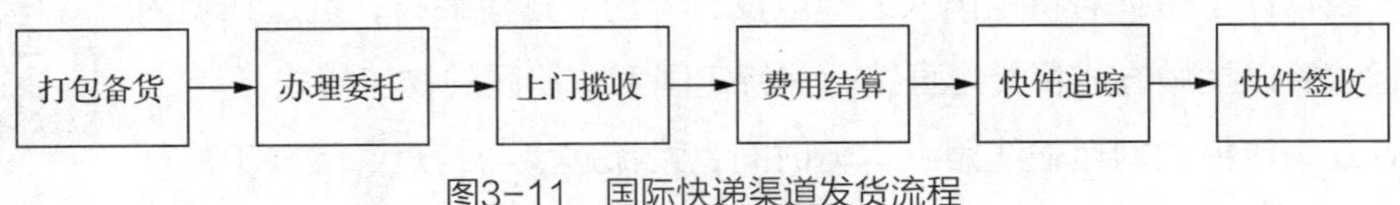

图3-11 国际快递渠道发货流程

1. 打包备货

打包备货是指对货物进行外包装处理，应根据货物的属性进行合理包装操作，以保护货物在运输过程不发生破损、漏失，避免货物因搬运、碰撞、雨淋、湿度、温度等外部因素而发生损毁或变质。

2. 办理委托

委托人填写物流订单委托书，包括账号、名称、联系方式、地址、国家、邮编等信息，然后将物流订单委托书发送给货运代理人。

3. 上门揽收

快递公司或货运代理人上门取货。

4. 费用结算

委托人与货运代理人在货物运输前结清相关运杂费。

5. 快件追踪

委托人可自行登录相关快递公司官网按订单号进行自助查询，或由货运代理人提供货物运输状态信息。

6. 快件签收

货物送达委托人指定的地址，客户签收。

任务三 跨境专线物流模式发货

任务背景

某跨境电商卖家的产品销往欧洲、北美、中东、南非、东南亚等国家（地区），产品品类有衣服、鞋帽，也有内置电池的遥控玩具等。该客户拟选择跨境专线物流模式发货，请你为客户推介专线物流方案。

任务问题

跨境专线物流的优劣势有哪些？选择1～2家跨境专线物流企业，分析其开通的物流专线、运输方式、时效、走货属性是否满足客户需求？

知识准备

一、什么是跨境专线物流

认识跨境专线物流模式

跨境专线物流是指针对特定国家或地区设计专门的物流线路，通过在境内仓库集货，然后以批量方式将货物直接运往特定国家或地区的物流模式。

跨境专线物流模式的运输线路、运输时间、物流起点与终点、运输工具都是固定的，一般通过航空包舱、货轮包舱、列车包厢等方式将货物运输至目的国家（地区），在目的国家（地区）再通过合作公司进行派送。

【案例】什么是集货仓发货

被称为“世界假发之都”的河南许昌是全球最大的发制品集散地之一，来自许昌的假发占据全球假发市场的60%。随着境外订单碎片化需求暴增，越来越多的假发出口从线下转到线上，许昌假发联合全球速卖通采用跨境零售电商的新模式“出境”，交易量连续两年保持400%以上的高速增长。全球速卖通在许昌建立了综合发制品仓库，用于集货和中转。卖家可以将全球速卖通上的发制品备货到该仓库，实现许昌当地采购、当地发货，仓库提供产品进仓前的验货检测、托运受理、打包贴标等一系列服务，库内不同货主的产品，经过拼箱后进行国际运输，可降低物流成本。

二、跨境专线物流的类型

（一）依据路向不同

按照路向不同，跨境专线物流分为欧洲专线、美国专线、澳大利亚专线、俄罗斯专线、中东专线、南美专线和南非专线等。

（二）依据运输方式不同

按照运输方式不同，跨境专线物流分为航空专线、海运专线、铁路专线、大陆桥专线以及多式联运专线等。例如，郑欧班列、渝新欧专列、中欧（武汉）冠捷专列、顺丰深圳—台北全货机航线等。

三、跨境专线物流的优劣势

跨境专线物流是近几年新兴的物流模式，主要针对需求量大、热门的线路设计，有优势也有劣势。

（一）跨境专线物流的优势

1. 具有规模效应，可降低物流成本

跨境专线物流能够集中大批量到某一特定国家或地区的货物，以专线方式运输至特定国家或地区，可降低单位运输成本。

2. 性价比高较好，是折中的物流方式

跨境专线物流一般采用包机、包舱直达运输，中转少、倒仓少、可控性强，时效比邮政物流模式快，价格比国际快递模式低。

3. 可收寄的重量范围广

跨境专线物流可收寄货物的重量范围分布广泛，既包括配送到门的小包，也包括运输到仓

的重货。

4. 具有清关优势

跨境专线物流批量运输至目的国（地区），统一清关，有专业人员或公司配合清关，可减少清关出现的问题，提高清关效率。许多跨境专线物流是包清关交付，客户不用参与清关关节，可提升客户服务体验。

5. 安全性高

跨境专线物流一般有额外赔偿和保险。在目的国（地区），由合作物流商负责单件配送，配送距离相对较近，丢包率较低。

（二）跨境专线物流的劣势

1. 通达范围有局限

跨境专线物流主要针对特定的热门区域，如美国、欧洲、俄罗斯、东南亚等地，通达地区有限。跨境专线物流在境内的揽收网点比快递网点少，即便是较大的专线服务商，上门提货也仅限于沿海重点城市，很多时候需要卖家自己送货到代收货点或集货仓。

2. 售后服务不完善

大多数跨境专线物流不支持退货服务。

四、跨境专线物流产品介绍

为跨境电商企业制定跨境专线物流解决方案，需要了解跨境专线物流的通达地区和走货属性，掌握其产品的重量限制和通达时效。目前，提供跨境专线物流产品的代表企业有云途物流、燕文物流、递四方、顺丰国际等，下面以云途物流和燕文物流为例，介绍跨境专线物流产品的特点，其他公司产品可以到其官网查询。

（一）云途物流专线产品

1. 云途物流简介

云途物流（YunExpress）是我国较典型的跨境B2C专线物流服务商，成立于2014年，总部位于深圳。目前，云途物流在华南、西南、华东、华北大部分地区有自营揽收网点，在全国 21 个城市设有集货中转仓。云途物流在上海、广州、成都、晋江、东莞设有5个处理中心，在英国、法国、德国、意大利、荷兰、日本、美国等国家拥有集货、中转中心。云途物流在国际干线运输方面，采用包板、包机等“固包”方式，保障头程空运的时效。

在境外清关方面，云途专线采用DDP清关模式。DDP是Delivered Duty Paid的缩写，中文意思为“完税后交货”，就是办理完货物的清关手续后，再将货物交给收件人，收件人无须前往海关部门清关提货。

在终端配送方面，云途物流目前在境外有95%的货物的最后一公里派送由当地的物流公司完成。云途物流也在逐步发展境外自建派送网络，目前已在荷兰注册了云途荷兰，未来将在比利时、德国、西班牙注册公司。

2. 云途物流专线产品

（1）自营专线

目前，云途物流有意大利专线、西班牙专线、英国专线、中欧专线、法国专线、德国专线、中美专线、奥地利专线、中澳专线、加拿大专线、日本挂号专线等。各专线的走货属性如表3-20所示。

表3-20 云途物流自营专线的走货属性

专线名称		走货属性
意大利专线	意大利专线挂号	可走普货、内置电池、配套电池；后端派送服务优质、有保障；全程跟踪可查询；是Amazon、Wish、AliExpress等买家的最佳选择
	意大利专线平邮	可走普货、内置电池、配套电池；该服务提供半程查询，轨迹可追踪至目的国（地区）
西班牙专线	西班牙专线挂号	可接受带电产品；妥投率高、时效快捷
	西班牙专线平邮	可接受内置和配套电池；价格优惠；提供半程追踪查询，轨迹可追踪至目的国（地区）
英国专线	英国专线标准	可走内置、配套电池；妥投率高、时效快捷；价格优惠；全程可跟踪
	英国专线平邮	可走普货、内置；妥投率高、时效快捷；价格优惠
中欧专线	中欧专线挂号	可走普货、内置、配套电池（功率不超过100W）；价格实惠；清关稳定；时效稳定
	中欧专线平邮	可走普货、内置、配套电池（功率不超过100W）；清关稳定；时效稳定
	中欧特快平邮	可走普货、内置、配套；DDP清关，清关速度更快；价格优势明显
法国专线	法国专线挂号	可走普货、内置、配套；清关稳定快捷，当天或次日清；妥投率高
	法国专线挂号（签名）	可走普货、内置、配套；清关稳定快捷，当天或次日清；妥投率高；可提供签名服务
德国专线	德国专线挂号	可走普货、内置、配套（功率不超过100W）；全程跟踪可查询；后端派送服务优质有保障；买家认可度高，是Amazon、Wish、AliExpress等买家的最佳选择
	德国专线平邮	可走普货、内置、配套电池（功率不超过100W）；可查询至目的国（地区）；时效快捷；服务稳定
中美专线	中美专线标快	可走普货、内置电池、配套电池；清关稳定；后端服务优质；全程可跟踪轨迹
	中美专线特惠	可走普货、内置电池、配套电池；可查看全程跟踪轨迹
奥地利专线		普货、内置、配套电池（功率不超过100W）；清关稳定；DPD（Door to Door，门到门）提取转运；时效稳定；全程可跟踪轨迹
中澳专线		走普货、内置、配套电池；清关稳定；时效稳定；全程可跟踪轨迹

续表

专线名称	走货属性
加拿大专线	普货、内置、配套电池（功率不超过100W）；派送时效快捷；可为买家的特殊派送需求提供专属定制服务；全程可跟踪轨迹
日本挂号专线	走普货，内置、配套电池；性价比高，专为卖家解决轻小包裹计费重量问题；后端派送时效超快

（2）产品特点

云途专线产品主要分为挂号和平邮两大类，其在重量、时效上又有细分产品。表3-21所示为云途专线挂号产品，表3-22所示为云途专线平邮产品。

表3-21　云途专线挂号产品

产品名称	计费重量	重量要求	时效
全球专线挂号（标快）	① 加拿大：起重0.1kg，以0.1 kg为单位进位，包裹实际重量和体积重量相比，取较大者计算（体积重量=长×宽×高/6000） ② 其他国家体积重量低于实际重量2倍的，按照实际重量收费；达到或超过实际重量2倍的，按照体积重量收费（体积重量=长×宽×高/8000）	① 英国、德国、美国、西班牙：0<W≤3kg ② 法国、意大利：0<W≤2kg ③ 加拿大：0<W≤5kg	① 英国、法国：3～5个工作日 ② 美国、德国、意大利、西班牙：5～8个工作日 ③ 加拿大：8～10个工作日
全球专线挂号（标快普货）	同上	包裹重量：0<W≤5kg	① 英国、法国：3～5个工作日 ② 美国、德国、意大利、西班牙：5～8个工作日 ③ 荷兰、奥地利、波兰：6～8个工作日 ④ 加拿大：8～10个工作日
全球专线挂号（特惠带电）	① 加拿大：体积重量低于实际重量2倍的，按实际重量收费；达到或超过实际重量2倍的，按体积重量收费（体积重量=长×宽×高/6000） ② 新加坡、马来西亚、泰国、菲律宾：实际重量与体积重量取较大者（体积重量=长×宽×高/5000） ③ 越南：实际重量与体积重量取较大者（体积重量=长×宽×高/6000） ④ 智利/哥伦比亚：50g起重，实际重量与体积重量取大者（体积重量=长×宽×高/5000） ⑤ 日本：500g起重，体积重量低于实际重量2倍的，按实际重量收费；达到或超过实际重量2倍的，按体积重量收费（体积重量=长×宽×高/8000） ⑥ 其他国家：体积重量低于实际重量2倍的，按实际重量收费；达到或超过实际重量2倍的，按体积重量收费（体积重量=长×宽×高/8000）	① 巴西：0<W≤5kg ② 南非/瑞士：0<W≤2kg ③ 英国、荷兰、比利时、卢森堡、澳大利亚、爱尔兰、瑞典、挪威、智利、哥伦比亚：0<W≤20kg ④ 美国：0<W≤30kg ⑤ 墨西哥：每票货不能超过10kg。不接受一票多件货物 ⑥ 泰国：0<W≤25kg ⑦ 菲律宾：0<W≤10kg ⑧ 其他国家：0<W≤30kg	① 意大利、澳大利亚、南非：6～10个工作日 ② 加拿大：8～15个工作日 ③ 新加坡、马来西亚、日本：5～8个工作日 ④ 泰国：7～9个工作日 ⑤ 越南：6～8个工作日 ⑥ 菲律宾：4～8个工作日 ⑦ 智利：10～17个工作日 ⑧ 巴西：25～30个工作日

续表

产品名称	计费重量	重量要求	时效
全球专线挂号（特惠普货）	体积重量低于实际重量2倍的，按实际重量收费；达到或超过实际重量2倍的，按体积重量收费（体积重量=长×宽×高/8000） ① 美国：50g起重 ② 加拿大：体积重量低于实际重量2倍的，按照实际重量收费；达到或超过实际重量2倍的，按照体积重量收费（体积重量=长×宽×高/6000） ③ 日本：500g起重，体积重量低于实际重量2倍的，按照实际重量收费；达到或超过实际重量2倍的，按照体积重量收费（体积重量=长×宽×高/8000）	① 英国、荷兰、比利时、瑞典：0<W≤20kg ② 南非：0<W≤2kg ③ 美国：0<W≤30kg ④ 其他国家：0<W≤30kg	① 美国：6～12个工作日 ② 英国、法国、德国、意大利、西班牙（邮编开头非28、08）、荷兰、比利时、奥地利、瑞典、波兰、澳大利亚、爱尔兰、保加利亚、葡萄牙：6～10个工作日 ③ 加拿大：8～15个工作日 ④ 希腊：8～12个工作日 ⑤ 日本：5～8个工作日

表3-22　云途专线平邮产品

产品名称	计费重量	重量要求	时效
专线平邮（特惠带电）	以g为单位进位。① 美国：按实际重量收费，不计泡 ② 其他国家：体积重量低于实际重量2倍的，按照实际重量收费；达到或超过实际重量2倍的，按照体积重量收费（体积重量=长×宽×高/8000）	① 美国：0<W≤0.36kg ② 其他国家：0<W≤2kg	① 德国、英国、法国、西班牙、荷兰、比利时、保加利亚、克罗地亚、塞浦路斯、捷克、爱沙尼亚、芬兰、匈牙利、拉脱维亚、立陶宛、马耳他、波兰、葡萄牙、罗马尼亚、斯洛伐克、斯洛文尼亚、瑞典、奥地利、丹麦、希腊、爱尔兰、卢森堡、美国、瑞士：8～10个工作日 ② 意大利：8～12个工作日
全球专线平邮（特惠普货）	以g为单位进位。体积重量低于实际重量2倍的，按照实际重量收费；达到或超过实际重量2倍的，按照体积重量收费（体积重量=长×宽×高/8000）	包裹重量：0<W≤2kg	① 德国、法国：8～12个工作日 ② 意大利：8～15工作日 ③ 英国 、荷兰、比利时、保加利亚、克罗地亚、塞浦路斯、捷克、爱沙尼亚、芬兰、匈牙利、拉脱维亚、立陶宛、马耳他、波兰、葡萄牙、罗马尼亚、斯洛伐克、斯洛文尼亚、瑞典、奥地利、丹麦、希腊、爱尔兰、卢森堡：8～10个工作日

在清关方面，云途全球专线挂号（特惠带电）和全球专线挂号（特惠普货）、云途全球专线平邮（特惠带电）和全球专线平邮（特惠普货）均采用DDP清关模式。

（二）燕文物流专线产品

1. 燕文物流简介

燕文物流成立于1998年，是我国领先的出口跨境电商综合物流服务商，目前可提供100多条物流专线产品，通达全球 200 多个国家和地区。

燕文物流目前在全国已设置了六大分拨中心和37个集货转运中心，在华北、华东、华南、华西、华中等 50 个城市拥有服务网点，形成了布局全国的揽收网络体系。在干线运输方面，燕文专线采用包机、包板等方式保障运力。燕文物流今后还将通过增加包机、开辟航线、利用中欧班列、中美快船以及其他多种途径等提升国际干线的运力供给。

在境外清关方面，燕文物流有专业人员负责申报和清关。在末端配送方面，燕文物流通过与当地物流公司建立紧密的合作关系，保障跨境商品的“最后一公里”派送。

2. 燕文物流专线产品特点

表3-23所示为燕文物流专线的走货属性（部分），表3-24所示为燕文物流专线的重量限制和时效。

表3-23　燕文物流专线的走货属性（部分）

产品	走货属性
燕文Aramex快递—普货	严禁邮寄违反中国法律、国际航空运输协会（IATA）禁限寄物品条例及当地法例的物品。例如：仿牌，纯电，烟酒，刀具，电子烟，打火机，液体，粉末，膏状体，毒品，军火等
燕文英国HERMES快线—普货	只可走普货，禁走含磁含电产品。严禁邮寄国际航空运输协会规定的不能邮寄或限制邮寄的所有货物。例如：仿牌，烟酒，刀具，电子烟，打火机，液体，粉末，膏状体，毒品，军火等
燕文法国快线—普货	不可邮寄任何含磁、含电产品。对于玩具、电子产品、眼镜、太阳眼镜等类别的产品，产品本身需要带有CE标识，且被海关查验时需要及时提供证明，若查验未能及时提供证明，会导致货物被扣押
燕文美国快线—普货	① 禁限寄物品：所有电池与含电含磁产品、液体粉末等航空禁止运输物品 ② 严禁邮寄违反中国法律、国际航空运输协会（IATA）禁限寄物品条例及当地法例的物品。例如：仿牌，纯电，烟酒，刀具，电子烟，打火机，液体，粉末，膏状体，食品，医疗器械，毒品，军火，植物，动物以及植物种子等
燕文专线快递—特货	① 可邮寄固体类化妆品（例如：固体口红；唇釉、唇彩不可邮寄；眼影、腮红等粉末状化妆品不可邮寄） ② 可邮寄内置锂电池产品（含锂离子和锂金属），每个小包内最多能装4个电池芯或2个电池 ③ 严禁邮寄违反中国法律、国际航空运输协会（IATA）禁限寄物品条例及当地法例的物品。例如：仿牌，纯电，烟酒，刀具，电子烟，打火机，液体，粉末，膏状体，毒品，军火，植物，动物以及植物种子等
燕文专线快递—普货	禁限寄物品：所有电池与含电含磁产品、液体粉末等

表3-24 燕文物流专线的重量限制和时效

产品	重量要求	参考时效
燕文Aramex快递—普货（通达中东和非洲国家）	① 贝宁、莱索托、莫桑比克、多哥、布隆迪、厄立特里亚、科特迪瓦、马拉维、津巴布韦：限重15kg ② 其他国家：限重30kg	10～25天
燕文英国HERMES快线—普货	限重2kg	3～6天
燕文法国快线—普货（直入法国，法邮派送）	限重2kg	6～8天
燕文美国快线—普货（通达美国全境）	限重5kg	7～12天
燕文专线快递—特货	① 美国、日本、英国、澳大利亚、以色列、土耳其：限重5kg ② 奥地利、葡萄牙、西班牙、意大利、荷兰、比利时、波兰、爱尔兰、法国、捷克、卢森堡、芬兰、立陶宛、瑞典、加拿大、瑞士：限重2kg ③ 德国、乌克兰：限重3kg	① 美国：10～14天 ② 日本：3～7天 ③ 澳大利亚、以色列：8～15天 ④ 奥地利、西班牙、意大利、比利时、波兰、爱尔兰、德国：11～13天 ⑤ 法国：8～11天 ⑥ 捷克、卢森堡：12～16天 ⑦ 土耳其：7～14天
燕文专线快递—普货	同上	① 美国：10～14天 ② 日本：3～7天 ③ 澳大利亚、奥地利、葡萄牙：8～12天 ④ 西班牙：9～13天 ⑤ 意大利：10～15天 ⑥ 英国：5～8天 ⑦ 荷兰、比利时、波兰、爱尔兰、德国：10～12天 ⑧ 法国：9～12天

五、跨境专线物流的运作流程

跨境专线物流的运作流程包括集货、出口报关、直达运输、境外清关及本地派送等环节，如图3-12所示。

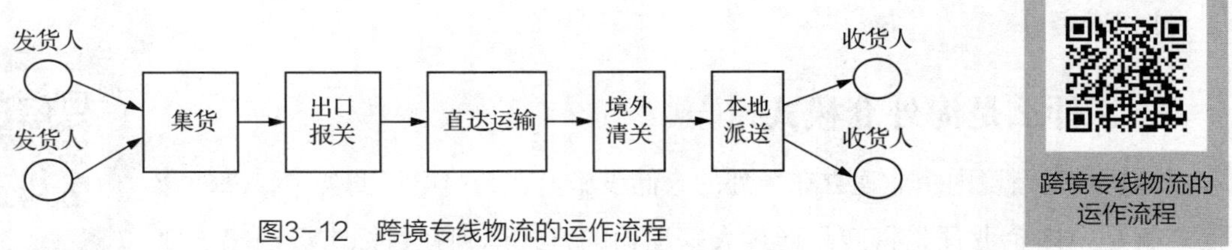

图3-12 跨境专线物流的运作流程

跨境专线物流的运作流程

（一）集货

集货是指将跨境包裹从跨境电商客户发货场地集中到专线运营商集货仓的过程，在集货仓按路向进行分拣处理后发运。集货方式包括自有网络和团队集货、渠道商集货、客户寄递集货3种方式。

其中，渠道商集货指的是渠道商为产品提供揽收、集运、仓储、分拣、打包、打单等服务的企业。

（二）出口报关

通过跨境电商 9610 报关模式或邮局海关完成出口报关。

（三）直达运输

通过航空运输、海运快船、铁路专线、公路运输等方式实现干线直达运输。一个专线产品使用一种对应路向的运输方式，每条线路实施独立运营管理。

（四）境外清关

由自有清关团队或者渠道商完成境外清关（含包税和不包税两种）。

（五）本地派送

一般由境外合作企业完成海关口岸提货、仓储、派送等尾程派送服务。

任务四 海外仓物流模式发货

任务背景

近几年，海外仓模式受到跨境电商卖家的青睐，迎来新的发展机遇。YZ物流公司是一家第三方物流企业，该公司在美国、英国、澳大利亚、俄罗斯、法国、意大利、西班牙、韩国等国家建设了海外仓，YZ物流公司市场部正在抓住机遇，大力开拓使用海外仓业务的客户。

任务问题

假设你是YZ物流公司市场部的客户经理，请你选择一家跨境电商平台，筛选该平台潜在的目标客户，根据卖家销售产品的属性，为其推介海外仓发货模式，并写出推介理由。

知识准备

一、什么是海外仓模式

海外仓模式

海外仓是指境内企业建立在境外的仓储设施。在跨境电子商务中，海外仓模式就是境内企业预先将产品通过大宗运输的方式运到在目标市场国家（地区）建立的海外仓库，当客户下单时，再从海外仓发货，经本地配送交付给客户。海外仓物流模式的物流过程如图3-13所示。

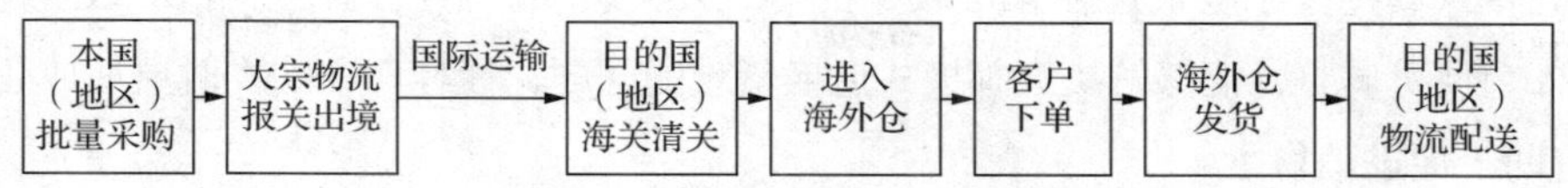

图3-13 海外仓物流模式的物流过程

“仓配一体化”已是全球电商物流发展的趋势，据统计，出口跨境电商约有40%的订单是从海外仓发货的。跨境通、纵腾、有棵树等跨境电商平台已实现80%以上的订单从海外仓发货，亚马逊上的很多中国卖家使用FBA（亚马逊自有海外仓服务模式）。这是因为，供应链管理出于对效率的考虑，会把商品放到离客户最近的地方，让物流以最快的速度响应订单。

二、海外仓模式的优缺点

海外仓模式的出现，是为了弥补直邮模式的一些痛点。下面先了解一下直邮模式的痛点。

（一）直邮模式的痛点

直邮模式门槛较低，交货简单，但直邮物流有以下痛点。

1. 时效不确定性大

由于跨境运输距离远，各环节不可控因素多，实际运输时效容易受天气、清关速度、罢工等无法掌握的突发因素影响。淡旺季航空运力差异悬殊，出口包裹在高峰期延误是常态。

2. 丢失破损多

从揽件到最终货物送达，经过多次转运或交接，容易出现包裹破损、丢货、少货等情况，销售旺季出错率、丢包率更高。

3. 退换货难

由于渠道所限，逆向跨境物流存在成本高、复进口等问题，退换货难。

4. 对运费敏感

直邮包裹价值普遍较低，但邮政终端费用上涨，这些都使得物流成本难以被卖家承受。

（二）海外仓模式的优点

海外仓模式是对现有跨境物流服务方案的综合优化和整合，在时效性、功能性、稳定性、合规性等方面具有明显的优势，在商品的重量、品类、增值服务等方面也能突破传统直邮模式的限制，已逐步成为跨境电商物流主要的组成部分。海外仓模式的优点体现在以下几个方面。

1. 配送速度快

海外仓设在目标国家（地区），客户下单后，从本地仓库拣货、包装、出库，相当于境内配送，商品交付速度比直邮模式快很多，客户等待的时间大大缩短。

2. 时效稳定、物流成本低

商品以大宗物流方式运输到境外，可降低国际运输成本，预先存放到海外仓，可避免淡旺季带来的物流拥堵和物流低效，并节约大件重货配送成本。

3. 丢失破损少，方便退换货

海外仓模式利用大宗物流运输，可减少货物的丢失破损。客户购物后若要求退换货、重发等，在海外仓便可调整，能够解决直邮模式退换货难的问题，让客户在购物时更加放心。

4. 有助于促进销售

如果平台或者店铺使用海外仓，那么当地的客户在选择购物时，会优先选择海外仓发货，这会让电商卖家拥有自己特有的优势，提高商品的曝光率和店铺的销量。

（三）海外仓模式与直邮模式的对比

海外仓模式解决了直邮模式的许多痛点，但是其自身也存在重资产运营、占用资金量大等缺点。所以，海外仓模式并不能取代直邮模式，而是与直邮模式并存。海外仓模式与直邮模式对比如表3-25所示。

表3-25　海外仓模式与直邮模式对比

模式		优点	缺点
直邮	邮政小包	适用2kg以内轻小件、网络覆盖率高、价格便宜	品类限制多；时效较慢，质量不稳定
	物流专线	适用30kg以内的轻小件、时效较快且质量较为稳定，部分渠道可走带磁带电商品	时效低于海外仓发货，部分路线价格高于邮政小包
	国际快递	时效很快，清关能力强	价格高
海外仓		① 产品升级：重量、体积、品类无限制，支持高货值、超重超大件 ② 服务升级：支持退换货、换标换包等增值服务；多渠道组合支持B2C、B2B、一件代发、一票多件等多种模式 ③ 降本增效：集货模式降低物流成本，本地发货提高物流时效	备货周期较长，资金流转较慢，操作流程相对复杂，对于跨境电商企业的管理能力和资源整合水平有较高要求

三、海外仓模式的分类和选择

（一）海外仓模式分类

目前，海外仓模式主要有3种：自建海外仓模式、第三方海外仓模式和一站式服务海外仓模式。

1. 自建海外仓模式

自建海外仓模式是指卖家或跨境电商企业在境外投资建设仓库，并且由自己运营管理，自己办理运输、通关、报税、拣货、配送等一系列业务活动。

自建海外仓模式的优势如下。

（1）电商企业拥有主动权，当外部环境出现突发或极端情况时，能保障自身的稳定性。

（2）电商企业可以结合自身的发展阶段，叠加独有的服务，比较灵活。

（3）能满足多渠道物流规划定位的需要。

自建海外仓模式的劣势如下。

（1）资金投入大，要求配备强大的运营团队，技术门槛高。

（2）专业化空间取决于规模优势。

（3）自建仓库位置固定，当业务发生变化时，弹性小。

自建海外仓的卖家通常是经济实力雄厚、信息化水平高、库存周转快、管理经验丰富的跨境电商企业，在积累了一定的经营经验和客户群体之后，对自身跨境物流效率和个性化服务有了更高的要求，从而在客户群体密集的地区建造海外仓，实现跨境物流本土化，这类代表企业有兰亭集势、全球速卖通、京东等。

兰亭集势于2014年在欧洲建立海外仓，2015年又在北美建立了海外仓。阿里巴巴集团旗下的全球速卖通和菜鸟网络联合推出菜鸟海外仓，目前已开通西班牙、法国、比利时、波兰四国官方仓服务，为全球速卖通商家提供一揽子物流解决方案。京东物流国际供应链已在五大洲设立超过110多个海外仓，覆盖美国、韩国、日本、澳大利亚等多个国家和地区。

2. 第三方海外仓模式

第三方海外仓是指由第三方物流企业建立和运营的海外仓。第三方海外仓模式就是跨境电商企业将商品的仓储、分拣、包装、派送等一系列服务外包给销售地的第三方物流企业来完成。在该模式下，跨境电商企业只需将订单发送给第三方物流企业，由其完成所有的物流活动。

第三方海外仓模式的优势如下。

（1）仓库由第三方物流企业建立，可减少前期投入，降低资本风险。

（2）第三方物流企业有丰富的仓储管理经验，可降低物流成本、提高物流质量。

（3）第三方物流企业有专业团队，对海外仓所在地的法律、税收规定等有深入了解，可帮助跨境电商企业规避风险。

第三方海外仓模式的劣势如下。

（1）跨境电商企业不能自主控制物流时效和物流质量，也不能直接接收客户的信息反馈。

（2）若第三方海外仓在运营过程中出现违规问题，仓库的所有商品都可能被查封或被没收，给跨境电商企业造成不可避免的损失。

第三方海外仓服务提供商的典型代表有中国邮政、顺丰国际、谷仓海外仓等企业，其海外仓布局如表3-26所示。

表3-26　典型第三方物流企业的海外仓布局

第三方物流企业	海外仓布局
中国邮政	美国仓（美东、美西、美南）、英国仓、澳大利亚仓、捷克仓、俄罗斯仓、法国仓、意大利仓、西班牙仓，仓储总面积超13万平方米

续表

第三方物流企业	海外仓布局
顺丰国际	东欧仓、中欧仓、德国仓、俄罗斯仓和美国仓。覆盖欧洲28国、美国以及俄罗斯、白俄罗斯、乌克兰、挪威等
谷仓海外仓	美国仓、日本仓、德国仓、加拿大仓、西班牙仓、澳大利亚仓、欧洲仓。谷仓海外仓在美国迈入“四仓时代”，东西南中四大仓群，28个仓体，仓储总面积达71万平方米。日本仓是谷仓海外仓的第一座亚洲海外仓

【做一做】了解海外仓企业

搜索经营海外仓业务的企业，梳理其海外仓的布局、服务覆盖范围及业务特点。

3. 一站式服务海外仓模式

一站式服务海外仓模式是指卖家在跨境电商平台上进行商品销售，由跨境电商平台通过海外仓提供商品的仓储、打包、配送以及退换货等一系列物流服务。这种模式的典型代表就是亚马逊平台自有海外仓服务模式（FBA），亚马逊为商家提供从仓储到配送以及售后的一条龙服务。

对于跨境电商企业来说，亚马逊物流服务经验丰富，配送时效快，还可以提高站内排名，获取更多流量。

一站式服务海外仓模式的优势如下。

（1）平台拥有成熟的跨境电商经验，可解决卖家对境外的报关报检、法律法规知识缺乏问题，降低卖家经营风险。

（2）平台提供一站式服务，有利于物流资源共享，降低物流成本。

（3）平台利用大数据分析，可以为卖家优化物流解决方案。

一站式服务海外仓模式的劣势如下。

（1）卖家需要支付较高的仓储费用，若是货物出现滞压情况，仓储费用会阶梯式增加。

（2）一站式服务海外仓模式对入库商品的类型、尺寸、重量等有严格要求，不符合要求可能被拒收。

（3）卖家不能掌握退货信息，存在退货后返仓难等问题。

（二）海外仓适用客户群体

海外仓的目标客户群体包括跨境电商卖家、生产制造出口企业、跨境电商平台等。客户结合直邮模式和海外仓发货模式特点，将两种模式优劣互补，根据自身定位、产品特性、市场环境等因素灵活选择发货模式，具体做法如下。

- 从产品属性上区分：轻小件、低货值、普货选择直邮；中大件，高货值、特货（带电带磁、异型等）选择海外仓。
- 从卖家类型上区分：铺货型、多品类选择直邮；品牌化、精铺型选择海外仓。

- 从销售情况上区分：新品、短期爆款选择直邮；畅销品选择海外仓。
- 从运营规划上区分：旺季选择海外仓备货+直邮；紧急补货选择直邮商业快递。

（三）海外仓适用商品

不是所有的商品都适合做海外仓。海外仓适合那些价格高、体积大、易碎、传统物流渠道不能邮寄的（如电池、粉末等）商品。海外仓覆盖的商品可无限延展，不受直邮模式的限重和包装尺寸的限制。特别对于五金类、家具类、户外类商品，适合做海外仓。

总之，在选择是否用海外仓模式时，卖家要根据自己的商品进行衡量，适宜使用海外仓的商品类型如表3-27所示。

表3-27 适宜使用海外仓的商品类型

序号	商品类型	举例
1	尺寸、重量大的商品	例如家居园艺、汽配等商品使用海外仓，能突破商品的规格限制和降低物流费用。这些商品若用小包、专线邮递，规格会受到限制，而使用国际快递费用又很昂贵
2	单价和毛利润高的商品	例如电子商品、首饰、手表、玻璃制品等选择海外仓，可将破损率、丢件率控制至很低的水平，为销售高价值商品的卖家降低风险
3	周转率高的商品	例如时尚衣物、快速消费品等畅销品，卖家可以通过海外仓更快速地处理订单，回笼资金。而对于滞销品，占用资金的同时还会产生相应的仓储费用，就不适合使用海外仓
4	有明显淡旺季的商品	例如旺季符合欧美地区的节日主题的商品，短期适用海外仓。对于节日消费品，买家更注重时效
5	单次出货量较大的商品	虽然销售速度比较慢，但是已经形成一定销售规模的商品，也可以选择使用海外仓
6	跨境无法邮寄的商品	例如利润较高的液体类商品或带锂电池的商品等

【做一做】小王和小李谁的做法好

小王和小李是威海YZ物流公司的员工，该公司正在拓展海外仓业务。小王选择的主要营销对象是销售充气游艇、渔具类、轮胎及家纺类卖家，小李选择的营销对象则是销售大提琴、小玩具、小饰品、速食食品的卖家，请你评价小王和小李选择的营销对象是否合适?

四、海外仓模式的运作流程

海外仓模式的运作包括头程运输、海外仓储管理和尾程配送3个部分。其运作流程如图3-14所示。

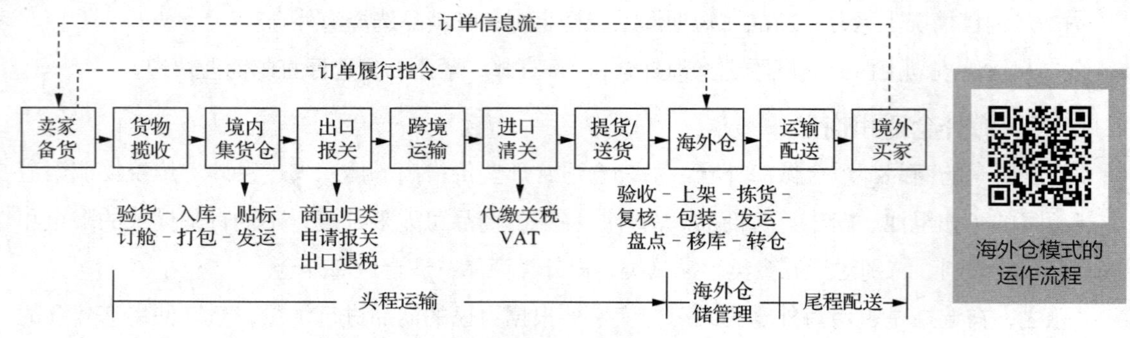

图3-14　海外仓模式的运作流程

（一）头程运输

头程运输是指物流渠道商从提货开始，到通过海运、空运、陆运或者联运方式将商品从境内运送至海外仓的过程。头程运输包括以下环节。

1. 货物揽收

卖家将货物通过境内物流送至头程仓（境内集货仓），或海外仓服务商上门提货，送至头程仓；上门提货时，要根据货物性质和数量，安排合适的运输车辆，司机提货时要确认提货箱数等信息并签字，司机提货回来后，与头程仓收货人员进行交接，并在交接单上签字。

2. 入库查验

在头程仓（境内集货仓）入库前，要对货物进行查验，查验的内容包括：

（1）检查箱数、箱唛等是否和入库单信息一致；

（2）对每箱货物的种类和数量进行清点，将数据填入系统；

（3）对每种货物取样，进行长、宽、高测量和重量的称量；

（4）对货物进行重新装箱，并测量每个箱子的尺寸和重量，将数据填入系统。

3. 货物入库

根据入库单上货物要邮寄的目的地以及运输方式，将货物放到仓库指定的区域进行存放。

4. 货物出库

海外仓服务商根据卖家选择的物流计划（运输方式和时间）进行贴标、订舱、打包、发运，联系物流承运商进行提货出库。

5. 出口报关

跨境电商出口海外仓采用“9810”模式进行申报。“9810”是海关总署2020年第75号公告增列的海关监管方式代码，简称“跨境电商出口海外仓”，用于对跨境电商出口海外仓的货物进行监管。

6. 跨境运输

跨境运输主要有海运、空运、铁运等运输方式。

（1）海运。海运通过货船运输，主要有整柜和拼柜两种；根据不同的船运公司又分为快船和慢船。快船与慢船是在海运运输中依据时效及航程快慢来划分运输船的两种类型，快船航程更短，时效更快。海运主要缺点是时效慢；优势是费用低，承载量大。

（2）空运。空运通过货机或者客机腹舱运输。空运缺点是费用高，对产品的运输限制较多；优势是速度快。

（3）铁运。铁运主要针对欧洲地区，相比空运与海运，性价比较高。

7. 进口清关

货物入境至海关，依照各国（地区）法律办理海关申报、查验、征税、放行等手续。清关之后，由本地的快件公司或卡车公司送至海外仓。

（二）海外仓储管理

中国卖家可通过物流信息系统，远程管理海外仓储货物，了解库存情况。从仓储作业角度看，海外仓的作业主要有以下几种。

（1）验收，根据预先发货清单，检查收货商品的数量及质量。

（2）上架，将通过验收的商品放到事先安排的货架储位。

（3）拣货，根据客户订单拣选出相应商品。

（4）复核，根据拣选出的商品核对订单信息、种类、数量等。

（5）包装，将拣选出商品打包或装箱打托。

（6）发运，按路向或承运商等规则分堆交运。

（7）盘点，对仓库内商品进行盘点清点，确保实际库存数量与信息系统一致。

（8）移库，商品在不同货架间移动整理或补货。

（9）转仓，将商品在不同仓库间调拨。

（三）尾程配送

境外买家在网上下单购买所需商品，卖家只需通过网上操作，对海外仓下达订单履行指令，海外仓库团队即按照订单进行拣货、复核、包装、发运，通过尾程配送将商品送达买家。

尾程配送就是海外仓储中心根据订单信息，通过当地物流商将商品配送给买家的过程。目前，美国及欧洲国家（地区）的派送方式主要有以下几种。

（1）邮政公司

各国（地区）邮政系统是海外仓当地配送的主要物流方式之一，服务产品主要有信件和包裹两大类，可以使用签收，也可以不使用签收。对于货值很低的商品，使用非签收会大大降低成本。

包裹有不同的层次，按限重、时效和资费区分。例如美国邮政，USPS小包限重450g，USPS大包限重31.5kg；英国皇家邮政24小时包裹及48小时包裹限重20kg；法国邮政包裹限重30kg，意大利邮政包裹限重3kg，俄邮小包和俄邮大包限重20kg（大包和小包尺寸限制不同），澳大利亚邮政包裹限重25kg等。

（2）快递公司

可通过当地专业的快递公司配送，主流快递公司有UPS、Fedex、DHL等。此外还有一些区域性快递公司，如美国的OnTrac、Lasership等只能配送美国某些地区。第三类是一些代理性质的快递公司，如美国的International Bridge（IB）、必宝能（Pitney Bowes，PB）等也可以在全国配送，这些快递公司都有限重要求。

（3）卡车公司“托盘配送”

大型的家具和商品是电商卖家新的销售增长点，由于体积和重量大，无法使用小包发货，只能使用海外仓。对超过30kg的货物，可以通过托盘配送。目前，英国及其他欧洲国家（地区）的托盘运输很普及，一般1～2天可送达。

【拓展阅读】我国海外仓的建设

“跨境电商”以及“海外仓”作为政府工作重点，每年都会被强调，商务部、交通部、海关等部委持续出台相关政策支持跨境电商和海外仓发展。我国海外仓的建设具有显著的地域特征，多以发达国家和地区为主，多数分布在美国、澳大利亚、英国、日本、西班牙、法国、俄罗斯、德国等国家。目前，我国海外仓的数量已经超过了2000个，总面积超过了1600万平方米，业务范围辐射全球，其中北美洲、欧洲、亚洲等地区的海外仓数量占比近90%。

【职业素养栏目】一名合格的EMS员工应具备的职业素养

快递物流业属于服务业，一名合格的EMS员工，既要掌握熟练的专业操作技能，还要具备良好的职业操守，才能为客户提供满意的服务。扫描下方二维码，观看视频，就以下问题展开讨论。

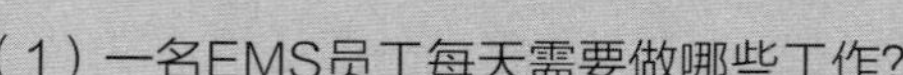
（1）一名EMS员工每天需要做哪些工作?

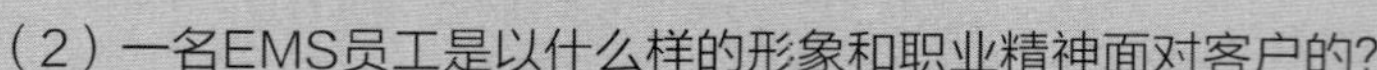
（2）一名EMS员工是以什么样的形象和职业精神面对客户的?

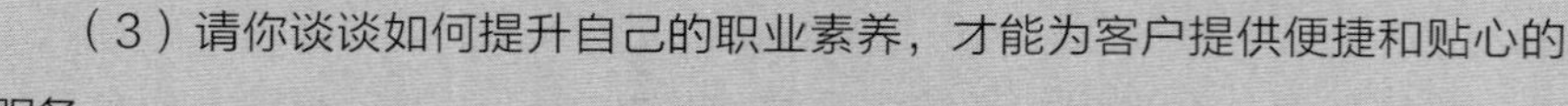
（3）请你谈谈如何提升自己的职业素养，才能为客户提供便捷和贴心的服务。

一名合格的EMS员工应具备的职业素养

课后习题

一、单选题

1. 直邮模式发货渠道不包括（　　）。

   A. 邮政物流　B. 国际快递　C. 跨境专线物流　D. 海外仓

2. 邮政国际小包的优势不包括（　　）。

A. 通达范围广　B. 时效稳定　C. 资费相对低　D. 优先通关

3. UPS、DHL、FedEx国际快递企业的优势不包括（　　）。

A. 拥有全球化网络　B. 安全可靠

C. 速度更快　D. 优先通关

4. 不收取附加费的国际快递企业是（　　）。

A. 中国邮政EMS　B. UPS　C. DHL　D. FedEx

5. 相比国际快递，专线物流具备的优势有（　　）。

A. 速度更快　B. 价格更低　C. 通达范围更广　D. 退换货更方便

6. 更容易实现直达运输的是（　　）。

A. 专线物流　B. 国际快递　C. 邮政国际小包　D. 国际EMS

7. 众多销量大的跨境电商平台，往往考虑到退换货便利性，而采取（　　）发货模式。

A. 邮政物流发货　B. 国际快递发货　C. 国际专线发货　D. 海外仓发货

8. 一般情况下，（　　）跨境物流方式性价比较高。

A. 邮政包裹　B. 商业快递　C. 专线物流　D. EMS

9. 通常情况下，（　　）跨境物流方式的时效最快。

A. 邮政小包　B. 商业快递　C. 专线物流　D. 邮政特快专递

10. 通常情况下，（　　）跨境物流方式的资费最低。

A. 邮政小包　B. 商业快递　C. 专线物流　D. 邮政特快专递

二、多选题

1. 在我国，跨境出口物流主要采用（　　）。

A. 直邮模式　B. 海外仓模式　C. 水路运输　D. 航空运输

2. 邮政国际小包可以分为（　　）。

A. e邮宝　B. 平常小宝　C. 挂号小包　D. 跟踪小包

3. e邮宝的优势包括（　　）。

A. 时效稳定　B. 价格优惠　C. 可全程跟踪　D. 清关便捷、稳定

4. 邮政物流国际邮件出口各环节中，由中国邮政运作的是（　　）。

A. 收寄环节　B. 运输环节　C. 开拆验关　D. 投递环节

5. 下面关于国际EMS的表述正确的是（　　）。

A. 国际EMS的时效与UPS、DHL、Fedex相比有一定的优势

B. 国际EMS在世界各国（地区）的海关享有优先通关的权利

C. 国际EMS的资费相比其他公司要更低

D. 国际EMS拥有全球化网络

6. 跨境专线物流按照运输方式不同可以分为（　　）。

A. 航空专线　B. 海运专线　C. 铁路专线

D. 大陆桥专线　E. 多式联运专线

7. 跨境专线物流的运作流程包括（　　）等。

A. 集货　B. 出口报关　C. 直达运输　D. 尾程清关及派送

8. 直邮模式的痛点有（　　）。

A. 时效不确定性大　B. 丢失破损多

C. 退换货难　D. 通达范围小

9. 海外仓物流模式主要有（　　）。

A. 自建海外仓模式　B. 第三方海外仓模式

C. 一站式配套服务模式　D. 保税模式

10. 需要计算体积重量的物流方式是（　　）。

A. e特快　B. 中国邮政小包　C. e邮宝　D. UPS

三、判断题

1. 邮政物流模式是邮政公司通过自行揽收或第三方物流服务商揽收后再交由邮政企业，由邮政企业负责出关、国际运输及目的地清关与配送。（　　）

2. e邮宝在境内使用邮政EMS网络发运，出境后，由寄达地合作商业快递进行投递。（　　）

3. e速宝的限重不超过2kg。（　　）

4. 中国邮政平常小包，简称平邮，全球速卖通平台将其归类为经济类物流，该物流运费成本低，目的地包裹妥投信息不可查询，适合运送货值低、重量轻的商品。（　　）

5. e邮宝是中国邮政为适应国际电子商务轻小件物品寄递市场需要推出的经济型国际速递业务。（　　）

6. 泡货就是实际重量大于体积重量的货物。（　　）

7. 跨境专线物流模式的运输线路、运输时间、物流起点与终点、运输工具都是固定的。（　　）

8. 跨境专线采用包机、包舱直达运输，中转少、倒仓少，时效比邮政小包快很多，但价格比商业快递略高。（　　）

9. 海外仓模式就是将商品通过大宗运输的方式运往在目标市场国家（地区）建立的海外仓，当收到客户订单后进行报关，并从当地仓库发货。（　　）

10. 大于2kg的包裹能通过邮政小包发运。（　　）

四、简答题

1. 在中国邮政国际物流产品体系中，哪几个产品是面向跨境电商寄递市场的？

2. 什么是专线物流模式？与其他物流模式相比，专线物流的优劣势是什么？

3. 什么是国际快递模式？比较EMS和UPS、DHL、FedEx在计费重量、时限、资费方面的优劣势？

4. 什么是海外仓模式？哪些商品适合做海外仓？

五、案例题

2021年12月31日，商务部在国务院新闻办公室新闻发布会表示，2022年1月1日，RCEP（区域全面经济伙伴关系协定）将正式生效。首批生效的国家（地区）包括东盟6国和中国、日本、新西兰、澳大利亚等国。RCEP的生效实施，标志着全球人口最多、经贸规模最大、最具发展潜力的自由贸易区正式落地。在服务贸易方面，RCEP成员总体上均承诺开放超过100个服务贸易部门，涵盖金融、电信、交通、旅游、研发等领域，并承诺于协定生效后6年内全面转化为负面清单，进一步提高开放水平。跨境电商、互联网金融、在线办公等新业态新模式将迎来更大的发展机遇，也将为本地人民生活带来更多的实惠和便利。

问题：RCEP生效，全球最大自贸区正式落地后，它将给跨境电商物流带来哪些机遇？

跨境电商物流运输管理

知识目标

- 掌握跨境物流运输方式
- 掌握集装箱的基本知识
- 掌握集装箱班轮运输出口流程
- 了解班轮运费的构成

能力目标

- 能根据客户需求选择合理的运输方式
- 能识别集装箱标志、合理选择集装箱
- 能模拟办理集装箱班轮运输手续

职业素养目标

- 通过模拟运输任务情境，提升学生发散思维和辩证思维能力
- 培养学生发现问题、解决问题的能力，提升创新意识
- 培养学生爱国主义情怀和为交通强国建设奋斗的时代精神

任务一 认识跨境物流运输方式

任务背景

为缓解出口跨境电商订单激增的局面，中国邮政上海市分公司积极构建海陆空联合立体专线发运网络，一是全力推进海运快船运输渠道合作，新增上海至加拿大、美国快线，以及以色列、巴西、智利、韩国、马耳他等线路；二是与海关协作，增开临时陆运邮路，将欧洲路向的电商类邮件转运到浙江义乌、河南郑州，通过中欧班列陆路方式进行运输。

任务问题

1. 跨境物流运输有哪些运输方式？各有什么特点？

2. 什么是海运快船？其有什么特点？中国邮政上海市分公司可能与哪些海运公司开展快船运输合作？

3. 中国邮政上海市分公司为什么将电商类邮件转运到浙江义乌、河南郑州？其通过哪些线路的中欧班列进行运输？

知识准备

物流运输的基本方式为公路运输、铁路运输、水路运输、航空运输和管道运输5种。对于跨境电商物流而言，运输的货物以服装、电子产品、食品等为主，产品更新换代周期短，新品、爆款更要以最快的速度向全球铺货，而最能满足这种高时效的是航空运输方式。近年来，随着海外仓模式的发展，海外仓头程重货增多，海运成为性价比较高的运输方式，除了海运与空运外，公路运输和铁路运输也是跨境物流运输的选项。例如，中欧班列从早期的渝新欧线路开始萌芽，到目前武汉、郑州、合肥、长沙、苏州、义乌等地都开通了到达欧洲的中欧班列，可通达欧洲22个国家160多个城市。跨境物流运输方式的选项增多，我们要熟知各种运输方式的特点及组织形式，才能做出更合理的运输决策。

一、海上运输方式

（一）海上运输的概念

海上运输是指使用船舶通过海上航道在不同国家和地区的港口之间运送货物的一种运输方式。海上运输是国际间商品交换的重要运输方式之一，货运量占全部国际货物运输量的80%以上。海上运输示意图如图4-1所示。

海上运输系统由船舶、港口、货物、航线4个基本要素构成。船舶是海上货运的载体，是承运人从事运输服务的工具；港口是船、货结合的衔接点和集散地；货物是运输服务的对象；航线是船舶载运货物的通道。这4个要素缺一不可，互相协调，为海上货运活动提供保障。

图4-1　海上运输

（二）海上运输的优缺点

1. 海上运输的优点

（1）天然航道，通过能力大

海上运输借助天然航道运行，不受道路、轨道的限制，通过能力更强。随着政治、经贸环境以及自然条件的变化，可随时调整和改变航线完成运输任务。

（2）载运量大

随着国际航运业的发展，现代化造船技术日益精湛，船舶日趋大型化。超巨型油轮载运量已达60多万吨，第五代集装箱船的载箱能力已超过5000TEU（标准集装箱）。

（3）运费低廉

海上运输航道为天然形成，港口设施一般为政府所建，经营海运业务的公司可以大量节省用于基础设施的投资。海上运输具有明显的成本优势，其运费在各种运输方式中是最低廉的。

（4）对货物的适应性强

海上运输的货物种类受限制少，对单个货物的体积、重量限制也较少，尤其是对大型货物的运输，是其他运输方式无法替代的。

2. 海上运输的缺点

海上运输的缺点主要有速度慢、风险大。例如商船体积大，水流阻力大，航行速度比较慢。此外，海上运输容易受到台风、暴雨、雷电等恶劣天气的影响，还可能被海盗侵袭，风险较大。

【案例1】遭遇暴风，集装箱船堆垛倒塌

一艘服务于亚洲——欧洲航线的集装箱船，2022年2月18日在从德国不来梅港（Bremerhaven）去往荷兰鹿特丹港（Rotterdam）途中，因遭遇超强暴风“尤尼斯”袭击，船上发生严重的集装箱堆垛倒塌事故（见图4-2），在荷兰弗里斯兰群岛海域有26个集装箱坠海。该船挂靠中国上海、宁波以及厦门几大港口，经科伦坡中转去往欧洲，船上配载有大量来自中国港口的货物，事故的发生给货主带来严重损失。

图4-2 集装箱堆垛倒塌

（三）海上运输的组织方式

海上运输的组织方式主要有班轮运输和租船运输两大类。

1. 班轮运输

班轮运输（Liner Shipping）又称定期船运输，是指船舶按事先制定的船期表（又称班期表），在特定的航线上，以既定的挂靠港口顺序，经常从事航线上各港口间的船舶运输的营运方式。班轮运输最基本的特点是“四固定”，即固定的航线、固定的停泊港口、固定的船期和相对固定的费率，这是班轮运输最基本的特点。

【做一做】

在中远海运集装箱运输有限公司网站分别查询跨太平洋航线、欧洲航线、亚太航线、东南亚航线及南亚航线的主要航线。列出各航线途经港口、航线路线表、运输时间表。

2. 租船运输

租船运输（Tramp Shipping），又称不定期船运输，是相对于班轮运输的另一种海上运输组织方式。

班轮运输和租船运输

租船运输是指船舶营运没有固定的船期表，也没有固定的航线、挂靠港口以及事先制定的运费费率表等，而是由船舶所有人（出租人）按照货主（承租人）的运输要求，双方签订租船合同来安排货物的运输。

租船运输又可以分为以下3种常见的租船方式。

① 航次租船

航次租船又称航程租船或定程租船，是指船舶所有人提供一艘特定的船舶，然后在指定港口之间进行一个航次或数个航次来运输指定货物的租船业务。根据运作要求，航次租船又可分为单航次租船、往返航次租船、连续航次租船等形式。

② 定期租船

定期租船又称期租船，是指由船舶所有人按照租船合同的约定，将一艘特定的船舶在约定的期间交给承租人使用一段时期的租船方式。这种租船方式不以完成航次为依据，而以约定使用的一段时间为限。在这个期限内，承租人可以利用船舶的运载能力安排运输货物；也可以用来从事班轮运输，以补充暂时的运力不足。

③ 光船租船

光船租船又称船壳租船，净船期租船。光船租船是指船舶所有人将船舶出租给承租人使用一定期限，但船舶所有人提供的是空船，承租人要自己任命船长、配备船员，负责船员的给养和船舶经营管理所需的一切费用。也就是说，船舶所有人在租期内除了收取租金外，不再承担任何责任和费用。

【知识拓展】海运快船

海运快船

海运快船是海上运输中的专线运输形式，停靠的港口数量少，一般中途不卸货，航程时间短，时效快，是一种非常适合跨境电商物流需求的海运组织方式。

目前，海运市场主流的海运快船有Matson（美森）快船、ZIM（以星）快船、CMA（达飞）快船、EXX快船、WHL（万海）快船、EMC（长荣）快船等。下面以美森快船为例，了解海运快船的特点。

1. 航线

目前，美森快船的航线有美森正班快船CLX和美森捷航CLX+ 两种。

（1）美森正班快船CLX

美森快船于2006年2月开启了第一条中美跨太平洋快船航线，简称美森正班快船CLX（China Long Beach Express），该航线依次挂靠中国的上海港和宁波港，直达美国洛杉矶的长滩港，将中国上海到美国洛杉矶在19世纪需要一个月航程时间的线路缩短到仅需10.5天。美森正班快船CLX到达长滩港后，停靠在自有码头，为堆场提货提供了保障，开创了航运界“快捷准时”的新概念。

（2）美森捷航CLX+

为满足中美贸易和跨境电商的飞速发展，美森开启了第二条快船航线。2020年7月，美森把临时加班船航线常态化，并命名为美森捷航CLX+（China Long Beach Express Plus）。CLX+提供和CLX一样的海运快捷服务，CLX+在美国停靠的码头为长滩港OICT码头或奥克兰港。

2. 特点

美森快船为中美跨境卖家打造了一条海上高速公路，其特点体现在以下几个方面。

（1）航程时间短，基本上10天左右就可以到达目的港，上海港至长滩港仅需11天，宁波港至长滩港仅需13天，是目前最快的海运集装箱美西线路。

（2）船舶大小适中，方便快速装卸货物。

（3）有专用码头，货船靠港后，隔天就可以提柜。

（4）提柜免预约。在长滩港和奥克兰港，将提柜地点设置在港外堆场，提柜无须预约，这使集装箱卡车司机进出堆场提柜时间缩短（平均缩短25分钟）。

【做一做】

上网查阅资料，分析ZIM（以星）快船、CMA（达飞）快船、EXX快船、WHL（万海）快船、EMC（长荣）快船的航线、挂靠港口，总结快船运输的特点是什么，为什么能形成时间优势？选择快船运输应考虑哪些因素？

二、航空运输方式

（一）航空运输的概念

航空运输是指以航空器作为运输工具，根据当事人订立的航空运输合同，运输的出发地点、目的地点或者约定的经停地点之一不在中华人民共和国境内，而将货物运送至目的地点的运输方式。全货机货运示意图如图4-3所示，客机腹舱货运示意图如图4-4所示。

图4-3 全货机货运

图4-4 客机腹舱货运

（二）航空运输的优缺点

1. 航空运输的优点

（1）运输速度快

航空运输以航空器作为运输工具，普通飞机飞行速度为700～1000千米/小时，超音速飞机能达到1278千米/小时。就跨境电商对物流运输服务的时效性要求而言，航空运输方式具有明显的速度优势。

（2）破损率低、安全性好

航空运输方式作业管理完善，地面操作环节要求严格，货物破损的情况相对较少。同时，货物在途时间短，在空中很难导致货物损坏，因此在整个航空运输过程中，货物的破损率低、安全性好。

（3）空间跨度大

在有限的时间内，飞机的空间跨度是最大的。通常情况下，现有的宽体飞机一次可以飞行7000千米左右，进行跨洋飞行完全没有问题，从中国飞到美国西海岸，通常只需要13个小时左右，这对于跨境电商物流运输来说是非常大的优势。

（4）覆盖面广，机动性强

航空运输受地面地形条件限制少，机动性强，利于开展直达运输。货主可以利用纯货机运输，也可以利用丰富的客机腹舱资源和发达的航线网络资源等优势，高效率完成两地间的跨境电商物流运输业务，覆盖面广，机动性强。

2. 航空运输的缺点

（1）运价高

航空运输的运价相对较高，例如，从中国到美国西海岸，空运价格至少是海运价格的10倍以上。对于价值比较低、时间要求不严格的货物，比较注重运输成本问题，货主应该采用航空运输以外的其他运输方式。

（2）载量小

航空运输一次性载量相对于海上运输要少得多。飞机一般载重为数百千克到数十吨，多数情况下不超过100吨，只有极少数货机具有100吨以上的运输能力。受机舱限制，航空运输不适合运送大件货物或体积形状比较特殊的货物。

（3）易受天气影响

航空运输受天气的影响非常大，如遇大雾、雷电等恶劣天气，航班就不能得到有效保障，这对航空运输造成的影响比较大。

（三）航空运输的主要组织方式

1. 班机运输

班机运输（Scheduled Flight Transport），是指在固定航线上的固定机场之间，按照事先制定的航班时刻表进行定期航行的航空运输方式。

班机运输具有以下几个方面的特点。

（1）班机运输具有固定的航线、固定的起降机场、固定的航期和相对固定的收费标准，跨境电商物流多使用班机运输方式。

（2）班机运输“四固定”的特点，可以使货主能够确切地掌握起运和到达时间，并以此进行相关业务安排，适合运送时效性要求高的食品、鲜活易腐货物及贵重商品。

（3）班机运输一般是客货混载，因此舱位有限，不能保证随时获得舱位，大批量的货物可能需要分期分批运输。

2. 包机运输

包机运输是指包租整架飞机进行货物运输的一种航空货运组织形式。通常情况下，包机运输又可以分为整机包机和部分包机两种形式。

（1）整机包机

整机包机就是包租整架飞机，是指航空公司按照与租机人事先约定的条件及费用，将整架飞机租给包机人，从一个或几个航空港装运货物至目的地。这种方式运费比较低，适合运输大批量货物。

（2）部分包机

部分包机是指由多个租用人联合包租一整架飞机，或者由航空公司把一架飞机的舱位分别租给不同的租用人装载货物来进行航空运输的作业组织形式。部分包机适用于不足整机但货量较大（一般为1吨以上）的货物运输。

【案例2】“客改货”解决航空运力短缺问题

航空运输有两种方式，一种是纯货机运输，即通过专门的货运飞机执飞定期航班或临时包机运输，货物以贸易货物为主，国际航线的纯货机数量十分有限；另一种就是利用客运航班的腹舱进行运输，虽然客机腹舱运力小，但由于航班多，航线覆盖面广，全球客机腹舱运力是货机的近5倍。

2020—2022年，全球旅客出行需求减少，客机停运导致航空货运能力供给不足。为缓解空运运力紧张、弥补停飞客机带来的损失，一些航空公司推出“客改货”航班，即利用客机的腹舱、客舱等空间为客户提供航空货运物流服务。

“客改货”策略一般是在客机下舱装密度较高的货物，客机上舱装口罩等密度较低、体积偏大的货物。出于安全考虑，2021年12月，中国民用航空局修订并重新发布了运行安全通告《客舱装载货物运输（第二版）》。此次修订主要集中三点：（1）不允许通过改变客舱构型（即拆除客舱内的全部或部分旅客座椅）在客舱地板上装载货物；（2）航空公司应对在客舱装载的货物进行充分的风险评估，建立货物白名单制度和托运人（及代理人）白名单制度，明确客舱中可以载运的货物品名和涉及的托运人（及其代理人）；（3）对于已经改变客舱构型开展相关运行的航空公司，需要自通告生效之日起建立货物白名单制度和托运人（及代理人）白名单制度，并于2022年6月28日前恢复客舱构型。新规的出台进一步保障了“客改货”航空运输的安全。

3. 集中托运

集中托运是指由一个集中托运人将若干票单独发运的、发往同一方向的货物集中为一批，向航空公司办理托运手续，填写一份总运单，将货物发运到同一到站的做法。

集中托运是一种十分普遍的航空运输方式，也是航空货运代理的主要业务之一。集中托运可采用协议运价，运费一般要低于航空公司公布的直达运价，小货主使用集中托运可以降低物流成本。

集中托运的步骤如下。

（1）发货人将货物交给集中托运人，集中托运人以自己的名义为每一票货物签发航空分运单（HAWB），即出具货运代理的运单。

（2）集中托运人将所有货物按发运方向和路线进行分类，再按照同一线路和目的地集中放置货物，制定向航空公司办理托运手续的主运单（MAWB）。主运单的发货人和收货人均为集中托运人（航空货运代理公司）。

（3）打印出主运单项下的货运清单（Manifest），内容包括主运单项下的分运单号、件数、重量等，用作后期的通关、分货作业。

（4）把主运单和货运清单作为一整票货物交给航空公司办理托运，一个主运单可随附分运单。例如，一个主运单内有10个分运单，说明此主运单内有10票货，发给10个不同的收货人。

（5）货物到达目的地机场后，集中托运人在当地的代理作为主运单的收货人，负责接货、分拨，按不同的分运单制作各自的报关单据并代为报关，为实际收货人办理有关接货相关事宜。

（6）实际收货人在分运单上签收以后，目的站货运代理公司向发货的货运代理公司反馈到货信息，至此集中托运完成。

4. 航空快递

航空快递是指快递企业采用航空运输的形式，将收取的快件按照承诺的时间送达指定地点或收件人的快递服务。例如，DHL、FedEx、UPS、中国邮政、顺丰速运、圆通速运等快递企业利用自有货机或与航空公司合作利用客机腹舱运输国际快件，其特点是末端揽收网点覆盖广，提供门到门服务、境内和目的地清关代理。

【案例3】中国邮政南京直飞日本的首条全货机国际航线开通

中国邮政航空有限责任公司一架B737全货机满载江苏省内邮件，于2021年4月27日上午10点30分从南京禄口国际机场起飞，于中午12点40分落地大阪关西国际机场。这标志着南京至大阪邮政航空全货机国际航线成功首航，该航线执飞周二、周四、周六，每周3班，主要装载国际EMS和跨境电商邮件，预计全年运输货邮量超1500吨。

在南京至日本直达邮航航线开通前，江苏地区发往日本的邮件主要从上海口岸出境，从收寄到出境平均时限约6天。现在从南京口岸出境，收寄到出境平均时限为3～4天，节省了2～3天。江苏是对日跨境贸易大省，该航线的开通将促进江苏对日贸易发展。

中国邮政寄递事业部网络运行处负责人介绍，此次南京首条直飞日本国际货邮航线的开通，是中国邮政集团有限公司主动服务国家“双循环”战略的重要举措，是全面推进快递业“两进一出”工程、扩大“出海”通道的务实之举。当前，中国邮政集团有限公司正在加快推进南京国际货邮综合核心口岸建设，立足南京构建中国邮政自主的国际物流网络体系。下阶段，中国邮政集团有限公司还将开通南京至俄罗斯、美国东海岸、欧洲、澳大利亚、南美洲等多条国际货邮航线，全面打造跨境电商最优产业生态圈，全力助推南京都市圈建设。

通过本案例的学习，谈谈你对快递物流企业主动服务国家“双循环”战略的感想?

【做一做】

学习《“十四五”航空物流发展专项规划》，谈谈我国航空物流的发展任务和发展趋势是什么?

三、铁路运输方式

（一）国际铁路运输的概念

国际铁路货物运输是指启运地点、目的地点或约定的经停地点位于不同的国家或地区的铁路货物运输。国际铁路货物运输示意图如图4-5所示。

图4-5　国际铁路货物运输

（二）国际铁路运输的优缺点

1. 国际铁路运输的优点

（1）准确性、持续性、可靠性强。铁路运输在专用线路上行驶，几乎不受气候影响，一年四季可以不停歇、有规律、准确地运行，运输风险低于海上运输。

（2）速度比较快。一般货车速度可达100千米/小时，仅次于航空运输，远高于海上运输。

（3）运载量大。一列货运列车一般能运送3000～5000吨货物，远远高于航空运输和汽车运输。

（4）成本较低。铁路运输费用仅为公路运输费用的几分之一甚至十几分之一。

2. 国际铁路运输的缺点

（1）前期投资大。铁路运输需要铺设轨道、建造桥梁和隧道，建路工程艰巨复杂，需要消耗大量钢材、木材，占用土地多，前期投资远远超过其他运输方式。

（2）灵活性较低，直达性较差。由于铁路运输受铁路线路和列车运输时刻表限制，不能做到随时随地起运，灵活性较低。铁路运输一般也无法实现“门到门”，需要依靠公路运输进行衔接和末端集散，很多时候也不能实现“站到站”之间的直达运输，需进行中转作业，而中转作业会延长运输时间，中转装卸环节还可能造成货损货差。

由于铁路运输具有速度较快，运输的持续性、可靠性强，运载能力大、运输成本较低等优点，因此尤其适合于大量、中长距离、时效性要求较高的货物运输。

（三）国际铁路运输的组织方式

1. 整车运输

整车运输是指一批货物因重量、体积、性质或形状需要用一辆或一辆以上铁路货车装运（用集装箱装运除外）的铁路运输组织方式。

具体来讲，一批货物按照其重量或体积，需要单独使用一辆或超过一辆的货车进行装运。如果一批货物自身的重量和体积不够装满一整车，但按其性质、形状需要单独使用一辆货车时，也按整车运输。

下列货物除按集装箱运输外，还应按整车运输办理。

（1）需要冷藏、保温或加温运输的货物。

（2）根据规定应按整车运输的危险货物。

（3）易于污染其他货物的物品。

（4）蜂蜜。

（5）不易计算件数的货物。

（6）未装容器的活动物。

（7）单件重量超过2吨、体积超过3立方米或长度超过9米的货物。

2. 零担运输

零担运输是指一批货物的重量、体积、性质或形状不需要用一辆铁路货车装运（用集装箱装运除外）的铁路运输组织方式。

我国《铁路货物运输规程》规定：按零担托运的货物，一件体积最小不得小于0.02立方米（一件重量在10千克以上的除外），每批不得超过300件。

在国际铁路货物联运中，根据《国际铁路货物联运协定》的相关规定，如果 一批货物重量小于5000千克，并且按其体积又不需要单独用一辆货车运送的货物，即可认定为零担货物。

3. 集装箱运输

集装箱运输是指使用集装箱装载货物并利用铁路进行运输的铁路运输组织方式。该方式适用于运输精密、贵重、易损的货物。

铁路集装箱运输使用铁路专用集装箱（主要有1吨箱、5吨箱和10吨箱）和国际标准集装箱（主要是20英尺国际标准集装箱和40英尺国际标准集装箱，1英尺=0.3048米）进行运输。

4. 国际铁路货物联运

国际铁路货物联运是指在两个或两个以上国家（地区）之间，采用铁路运输的形式进行国际物流运输，全程只使用一份运送票据，并以连带责任办理货物的全程运送，在由一国（地区）铁路向另一国（地区）铁路移交货物的时候，也无须发货人、收货人的铁路货物运输组织方式。

目前，国际铁路联运班列已经成为跨境电商物流运输的重要方式之一。从时间角度看，中国到欧洲之间的平均海运时间为28天；而采用中欧班列，中国到欧洲的物流运输时间可节约14天。从运输成本看，通过国际铁路集装箱运输，整箱货物的全程运费与同等运输量的国际空运方式相比，平均可以节约70%左右的成本，但比国际海运高130% 左右。在跨境电商贸易中，如果综合考虑时效与成本的话，国际铁路货物联运则是理想的跨境物流运输方式。

【案例4】中欧班列支撑全球供应链

中欧贸易源远流长，中欧两地每年价值数千亿美元的货物运输原来主要依靠海运与空运。1990年，新亚欧大陆桥建成，依托新亚欧大陆桥和西伯利亚大陆桥，形成西、中、东三条中欧班列运输通道：西线——从阿拉山口出境，经过哈萨克斯坦、俄罗斯、白俄罗斯进入波兰，最后抵达德国，最远到达西班牙的马德里；中线——通过二连浩特口岸经过蒙古国进入俄罗斯；东线——通过满洲里口岸出境。

2011年3月，第一班中欧班列开行，自此国际铁路运输异军突起，开行数量呈现出爆发式增长，各地开行中欧班列新线路的范围也在不断扩大。例如，京津冀地区开行的首趟直通匈牙利的中欧班列“沧石欧”从石家庄国际陆港发出，驶向匈牙利首都布达佩斯，班列共计100个标准集装箱，装载光伏组件、发电机定子段等出口商品，货值2224.28万元，18天后抵达布达佩斯比尔克站。

福建福州开行的首趟中欧班列“闽都号”从福州江阴港站驶出，开往俄罗斯莫斯科，班列满载100个标准集装箱的婴幼儿用品，全程运行约9900千米，于16天后直达莫斯科别雷拉斯特站，比海运节省近20天。

在辽宁沈阳，中欧班列沈阳—德国法兰克福线路首次开行；在广西南宁，首趟“中—哈—乌”中欧班列满载阳极炭块、白砂糖、不间断电源等货物，前往哈萨克斯坦、乌兹别克斯坦等国家；在江西赣州，一趟载着货值430万美元光伏组件的中欧班列从赣州国际陆港发出，这是江西开通的首列至罗马尼亚中欧班列……

2020—2022年，在物流流通不畅、运力不足的艰难时期，中欧班列以稳定、可靠、高效的物流运输支撑全球供应链，为推动世界经济复苏做出积极贡献。

四、公路运输方式

（一）国际公路运输的概念

国际公路运输是指采用公路运输的方式，沿着国际公路运输网络进行跨越两个或两个以上国家或地区的物流运输方式。国际公路货物运输示意图如图4-6所示。

图4-6 国际公路货物运输

（二）国际公路运输的优缺点

1. 国际公路运输的优点

（1）灵活性好，直达性好。公路运输可随时起运，非常方便灵活。与其他运输方式相比，公路运输的直达性最好，是唯一能真正实现"门到门"的运输方式。

（2）便于国际多式联运。公路运输可以为其他运输方式的货物集散、中转提供必不可少的衔接和补充功能，可以广泛地参与到同其他运输方式的多式联运中。

2. 国际公路运输的缺点

（1）运载量小。公路运输的运输装载能力低，不适合大批量货物的运输。一般而言，公路运输的经济作业半径在300千米以内，主要适用于小批量、短距离的货物运输。

（2）运输能耗高。公路运输能耗是铁路运输能耗的10.6～15.1倍，是海运能耗的11.2～15.9倍，仅比航空运输能耗低。

（3）运输成本高。公路运输的成本高于海上运输、铁路运输，仅低于航空运输。

总体来讲，公路运输主要适合小批量、短距离内的货物运输。但在跨境电商物流中，公路运输占重要地位，因为随着"一带一路"建设的不断推进，我国与邻国跨境电商贸易飞速发展，我国与俄罗斯、东盟国家、中亚国家之间的公路跨境运输货运量会不断上升。此外，在跨境电商国际多式联运中，公路运输的末端和中间环节的接驳作用也十分重要。

（三）国际公路运输的主要组织方式

1. 整批货物运输

整批货物运输是指一次托运货物的重量、体积或者性质需要用一整辆汽车载运的公路运输组织方式。我国《汽车货物运输规则》规定：托运人一次托运货物计费重量3吨以上或不足3吨，但其性质、体积、形状需要一辆汽车运输的，为整批货物运输。

2. 零担货物运输

凡托运人一次托运货物的重量、体积或者性质，不需要用一整辆汽车载运的，就属于零担货物运输。

3. 公路集装箱运输

公路集装箱运输是指将货物装在标准集装箱内，使用集装箱卡车进行运输的货运组织方式，是近年来流行的现代化运输方式。

任务二 集装箱班轮运输管理

任务背景

前程物流货代公司（以下简称前程物流）的客户张先生，拟出口一批新疆大枣到美国。前程物流在分析了客户对运输时长、运输费用的要求后，为客户制定了集装箱海运运输方案。货物始发港为上海，目的港为纽约，货物品名为大枣，货物重量为16.76吨，选择柜型柜量为1×40HQ。客户对方案满意，委托前程物流代办装箱、国际海运及目的港清关等业务。

任务问题

假设你是前程物流的客户经理，请你为客户介绍集装箱海运的优势，集装箱班轮运输流程和计费方式。说明集装箱有哪些类型，你如何为客户张先生选择箱型，并模拟办理集装箱班轮运输业务。

知识准备

一、认识集装箱

（一）什么是集装箱

集装箱（Container），又称货柜或货箱，是一种具有足够强度、能够反复使用的大型标准化载货容器，如图4-7所示。集装箱需要满足以下条件。

（1）能适用于一种或多种运输方式载运，在途中转运时，箱内货物无须换装。

（2）具有快速装卸和搬运的装置，特别是从一种运输方式转移到另一种运输方式。

（3）便于货物的装满和卸空。

（4）具有1立方米及以上的容积。

（5）具有防御无关人员轻易进入的货运工具。

（二）集装箱运输的优势

集装箱运输是一种先进的现代化运输方式，截至目前，国际贸易中以集装箱运输的件杂货物已达到80%以上，在发达国家和主要航线已基本实现了件杂货物的集装箱化。

图4-7　集装箱

集装箱运输具有以下几种优势。

1. 提高装卸效率，降低劳动强度

集装箱运输以集装箱为载体，将箱内货物集合成一个运输单元，可用大型机械进行装卸、搬运，能显著提高装卸效率，避免人工高强度装卸作业。

2. 减少货损货差，保障货物运输安全

货物一旦装入集装箱后，运输途中不需搬出，可减少货损、货差；高强度的集装箱容器对箱内货物有很好的保护作用，是目前最为安全的货物运输方式之一。

3. 缩短货物在途时间，加快车船的周转

货物集装箱化可提高港口、场站的装卸效率，缩短车船在港口、场站的停留时间，提高车船的周转利用率。

4. 节省货物运输包装费用，简化理货手续

装入集装箱的货物可直接使用商品包装，省去运输包装，可节省包装费用。集装箱在装箱通关后加一次性铅封，运输途中不再开启，可简化理货手续，缩短理货时间。

5. 提高运输效率，节省货物运输费用

采用标准化的集装箱运输，提高换装效率，降低装卸费用、运输费用和货物运输保险费用。

6. 促进集装箱多式联运的发展

集装箱作为一种标准化的运输单元，适用于一种或多种运输方式载运，促进集装箱多式联运的发展。目前，集装箱运输已进入以国际远洋船舶运输为主，以铁路运输、公路运输、航空运输为辅的国际多式联运为特征的新时期。集装箱装卸搬运示意图如图4-8所示。

图4-8　集装箱装卸搬运

（三）集装箱的类型

随着集装箱运输的发展，为适应装载不同种类货物的需要，出现了不同种类的集装箱，这些集装箱不但尺寸不同，而且因其用途不同、制作材料不同、结构不同等而产生了不同的分类方法。

集装箱的类型

1. 按照集装箱的用途不同划分

按照集装箱的用途不同划分，即按照集装箱所装载货物的种类划分，有如下几种类型。

（1）干货集装箱

干货集装箱也称杂货集装箱或通用集装箱，用于装运杂货，如日用百货、棉纺织品、医药及医疗器械、文化用品、五金交电、电子产品等。干货集装箱是目前使用最多的一种集装箱，如图4-9所示。

（2）散货集装箱

散货集装箱针对固体散货的特点而设计制造，用于装运谷物、豆类、各种饲料、化学制品等粉粒状货物，如图4-10所示。散货集装箱具有气密性，易清洗，箱顶一般设有2～3个装货口（圆口或方口），箱门的下部设有卸货口。

图4-9　干货集装箱

图4-10　散货集装箱

（3）冷藏集装箱

冷藏集装箱设有制冷机，用于装运冷藏食品、新鲜水果或特种化工产品、药品等，也可用于装运某些有特殊要求（如防虫）的毛皮、丝绸等，如图4-11所示。

（4）罐式集装箱

罐式集装箱是专门用于装运液体散货的集装箱，如酒类、油类、液体食品、液体药品等，如图4-12所示。罐式集装箱由框架和液罐两部分组成，罐顶设有装货口，罐底设有排出阀，液罐上的安全阀和铁梯等也是必备的。

除此之外，罐式集装箱还包括服装集装箱、动物集装箱、汽车集装箱等。

2. 按照集装箱的结构不同划分

按照集装箱的结构不同划分，可以将集装箱分为内柱式集装箱与外柱式集装箱、折叠式集装箱与固定式集装箱等。

图4-11　冷藏集装箱

图4-12　罐式集装箱

（1）内柱式集装箱与外柱式集装箱

这里的柱主要是指集装箱的端柱和侧柱。端柱和侧柱设在箱壁内的集装箱为内柱式集装箱，设在箱壁外的集装箱则为外柱式集装箱。

内柱式集装箱的优点是外表平滑、美观，受斜向外力不易损坏，涂刷标志比较方便，隔热效果好；外柱式集装箱的优点是当受外力作用时，外力由侧柱或端柱承受，外板不易损坏。

（2）折叠式集装箱与固定式集装箱

折叠式集装箱是指集装箱的主要部件（侧壁、端壁、箱顶等）能简单地折叠或分解，使用时可以方便地再次组合起来的集装箱。其主要用在货源不平衡的航线上，可减少回空时的舱容损失。

与折叠式集装箱相反，侧壁、端壁和箱顶等部件永久固定在一起且呈密闭状态的集装箱为固定式集装箱。目前，集装箱运输主要使用的是固定式集装箱。固定式集装箱还可分为密闭集装箱、开顶集装箱、板架集装箱等。

① 密闭集装箱

密闭集装箱是指设有刚性的箱顶、侧壁、端壁和底部结构，至少在一面端壁上有箱门的集装箱。

② 开顶集装箱

开顶集装箱也称敞顶集装箱，集装箱的箱顶可以方便地装上、取下，如图4-13所示。开顶集装箱主要用于装载玻璃板、钢制品、仪器设备等重货，可利用起重机从箱顶装卸。

图4-13　开顶集装箱

开顶集装箱的箱顶有硬顶和软顶两种。硬顶用薄钢板制成，利用起重机或叉车进行装上、取下作业。软顶一般用帆布制成，开顶时只要向一端卷起即可。

③ 板架集装箱

板架集装箱是指没有箱顶和侧壁，有时甚至连端壁也去掉，只由箱底和四周金属框架构成的集装箱。板架集装箱没有水密性，不能装运怕水湿的货物，适合装运形状不规则、长大件、超重件或轻泡货物。板架集装箱货物的拆箱和装箱作业可以从上面进行，也可以从侧面进行。

3. 按照箱体的材料不同划分

按照箱体的材料不同划分，可以将集装箱分为钢制集装箱、铝合金制集装箱、不锈钢制集装箱、玻璃钢制集装箱等。

（1）钢制集装箱

钢制集装箱的框架和箱壁板均用钢材制成，其优点是强度大、结构牢固、水密性好、能反复使用、价格低廉；缺点是防腐能力差、箱体笨重，在一定程度上降低了装货能力。钢制集装箱是使用最普遍的集装箱，其使用年限一般为11～12年。

（2）铝合金制集装箱

铝合金制集装箱的主要部件由铝合金制成，其优点是自重轻、防腐性强、弹性好；主要缺点是造价相当高，焊接性也不如钢制集装箱，受碰撞时易损坏。铝合金制集装箱的角件、角柱、框架结构等仍使用钢材，它的使用年限一般为15～16年。

（3）不锈钢制集装箱

不锈钢制集装箱的主要部件一般多由不锈钢制作，其主要优点是不生锈、耐腐性好、强度高；主要缺点是价格高、投资大。

（4）玻璃钢制集装箱

玻璃钢制集装箱是在钢制框架上装上玻璃钢复合板构成，其主要优点是强度大、刚性好、具有较高的隔热、防腐和耐化学侵蚀能力，易清洗，修理简便，维修费较低；主要缺点是自重大、造价高。一般情况下，玻璃钢制集装箱的使用率较低。

（四）国际标准集装箱的规格尺寸

现行的国际标准集装箱规格尺寸包括4种箱型，共13种规格。国际标准集装箱箱型分为A型箱、B型箱、C型箱、D型箱，长度分别为40英尺、30英尺、20英尺和10英尺，宽度均为8英尺，高度有9.6英尺、8.6英尺、8英尺和小于8英尺4种，如表4-1所示。

集装箱的规格尺寸

表4-1 国际标准集装箱的规格尺寸

箱型	规格	公称长度		外部高度	
		米制/m	英制/ft	米制/mm	英制/ft
A型箱	IAAA	12	40	2896	9.6
	IAA			2591	8.6
	IA			2438	8
	IAX			<2438	<8

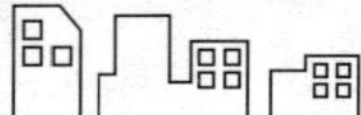

续表

箱型	规格	公称长度		外部高度	
		米制/m	英制/ft	米制/mm	英制/ft
B型箱	IBBB	9	30	2896	9.6
	IBB			2591	8.6
	IB			2438	8
	IBX			<2438	<8
C型箱	ICC	6	20	2591	8.6
	IC			2438	8
	ICX			<2438	<8
D型箱	ID	3	10	2438	8.6
	IDX			<2438	<8

1. A型箱

这类集装箱长度均为40英尺，宽度均为8英尺，按高度不同可分为IAAA、IAA、IA和IAX共4种规格。

2. B型箱

这类集装箱长度均为30英尺，宽度均为8英尺，按高度不同可分为IBBB、IBB、IB、IBX共4种规格。

3. C型箱

这类集装箱长度均为20英尺，宽度均为8英尺，按高度不同可分为ICC、IC、ICX共3种规格。

4. D型箱

这类集装箱长度均为10英尺，宽度均为8英尺，按高度不同可分为ID、IDX共2种规格。

（五）集装箱的计算单位（TEU）

集装箱的计算单位（Twenty-feet Equivalent Units，TEU），又称换算箱、标准箱或国际标准箱单位。TEU用来表示船舶装载集装箱的能力，也是集装箱和港口吞吐量的重要统计、换算单位。

在ISO公布的A、B、C、D四类箱型中，以A类和C类居多，即目前各国（地区）大部分集装箱运输，都采用长度为20英尺和40英尺的两种集装箱。为使集装箱箱数计算统一化，把20英尺集装箱作为1个TEU，40英尺集装箱作为2个TEU。

【做一做】

中国海运集团旗下的“中海环球”号轮船，全长400米，宽近60米，是当下航运市场最大、最先进的集装箱船舶之一，可装载19100个TEU。

【问题】TEU的含义是什么？“中海环球”号轮船可装载多少个40英尺集装箱？

（六）集装箱标志

为便于在国际运输中识别、管理和交接集装箱，国际标准化组织制定了国际标准《集装箱的代号、识别和标记》（ISO6346—1981（E））。我国根据国际标准，制定了国家标准《集装箱代码、识别和标记》（GB/T1836—2017），规定了集装箱标记的内容、标记字体的尺寸、标记的位置等。集装箱标记有必备标记和自选标记，两者又都包括识别标记和作业标记。

集装箱的标识

1. 必备标记

（1）识别标记

识别标记由箱主代码、设备识别码、箱号和校验码4个部分组成，如图4-14所示，CAXU 9945573就是识别标记。

图4-14 集装箱识别标记

① 箱主代码

箱主代码由3个大写拉丁字母组成，由箱主自己规定，且应向国际集装箱局（Bureau International des Containers，BIC）登记注册。一个船公司可以有多个箱主代码，表4-2所示为部分船公司的箱主代码。

表4-2 部分船公司的箱主代码

公司名称	箱主代码	公司名称	箱主代码
马士基航运	MSK、MAE、MWC	中国远洋	COS、CBH
地中海航运	MSC	中国海运	CCL、CLH、CRX、CSC
法国达飞	CMA、CMC	美国总统轮船	APL、APN
中国外运	SNL、SNT	韩进海运	HJLU、HJCU
以星航运	ZIM、ZCS	日本邮船集运	NYK
长鑫海运	CAX	太平船务	PIL

② 设备识别码

设备识别码由1个大写拉丁字母表示：U代表常规的所有集装箱，J表示集装箱所配置的挂装设备，Z表示集装箱拖挂车和底盘挂车。

③ 箱号

箱号由6位阿拉伯数字组成，不足6位时，应在前面置0以补足6位。例如箱号为1234时，则以001234表示箱号。

④ 校验码

校验码用来检验箱主代码、设备识别码和箱号传递的准确性。校验码可以通过箱主代码、设备识别码和箱号计算得出。

以图4-14所示集装箱识别标记CAXU9945573为例，各部分如图4-15所示。

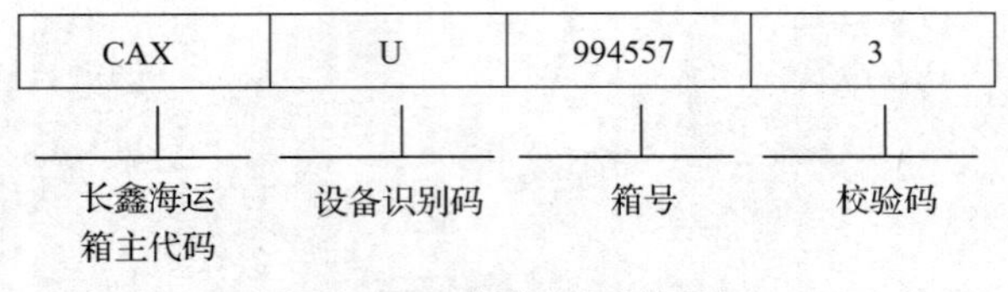

图4-15　集装箱识别标记

（2）作业标记

作业标记包括最大总重和自重、空陆水联运集装箱标记、箱顶防电击警示标记3项内容。

① 最大总重和自重

最大总重，也称额定重量，是集装箱设计的最大允许总重量。在箱体上，用Max Gross表示。

自重也就是空箱时的重量，包括各种集装箱在正常工作状态时应备有的附件和各种设备的重量，用Tare表示。

最大总重和自重，标记时要求同时以千克（KG）和磅（LB）表示，如图4-16所示。

图4-16　集装箱作业标记

② 空陆水联运集装箱标记

空陆水联运集装箱标记如图4-17所示，由于该类集装箱自重较轻，结构强度较弱，在陆上堆码时最多允许其上再堆码两层，海上运输时禁止在船舶甲板上堆装，舱内堆码时只允许其上再堆码一层，因此，规定了特殊的标记——空陆水联运集装箱标记。该标记的颜色为黑色，位于集装箱端壁、侧壁的左上角和顶部的适当位置。

（3）箱顶防电击警示标记

该标记为黄色底黑色三角形，一般设在罐式集装箱，位于登顶箱顶的扶梯处，以警告登顶者有触电危险，如图4-18所示。

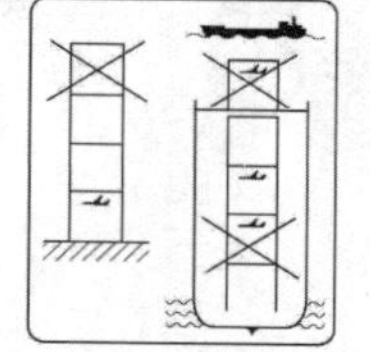

图4-17　空陆水联运集装箱标记

图4-18　警示标记

2. 自选标记

自选标记包括识别标记和作业标记。

（1）识别标记

识别标记包括国籍（地区）代号、尺寸代号和类型代号。

① 国籍（地区）代号

国籍（地区）代号用2个或3个英文字母表示，说明集装箱的登记地。例如，CN表示中国，US或USA表示美国，GB或GBX表示英国。

② 尺寸代号

尺寸代号用两个阿拉伯数字表示。第一位阿拉伯数字代表箱长，例如，10ft代号为“1”，20ft代号为“2”，30ft代号为“3”，40ft代号为“4”，代号5～9为“未定号”，A～P为特殊箱长的集装箱代号。第二位阿拉伯数字代表箱宽和箱高，例如箱高8ft代号为“0”，箱高8.6ft代号为“2”，箱高9ft代号为“4”，箱高9.6ft代号为“5”，高于9.6ft代号为“6”，半高箱（箱高4.3ft）代号为“8”，低于4ft代号为“9”。一般用英文字母反映箱宽不是8ft的特殊宽度的集装箱。表4-3所示为常用集装箱长度代号表。

表4-3　常用集装箱长度代号

第一位数	1	2	3	4
集装箱长度	10ft	20ft	30ft	40ft
第二位数	0	2	4	5
集装箱宽度和高度	8ft	8.6ft	9ft	9.6ft

③ 类型代号

类型代号用两位拉丁字母表示，用以说明集装箱的类型，如“30”表示“冷冻集装箱”。

（2）作业标记

作业标记主要有超高标记和国际铁路联盟标记。

① 超高标记

超高标记是在黄色底上标出黑色数字和边框，如图4-19所示。凡高度超过2.6m的集装箱都应贴上此标记。

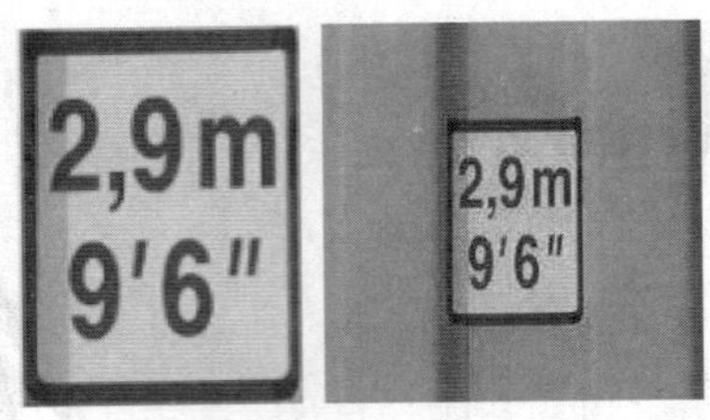

图4-19　超高标记

② 国际铁路联盟标记

凡符合《国际铁路联盟条例》规定的集装箱，可以获得国际铁路联盟标记。该标志是在欧洲铁路上运输集装箱的必要通行标志，如图4-20所示。上部“ic”表示国际铁路联盟，下部的数字表示各铁路公司的代码（33是中华人民共和国铁路公司的代码）。

图4-20　国际铁路联盟标记

二、集装箱班轮运输出口流程

（一）什么是集装箱班轮运输

集装箱班轮运输是目前最为普遍的海运货物运输组织方式，是指集装箱班轮公司按事先公布的船期表，在固定的航线上按照规定的挂靠中途港的顺序，往返航行于航线各港口间，为非固定的广大货主提供集装箱货物运输服务的营运方式。集装箱班轮运输示意图如图4-21所示。

图4-21　集装箱班轮运输

集装箱班轮运输涉及的主要关系人有班轮公司（船运公司或承运人）、船舶代理人、货运代理人、托运人（货主）和收货人等有关货物运输的关系人。

1. 班轮公司（船运公司或承运人）

世界主要的集装箱班轮公司

班轮公司是指运用自己拥有或者自己经营的船舶，提供国际港口之间班轮运输服务，并依据法律规定设立的船舶运输企业。班轮公司应拥有自己的船期表、运价本、提单或其他运输单据。根据各国（地区）的管理规定，班轮公司通常应有船舶直接挂靠该国（地区）的港口。

【做一做】

上网查找全球排名前20的国际集装箱班轮公司，将前10名集装箱班轮公司的资料填写在下表中。

序号	班轮公司名称	成立时间	注册地	运力情况
1				
2				
3				
……				

2. 船舶代理人

船舶代理人指船舶代理公司，是接受船舶所有人、船舶经营人或者船舶承租人的委托，为船舶所有人、船舶经营人或者船舶承租人的船舶及其所载货物或集装箱提供办理船舶进出港手续、接受订舱、代签提单、代收运费等服务，并依据法律规定设立的船舶运输辅助性企业。例如，中国外轮代理公司、中外运船务代理公司。

3. 货运代理人

海上货运代理人是指接受货主委托，代表货主利益，为货主办理有关国际海上货物运输相关事宜，并依据法律规定设立的提供国际海上货物运输代理服务的企业。货运代理不仅可以从货主处获得代理服务报酬，还可从班轮公司处获得奖励，但不能与班轮公司签订协议运价。例如，广东省中外运国际货代有限公司。

4. 托运人（货主）

托运人又称“货主”，是指委托承运人运送货物（行李或包裹）并支付运费的社会组织或个人。

5. 收货人

收货人指有权提取货物的人。在班轮运输货物到达目的港后，承运方或船舶代理人通知收货人到码头提货。

（二）整箱货和拼箱货

根据集装箱货物装箱数量及方式，分为整箱货和拼箱货。

整箱货（Full Container Load，FCL），是指能装满整个集装箱的货物，由发货人负责装箱、计数、积载并加铅封的货运。

拼箱货（Less Than Container Load，LCL），是指有集拼条件的货运代理人，将不同发货人、不同收货人、同一卸货港的零星货物集中起来，以货运代理人的名义办理整箱运输，国际上又称为集拼（Consolidation）。

（三）整箱货出口货代流程

整箱货的进出口流程与拼箱货大体相似，区别在于拼箱货有若干个不同的发货人和收货人，且同一集装箱装载不同的货物，并有主提单和分提单之别。这里主要介绍整箱货出口货代流程。

整箱货出口流程可分为起运作业、海上运输作业和到达作业3部分，如图4-22所示。

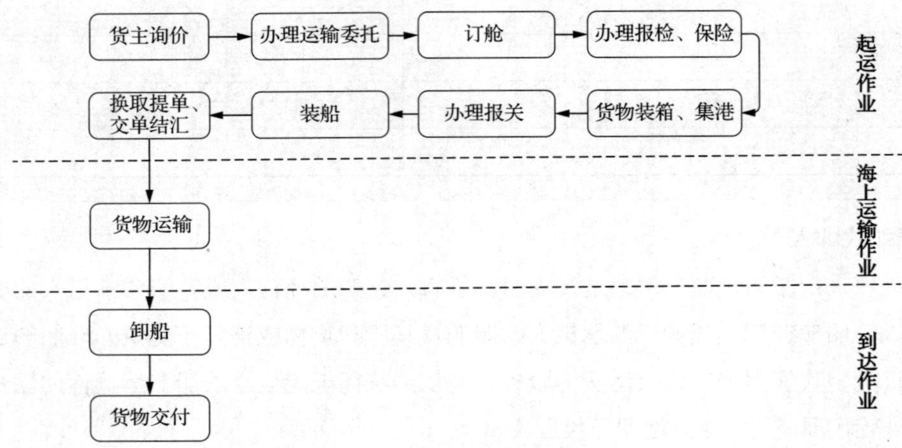

图4-22　整箱货出口流程

1. 起运作业

起运作业主要指货物在运输前的各项准备工作，包括货主询价，办理运输委托，订舱，办理报检、保险，货物装箱、集港，办理报关，装船，换取提单、交单结汇等。

（1）货主询价

货主向货代企业询价，说明所托运货物的名称、数量、装运条件、目的地、到达时限等基本信息和特殊要求。货代企业根据货主需求，介绍船公司的船期、停靠或中转港口、运价（基本运费、各种附加费等）、内陆运输、报关、报检等的收费标准，准确报价。少数货主若熟悉班轮运输业务和作业流程，可直接向船运公司询价。

（2）办理运输委托

多数货主需要委托货代企业完成跨境海上运输任务，若双方同意建立委托关系，货主据实填制托运/订舱委托书，将托运委托书连同报关单据（包括退税单、外汇核销单、商业发票以及海关针对不同商品需要缴验的各类单证）交货代企业。

（3）订舱

货代企业接受委托后，根据货主需求，选定适当的班期，填制订舱单（场站收据联），向船公司或船公司代理人申请订舱。

目前，很多集装箱班轮公司和船舶代理人开通了网上订舱业务，货代企业可以通过网络向船公司或其代理人发送订舱申请。订舱单需要填写起运港和目的港、集装箱的种类、箱型和数量、每箱的总重量、在备注中注明特种箱的特性和运输要求等内容。

船公司或其代理人收到货代企业发来的订舱申请后，根据货物托运的具体要求，考虑是否能够满足其相应的条件。一旦接受订舱，则在订舱单或场站收据联单上签章，并注明船名、航次号和提单号，并安排空箱的发放以及重箱的交接、保管以及装船工作。订舱委托书样式如图4-23所示。

SHIPPER	SHIPPING ORDER 订 舱 委 托 书	
CONSIGNEE	地址: 电子邮箱: 发票抬头:	
NOTIFY PARTY	柜型/柜量: ______X20'GP ______X40'GP ______X40'HQ 其他: ______ 船公司: ______ 截关日: ______	
PRE-CARRIER	PORT OF RECEIPT	PORT OF LOADING
VESSEL	PORT OF DISCHARGE	PORT OF DELIVERY

MARK & NOS.	NO. OF PKGS DESRIPTION OF GOODS	GROSS WEIGHT	MESUREMENT

服务类型: CY/CY____ CFS/CFS____ others____ 运费预到付: PREPAID______ COLLECT______ 运费(O/F): ______ 拖车: 自拖______ 费司代拖车______ 报关: 自报______ 费司代报关	委托人盖章： PERSON : DATE :

图4-23 订舱委托书样式

（4）办理报检、保险

若货物属法定检验检疫范围，货主或货代企业应填制出境货物报检单，向检验检疫部门办理报检手续。此外，为出口货物订妥舱位后，根据委托合同中的委托项目，货代企业还可为货主代办保险业务。

（5）货物装箱、集港

货代企业到码头堆场领取空箱，然后到货主储货地点装箱（或货主送货到货代企业仓库装箱），加海关封志，并根据运输货物制作装箱单，然后将集装箱货物连同装箱单、设备交接单送到码头堆场（港区）。码头堆场根据订舱清单，核对场站收据和装箱单，验收货物。验收合格后，等待装船。装箱单样式如图4-24所示。

装 箱 单 CONTAINER LOAD PLAN					集装箱号 Container No.	集装箱规格 Type of Container: 20 40	
					铅封号 Seal No.	冷藏温度 Reefer. temp. Required ℉ ℃	
船名 Ocean Vessel	航次 Voy. No.	收货地点 Place of Receipt □—场 CY □—站 CFS □—门 Door		装货港 Port of Loading	卸货港 Port of Discharging	交货地点 Place of Delivery □—场 CY □—站 CFS □—门 Door	
箱主 Owner	提单号码 B/L No.	1. 发货人 Shipper 2. 收货人 Consignee 3. 通知人 Notify	标志和号码 Marks & Numbers	件数及包装种类 No. & Kind of Pkgs.	货名 Description of Goods	重量(公斤) Weight kgs.	尺码(立方米) Measurement Cu. M.
			底 Front 门 Door		总件数 Total Number of Packages 重量及尺码总计 Total Weight & Measurement		
危险品要注明危险品标志分类及闪点 In case of dangerous goods, please enter the label classification and flash point of the goods.	重新铅封号 New Seal No.	开封原因 Reason for breaking seat		装箱日期 Date of vanning: …… 装箱地点 at: …… (地点及国名 Place & Country)			皮重 Tare Weight
	出口 Export	驾驶员签收 Received by Drayman	堆场签收 Received by CY	装箱人 Packed by: 发货人 货运站 (Shipper/CFS)			总毛重 Gross Weight
	进口 Import	驾驶员签收 Received by Drayman	货运站签收 Received by CFS	…… (签署) Signed		发货人或货运站留存 1. SHIPPER/CFS (1)一式十份 此栏每份不同	

图4-24 装箱单样式

（6）办理报关

货代企业向海关提交全套报关单据申报出口。码头将船公司或船代提供的装货清单及集箱单报送海关，供海关监管装船。

（7）装船

集装箱码头装卸部门根据装船计划，将出运的集装箱调整到前方堆场，按预先编制的堆存计划堆放。在装船过程中，货代公司受货主的委托，可派员到现场监装，随时掌握装船进度并及时处理突发事件。货物装船后，由承运船舶的大副向托运人签发收货单，或者表示收到货物并已装上船舶的货物依据，又称为"大副提单"。

（8）换取提单、交单结汇

货主支付运费后，货代企业凭已签署的场站收据（收货单或大副提单）向船公司或其代理人换取提单。货代企业将提单交给托运人后，托运人即可到银行办理结汇事宜。提单样式如图4-25所示。

海运提单 BILL OF LADING

<table>
<tr><td colspan="2">1)托运人 SHIPPER
李阳服装进出口有限公司
LiYang CLOTHING IMPORT & EXPORT Co., Ltd.</td><td rowspan="7">10)提单号码 B/L NO.
88888
COSCO中国远洋运输（集团）总公司
CHINA OCEAN SHIPPING(GROUP)CO.
正本
SHIPPING(GROUP)CO.
正本
ORIGINAL
多式联运提单条例草案 COMBINED TRANPORT BILL OF LADING</td></tr>
<tr><td colspan="2">2)收货人 CONSIGNEE
杰克百货有限公司 JACK Department Store Co., Ltd.</td></tr>
<tr><td colspan="2">3)被通知人 NOTIFY PARTY
杰克百货有限公司 JACK DEPARTMENT STORE Co., Ltd.
美国纽约潇湘路15号 NO.15 XIAOXIANG ROAD NEW YORK,USA
电话:
TEL:+014</td></tr>
<tr><td>4)收货地点 PLACE OF RECEIPT
美国纽约潇湘路15号 NO.15 XIAOXIANG ROAD NEW YORK,USA</td><td>5)船名 OCEAN VESSEL
和谐号 HEXIEHAO</td></tr>
<tr><td>6)航次 VOYAGE NO.
1101</td><td>7)装运港 PORT OF LOADING
上海港 SHANGHAI</td></tr>
<tr><td>8)卸货港 PORT OF DISCHARGE
纽约港 NEW YORK</td><td>9)交货地点 PLACE OF DELIVERY</td></tr>
</table>

11)唛头 MARKS	12)包装与件数 NOS.&KINDS OF PKGS	13)商品名称 DESCRIPTION OF GOODS	14)毛重 G.W.(kg)	15)体积 MEAS(m^3)
JACK SHANGHAI C/N 1-20 60CM*60CM*80CM	1000件总共20箱 ONE THOUSAND PIECES TOTAL TWENTY CARTONS	女士连衣裙 LADIES DRESS	1000	5.76 m^3

16) 集装箱数或件数合计(大写) TOTAL NUMBER OF CONTAINERS OR PACKAGES (IN WORDS)
共20箱 SAY TWENTY CARTONS ONLY

运费与附加费 FREIGHT & CHARGES	计费吨 REVENUE TONS	费率 RATE	每..PER	预付 PREPAID	到付 COLLECT
FREIGHT PREPAID	1	10%	CARTON	$20	$20

预付地点 PREPAID AT	到付地点 PAYABLE AT	17)签发地点与日期 PLACE AND DATE OF ISSUE
上海 SHANGHAI	纽约 NEW YORK	2015年6月中国上海港 SHANGHAI PORT CHINA JUNE 6, 2015
总计预付 TOTAL PREPAID $20	18)提单签发的份数 NUMBER OF ORIGINAL B(S)L 三份 THREE	19) 日期 DATE JUNE 6, 2015
装船船名 LOADING ON BOARD THE VESSEL 和谐号 HEXIEHAO		20)承运人或代理人签名 BY

图4-25 提单样式

【知识链接】提单

提单（Bill of Lading，B/L）是货物的承运人或代理人收到货物后，签发给托运人的一种单证。在国际班轮运输中，提单是一份非常重要的业务单据，也是一份非常重要的法律文件。

提单具有以下3项主要功能。

（1）提单是海上货物运输合同的证明，是承运人与托运人处理双方在运输中权利和义务问题的主要依据。

（2）提单是证明货物已由承运人接管或已装船的货物收据，不仅证明收到货物的名称、种类、数量、标志、外表状况，而且证明收到货物的时间。

（3）提单是承运人保证凭以交付货物的物权凭证，即承运人凭提单交货，谁持有提单，谁就可以提货。提单是物权凭证，提单的持有人就是物权的所有人，除法律另有规定外，提单可以转让和抵押。

2. 海上运输作业

海上运输是指从货物装船之后至到达目的港前的运输阶段。在这个运输阶段，集装箱班轮运输承运人承担货物安全运输、保管、照料的责任。责任划分的界限是货物是否越过船舷。货物越过船舷之前，货物出现任何问题，责任由货主或货代负责；货物越过船舷之后，货物出现任何问题，责任由船运公司负责。

货物装船完毕后，由船运公司根据大副提供的收据或提单编制一份按卸货港顺序逐票列明全船实际载运货物的汇总清单，俗称“舱单”。

3. 到达作业

到达作业是指货物到达目的港后，按既定顺序卸船并交付给收货人的过程。

（1）卸船

卸船是指将船舶所承运的货物在卸货港从船上卸下，交给收货人或其代收货人，并办理货物的交接手续。

船公司在卸货港的代理人根据船舶发来的到港电报，一方面编制有关单证联系安排泊位和准备办理船舶进口手续，约定装卸公司，等待船舶进港后卸货；另一方面要把船舶预定的到港时间通知收货人，以便收货人及时做好接收货物的准备工作。

（2）货物交付

货物交付是指船公司凭提单将货物交付给收货人的行为。具体过程是：收货人将提单交给船公司所在卸货港的代理人，经代理人审核无误后，签发提货单交给收货人，然后收货人再凭提货单前往码头仓库提取货物并与卸货代理人办理交接手续。

【知识扩展】货物交付方式

货物交付的方式有仓库交付、船边交付、货主选择卸货港交付、变更卸货港交付、凭保证书交付等。

其中，货主选择卸货港交付是指货物在装船时货主尚未确定具体的卸货港，待船舶开航后再由货主选择对自己最方便或最有利的卸货港，并在这个港口卸货和交付货物。变更卸货港交付是指在提单上所记载的卸货港以外的其他港口卸货和交付货物。凭保证书交付是指收货人无法以交出提单来换取提货单提取货物，按照一般的航运惯例，常由收货人开具保证书，以保证书换取提货单提取货物。

三、集装箱班轮运费构成及计费标准

（一）班轮运费的构成

班轮运输收取的运费包括基本运费和附加运费两部分。

1. 基本运费

基本运费是指班轮航线内各港口之间对每种货物规定的必须收取的费用，是构成全程运费的主要部分，按班轮运价表规定的标准计收。

2. 附加运费

附加运费是指除基本运费外，针对一些需要特殊处理的货物，或突然事件的发生及客观情况变化等需另外加收的费用。附加运费是否收取根据实际情况而定，一般是在基本运费的基础上，加收一定的百分比，或规定每个运费吨位加收一个绝对数。在班轮运输中，常见的附加运费如表4-4所示。

表4-4 常见的班轮运输附加运费

序号	附加费	英文名称	释义
1	燃油附加费	Bunker Adjustment Factor，BAF	因燃油价格上涨而加收一定数额或按基本运价的一定百分数加收的附加费
2	转船附加费	Transshipment Surcharge	凡运往非基本港的货物，需转船运往目的港，船舶所收取的附加费，包括转船费（如换装费、仓储费）和二程运费
3	直航附加费	Direct Additional	运往非基本港的货物达到一定的数量，船公司可安排直航该港而不转船时所加收的附加费。一般直航附加费比转船附加费低
4	港口附加费	Port Surcharge	船舶需要进入条件较差、装卸效率较低或港口船舶费用较高的港口及其他原因而向货方增收的附加费
5	超重附加费	Heavy Lift Additional	货物单件重量或长度超过一定限度而加收的费用。各班轮公司对超重或超长货物的规定不同。我国中远公司规定每件货物达到5吨或9米以上时，加收超重或超长附加费。超重货物一般按吨计收，超长货物按运费吨计收。无论是超重、超长或超大件，托运时都须注明。如船舶需转船，每转船一次，加收一次附加费
6	超长附加费	Long Length Additional	
7	选卸附加费	Additional for Optional Destination	装货时若不能确定卸货港，要求在预先提出的两个或两个以上的港口中选择一港卸货，船方因此而加收的附加费。所选港口限定为该航次规定的挂靠港，并按所选港中收费最高者计算。货主须在船舶抵达第一选卸港前（一般规定为 24小时或48小时前）向船方宣布最后确定的卸货港
8	港口拥挤附加费	Port Congestion Surcharge	有些港口由于拥挤，致使船舶停泊时间增加而加收的附加费。该项附加费随港口条件改善或恶化而变化
9	绕航附加费	Deviation Surcharge	指因战争、运河关闭、航道阻塞等造成正常航道受阻，必须临时绕航才能将货物送达目的港需增加的附加费
10	货币贬值附加费	Currency Adjustment Factor，CAF	在货币贬值时，船方为保持其实际收入不致减少，按基本运价的一定百分数加收的附加费

（二）班轮运费的计费标准

集装箱班轮运费的计费标准分为两种情况：整箱货与拼箱货。

1. 整箱货计费标准

对于整箱货而言，通常以每一集装箱为单位计算运费。根据集装箱的箱型、尺寸规定的不同，主要包括以下3种费率。

① FAK（Freight for All Kinds）包箱费率

FAK包装费率也称均一包箱费率，是指不细分箱内所装的货类、不计货量（但不得超出规定的重量限额），只需按照集装箱的类型（普通货箱、一般化工品货箱、半危险品货箱、全危险品货箱、冷藏货箱等）制定不同规格货箱（如20’、40’）的费率。此种费率查找简便，货主只需判断货物适合使用哪种类型的集装箱装运，就可查到此集装箱的运费率。

FAK包箱费率是目前各大班轮公司使用最为普遍的一种基本运费的计算形式，由于这种形式不计箱内货类、等级，省去查找对应货物等级的工作，较受货主欢迎。

② FCS （Freight for Class）包箱费率

此种费率针对普通货物，将普通货物按照不同货物等级制定相应的包箱费率。一般将普通件杂货物所分的20级再分为3个或4个等级费率，首先根据货名查到货物所属等级，然后按照等级和集装箱规格查找每只集装箱的运费率。

对于班轮公司来讲，这种方法将计算单位由按“吨”（重量吨或体积吨）计算简化为按“箱”计，减少了相关的管理费用。

③ FCB（Freight for Class and Basis）包箱费率

这是一种既按货物的类别、等级，又按计算标准而制定的包箱费率。在这种费率条件下，即使装有同种货物的整箱货，在分别使用重量吨和尺码吨为计算单位时，其包箱费用也是不同的。这种费率在FCS包箱费率的基础上分“W”与“M”两种不同的计算标准分别制定费率，因该种费率计算复杂，在实际业务中较少使用。

【案例5】集装箱班轮运费计算

现有3个40英尺标准集装箱从上海运往洛杉矶，运费率为3148美元/40′，另有燃油附加费率5%，货币贬值附加费率10%。运费如何计算?

解：基本运费=3×3148=9444（美元）

附加运费=9444×（5%+10%+5%×10%）=1463.82（美元）

总运费=9444+1463.82=10907.82（美元）

2. 拼箱货计费标准

拼箱货的计费标准与杂货班轮相同，即按照货物的实际计费吨计收运费。另外，还要加收与集装箱运输有关的费用，如拼箱服务费等。由于拼箱货涉及不同的收货人，因此拼箱货无法接受货主提出的选卸港或变更目的港的要求，拼箱货的海运运费中没有选卸附加费和变更目的港附加费。

拼箱货计费标准主要有以下几种。

① 按货物的毛重计收，以重量吨（Weight Ton）为计费单位，班轮运价表中以“W”表示。每1公吨（1公吨=1吨）为1重量吨，1重量吨以下取小数点后三位，第四位四舍五入。

② 按货物的体积计收，以体积吨（Measurement Ton）为计算单位，班轮运价表中以“M”表示。每1立方米为1体积吨，称为尺码吨。1体积吨以下取小数点后三位，第四位四舍五入。

尺码吨与重量吨统称运费吨（Freight Ton）。

③ 按毛重或体积从高计收，在班轮运价表中用“W/M”表示。

④ 按货物的价格计收，称为“从价运费”。在班轮运价表中用“A.V.”或“Ad. Val.”表示，一般按FOB货价的一定的百分比收取。

⑤ 按货物的毛重、体积、价格从高计收，运价表中用“W/M or A.V.”表示。

⑥ 按货物的件数计收。有些货物不便衡量重量或测量体积，如活牲畜、汽车等，均按件（只、头、辆）为单位计算运费。

⑦ 临时议定运价。在运价表中，注有“Open Rate”字样。

【职业素养栏目】为物流业骄傲，为献身物流业做准备

物流业在社会经济发展中具有十分重要的地位，未来能献身物流业、为支撑经济发展贡献一份自己的力量是我们的幸运和骄傲。作为一名在校生，应该勤奋刻苦，努力提升职业素养，为献身物流业做准备。扫描二维码，阅读案例资料，并对提出的问题展开讨论。

阅读材料

课后习题

一、单选题

1. 国际货物运输中，货运量最大的运输方式是（　　）。

A. 铁路运输　　B. 海上运输　　C. 航空运输　　D. 公路运输

2. （　　）运输方式有固定的航线、固定的停泊港口、固定的船期和相对固定的费率。

A. 班轮运输　　B. 航次租船　　C. 定期租船　　D. 光船租船

3. 以下对航空运输的描述不正确的是（　　）。

A. 运输速度快　　B. 破损率低、安全性好

C. 载重量大　　D. 易受天气影响

4. （　　）是指由船舶所有人按照租船合同的约定，将一艘特定的船舶在约定的期间交给承租人使用一段时期的租船方式。

A. 班轮运输　　B. 航次租船　　C. 光船租船　　D. 定期租船

5. 小张将5位托运人发往东京的货物集中为一批，向航空公司办理托运手续，填写一份总运单发运到同一到站，该运输方式是（　　）。

A. 班机运输　　B. 包机运输　　C. 集中托运　　D. 商业快递

6. 在专用线路上行驶，几乎不受气候影响，一年四季可以不停歇、有规律、准确地运行的跨境运输方式是（　　）。

A. 跨境铁路运输　　B. 跨境海上运输　　C. 跨境公路运输　　D. 跨境航空运输

7. 班轮运输中的收货单由（　　）签署。

A. 托运人　　B. 货运代理　　C. 船长　　D. 大副

8. 船公司或其代理人签发给托运人，用以证明海上货运合同和货物已经由承运人接收或者装船，以及承运人保证在目的港据以交付货物，且可以转让的单证是（　　）。

A. 提货单　　B. 提单　　C. 载货清单　　D. 托运单

9. 某公司在办理两个40英尺集装箱的整箱货托运手续时，班轮运费的计费标准为3582美元/每箱，与箱内货类、等级、重量无关，这种计费标准采用（　　）费率。

A. FCS包箱费率　　B. FCB包箱费率

C. FOB包箱费率　　D. FAK包箱费率

二、多选题

1. 海上运输系统由（　　）基本要素构成。

A. 船舶　　B. 港口　　C. 货物　　D. 航线

2. 以下属于海上运输特点的有（　　）。

A. 天然航道，通过能力大　　B. 载运量大

C. 运费昂贵　　D. 速度慢，风险大

3. 海上运输的组织方式主要有（　　）。

A. 班轮运输　　B. 甩挂运输　　C. 租船运输　　D. 班机运输

4. 航空运输的主要组织方式有（　　）。

A. 班机运输　　B. 包机运输　　C. 集中托运　　D. 商业快递

5. 国际铁路运输的组织方式包括（　　）。

A. 整车运输　　B. 零担运输

C. 租车运输　　D. 国际铁路货物联运

6. 国际公路运输的特点包括（　　）。

A. 灵活性好，可实现“门到门”

B. 陆地边境口岸边境贸易货物运输的主要方式

C. 运载量小，运输成本高

D. 为其他运输方式的货物集散、中转提供必不可少的衔接和补充功能

7. 现行的国际标准集装箱规格尺寸包括4种箱型13种规格，分为A型箱、B型箱、C型箱、D型箱，长度分别为（　　），宽度均为8ft，高度有（　　）4种。

A. 40ft、30ft、20ft和10ft　　B. 50ft、40ft、30ft和20ft

C. 9.6ft、8.6ft、8ft和小于8ft　　D. 9.6ft、8.6ft、8ft和小于8ft

8. 目前，各国（地区）大部分集装箱运输都采用（　　）集装箱。

A. 10ft　　B. 30ft　　C. 20ft　　D. 40ft

9. 班轮运输的运费由（　　）构成。

A. 基本运费　　B. 附加运费　　C. 燃油费　　D. 装船费

10. 某集装箱的识别标记为CBHU 2101007，集装箱箱主代码为（　　），该集装箱属于（　　）班轮公司。

A. CBH　　B. 中国海运　　C. 210100　　D. 中国远洋

三、判断题

1. 海上运输费用低廉，但对货物的种类限制多，对单个货物的体积、重量限制也较多。（　　）

2. 班轮运输最基本的特点是有固定的航线、固定的停泊港口、固定的船期和相对固定的费率。（　　）

3. 货物航空运输方式有纯货机运输和客机腹舱运输两种，纯货机运力是客机腹舱运力的好几倍。（　　）

4. 顺丰速运利用末端揽收网点揽收包裹，然后利用航空公司客机腹舱运输到境外，这属于集中托运方式。（　　）

5. 海运快船是非常适合跨境电商物流需求的一种新型海运组织模式，特点是航程较短、时效较快，一般有自己的专用码头。（　　）

6. 铁路运输是一种几乎不受气候影响，一年四季可以不停歇、有规律、准确地运行的运输方式，其优点是灵活性好，直达性好。（　　）

7. 现行的国际标准集装箱规格包括4种箱型，4种箱型的宽度均为8ft，长度分别为50ft、40ft、30ft和20ft。（　　）

8. TEU用来表示船舶装载集装箱的能力，也是集装箱和港口吞吐量的重要统计、换算单位。国际上，把40英尺集装箱计为1个TEU。（　　）

9. 某集装箱的识别标记为MSCU 8622218，根据箱主代码，该集装箱是马士基航运公司的。（　　）

10. FCS包箱费率也称均一包箱费率，即不细分箱内所装的货类、货量，只按照箱型制定费率。（　　）

四、简答题

1. 对比海上运输、航空运输、铁路运输和公路运输的优缺点，谈谈你对运输方式选择的思考。

2. 班轮运输的特点是什么？简述集装箱班轮运输流程。

3. TEU的含义是什么？具有什么作用？

4. 国际标准集装箱的规格尺寸有几种箱型，尺寸分别是什么？

跨境电商出口物流通关

知识目标

- 理解“9610”和“1210”出口通关模式
- 掌握“9610”和“1210”出口通关流程
- 理解“9710”和“9810”出口业务模式
- 掌握“9710”和“9810”出口通关申报
- 掌握主要国家的海关监管规定

能力目标

- 能完成“9610”和“1210”出口通关的物流信息申报
- 能完成“9710”和“9810”出口通关的物流信息申报
- 能根据客户需求为客户制定出口方案
- 能为客户讲述避免海关扣关的注意事项

职业素养目标

- 培养社会主义核心价值观
- 树立本专业领域的工匠精神
- 培养遵纪守法、安全生产意识
- 树立劳动意识和环保意识

任务一 境内出境通关

任务背景

跨境电商“9610”出口通关模式在南昌国际邮件互换局成功开通，首批10000件跨境出口邮件顺利验放出境。没有开通跨境电商“9610”出口通关模式之前，江西本土电商企业的出口货物需要运到北京、上海、深圳等口岸进行出口，而且发运10件不同的衣服，就要申报10次，手续繁多，成本较高，给江西当地的跨境电商业务开展增加了不少困难。

跨境电商“9610”出口通关模式在南昌正式开通后，跨境电商企业可以在南昌实现货物出口，还能通过提交清单给海关的方式进行验放，最后一并汇总申报，大大提高了通关效率。

任务问题

请回答：什么是跨境电商“9610”出口通关模式？“9610”出口通关模式是怎么操作的？该模式有什么优势？开通跨境电商“9610”出口通关模式对发展跨境电商业务有怎样的意义？

知识准备

一、通关的含义

国际贸易是通过运输工具、货物、物品的进出境来实现的，在进出境活动中，通关是必不可少的环节。通关是指进出境运输工具负责人、货物的收发货人及其代理人、物品的所有人向海关申请办理货物的进出境手续，海关对其呈交的单证和实际进出口货物依法进行审核、查验、征收税费、批准进口或出口的全部过程。

二、跨境电商B2C出口通关

跨境电商B2C出口通关有“9610”出口通关和“1210”出口通关两种模式。

（一）“9610”出口通关

1. 什么是“9610”出口通关

“9610”是专为跨境电商零售进出口业务通关设置的海关监管方式代码，全称“跨境贸易电子商务”。

“9610”出口通关是指跨境电商企业根据境外消费者的网购订单，直接从境内启运订单商品，在跨境电商零售出口监管场所完成申报、查验、放行等海关监管手续，商品以邮件、快件方式运送出境的模式。该模式又称一般出口，或直购出口。

【知识链接】“9610”海关监管方式代码

为促进跨境电商零售进出口业务发展，方便企业通关，规范海关管理，实现贸易统计，

2014年1月，海关总署发布2014年第12号公告，主要内容如下。

（1）增列海关监管方式代码“9610”，适用于境内个人或电子商务企业通过电子商务交易平台实现交易，并采用“清单核放、汇总申报”模式办理通关手续的电子商务零售进出口商品（通过海关特殊监管区域或保税监管场所一线的电子商务零售进出口商品除外）。

（2）以“9610”海关监管方式开展电子商务零售进出口业务的电子商务企业、监管场所经营企业、支付企业和物流企业应当按照规定向海关备案，并通过跨境电子商务通关服务平台实时传送交易、支付、仓储和物流等数据。

2. “9610”出口通关的优势

“9610”出口通关的核心是采用“清单核放、汇总申报”模式办理通关手续，该模式具有以下几个优势。

（1）采用清单核放，海关只需对跨境电子商务企业事先报送的出口商品清单进行审核，审核通过后就可办理放行手续，解决了以往按一般贸易模式报关时，需逐个包裹填写报关单，消耗大量的时间、人力和物力才能完成通关手续的问题。采用清单核放办理通关手续既可以降低报关成本，也可以提高通关效率。

（2）采用汇总申报，在每月指定日期将上月结关的申报清单集中起来申报一份报关单，解决了跨境电商出口包裹逐个报关成本高的问题。

（3）跨境电商申报信息可作为税务附报内容，支持跨境电商出口企业无忧退、免税。

【案例】“清单核放 汇总申报”通关模式在福州正式开通

首票跨境电商零售出口货物从福清鑫洋仓供应链管理有限公司海关监管场所验放出境。这批跨境电商出口包裹共2852件，主要为日用品、服装等，通过海关的跨境电商出口统一版系统完成“9610”跨境电商出口数据申报，通过海关查验、放行等海关监管手续后，顺利发运出境。以往按照一般贸易出口，需要对2852件包裹逐一报关，不仅增加海关查验成本，也降低了通关效率。而在“9610”出口通关模式下，海关只需对企业事先报送的出口商品清单进行审核，通过后即可办理货物放行手续，进一步优化了企业出口流程，降低企业通关成本，让企业享受到更多税收优惠政策。

3. “9610”出口通关的流程

“9610”出口通关流程如图5-1所示。

出口通关是指从消费者下单到包裹发运离境这一过程。参与主体有消费者、跨境电商平台、跨境电商企业、海关、物流企业、监管场所等。海关作为监管方，一是采集各参与主体发送的信息，通过数据比对核实交易的真实性与合规性；二是对实物流进行布控查验，两者都通过才能放行。“9610”出口通关流程如下。

“9610”出口通关流程

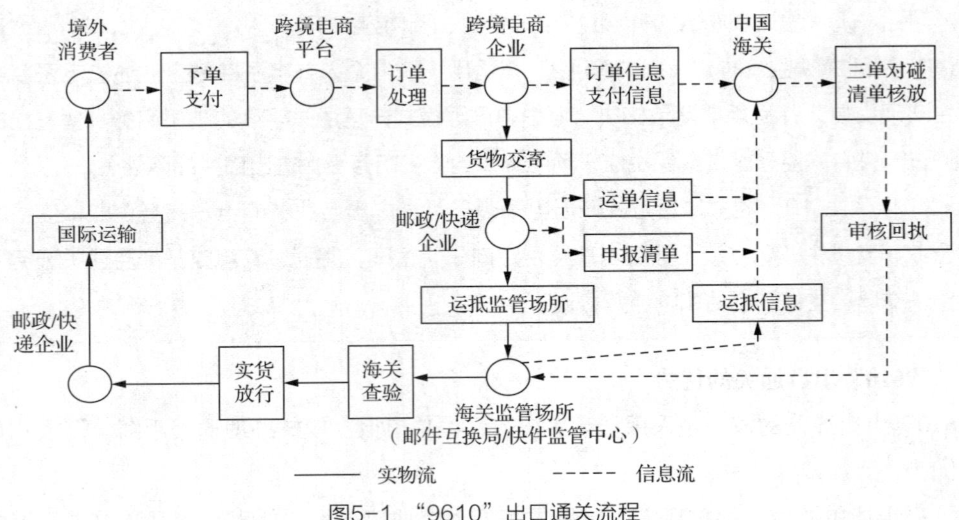

图5-1 “9610”出口通关流程

（1）境外消费者通过跨境电商平台下单、支付。

（2）跨境电商平台将订单信息和支付信息传输给跨境电商企业，跨境电商企业根据订单信息将商品打包成小包裹，准备交寄给物流企业（邮政/快递企业）；同时将订单信息传输给物流企业，便于物流企业安排运力揽收包裹。此外，跨境电商企业还要通过通关服务平台向海关传输订单信息和支付单信息。

（3）物流企业收到跨境电商企业的订单信息后，制订物流运输计划并上门揽收包裹，在揽投部对包裹进行分拣、称重等内部处理，然后将包裹运抵跨境电商出口监管场所（如邮件互换局/快件监管中心）；与此同时，通过通关服务平台向海关传输运单信息。

（4）包裹运抵监管场所后，监管场所通过通关服务平台向海关发送包裹运抵信息，便于海关对实货进行布控查验。

（5）清单申报。物流企业通过通关服务平台向海关传输“申报清单”，等待海关“清单核放”的放行结果。

（6）三单对碰，清单核放。海关将“三单”信息与“申报清单”信息进行电子比对，确认无误后系统发送放行回执指令。

（7）实货放行。收到海关“清单核放”的放行回执后，货物在监管场所接受海关查验，过机安检通过后，由邮政/快递企业将货物交航空货站，等待装机运输出境。

【知识链接】“三单”信息包括什么？

订单信息包括：订单号、订购人信息、商品列表、单价、实付金额、税额、支付单号、支付时间、支付人信息、收货人信息等。

支付单信息包括：支付单号、金额、订单号、支付人信息、手机号等。

物流单信息包括：运单号、订单号、商品信息、收件人信息、快递公司名称等。

“三单对碰”就是比对订单信息、支付单信息、物流单信息是否相互匹配、相互印证，从而验证跨境电商交易的真实性、合法性。

【知识链接】什么是“申报清单”？

“申报清单”全称叫作《中华人民共和国海关跨境电子商务零售进出口商品申报清单》，它是在订单、支付单、物流单的基础之上，形成的符合海关电子审核需求的规范化申报数据。采用“清单核放”方式办理报关手续时，“申报清单”与《中华人民共和国海关进（出）口货物报关单》具有同等法律效力。

【知识链接】相关术语解释

1. 跨境电子商务通关服务平台——是指由电子口岸搭建，实现企业、海关以及相关管理部门之间数据交换与信息共享的平台。

2. 跨境电商企业——是指从境内向境外消费者销售跨境电子商务零售出口商品的企业，是境内注册的企业。

3. 物流企业——是指在境内办理工商登记，接受跨境电子商务企业的委托，为其提供跨境电子商务零售出口物流服务的企业，具备由国家邮政管理部门颁发的快递业务经营许可证。

4. 监管场所——是指按照海关规定建立符合监管要求的计算机管理系统，配置X光机检验设备，且按照海关要求交换电子数据的场所。开展“9610”出口通关的监管场所还需要按照快递类或邮递类海关监管作业场所规范进行设置。

（二）“1210”出口通关

1. 什么是“1210”出口通关

“1210”出口通关是指跨境电子商务企业把整批商品按一般贸易报关，送入海关特殊监管区域，并实现退税；当境外消费者下单后，再根据每笔订单办理海关通关手续，在保税仓库完成打包、贴标，经海关查验后放行，由邮政企业或国际快递企业运输出境的通关模式。“1210”出口也称特殊区域出口或保税出口。

“1210”出口通关模式目前只能在政策允许的B型保税物流中心执行，跨境电商企业可以将尚未销售的货物整批发至境内保税物流中心，再进行网上零售，卖一件，清关一件，没卖掉的不能出保税中心，也就无须报关。

2. “1210”出口通关的优势

“1210”是海关总署在2014年第57号公告中增列的海关监管方式代码，全称“保税跨境贸易电子商务”，简称“保税电商”。“1210”出口通关适用于境内个人或电子商务企业在经海关认可的电子商务平台实现跨境交易，并通过海关特殊监管区域或保税监管场所进出的电子商务零售进出境商品的通关。该模式具有以下几个优势。

（1）促进阳光通关

在“1210”出口通关模式出现之前，跨境电商出口订单面临的主要问题就是不规范、不透明、不真实，很多卖家没有报关单据，无法退税。在“1210”出口通关模式下，线下到线上整个流程实现可监控、可追溯，可以为卖家提供合规出口申报数据。

（2）加速退税流程

“1210”出口通关模式下，货物进入海关特殊监管区域即退税，相比“离境退税”，可以让卖家实现快速退税，而不必等到货物真正销售出去才做退税申报，加速退税流程，提高资金的使用效率。

（3）降低退货成本

电子商务企业通过“1210”出口通关模式出口的货物，还可以退回保税区进行保税维修再销，可以节约售后退货成本。

3. “1210”出口通关的流程

“1210”出口通关流程如图5-2所示。

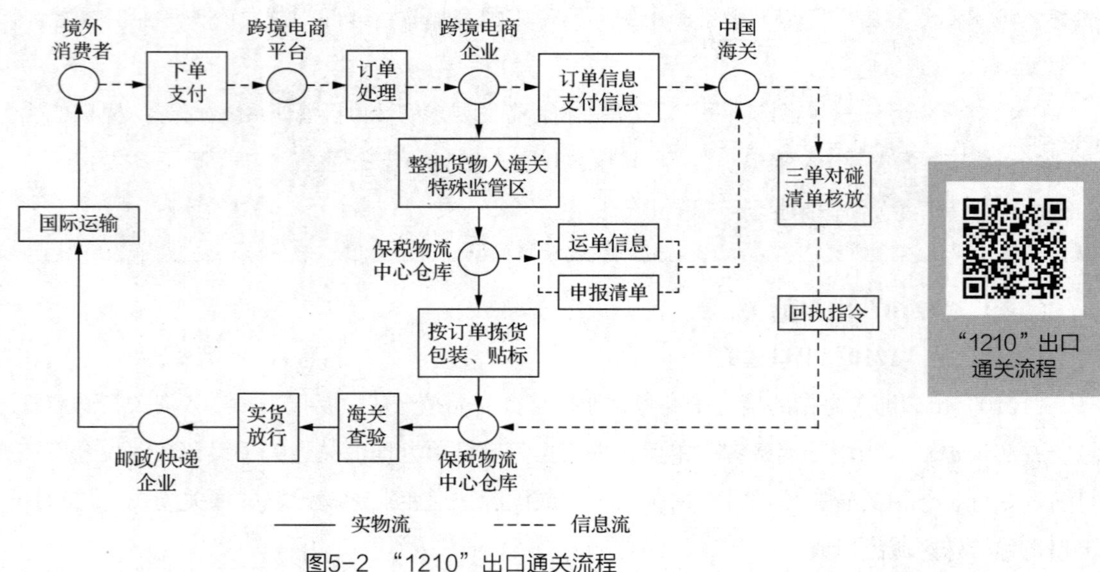

图5-2 “1210”出口通关流程

（1）货物整批进入保税区。符合条件的跨境电商企业或平台与海关联网，然后把整批商品按一般贸易报关，货物进入海关特殊监管区域，并实现退税。

（2）境外消费者下单。跨境电商企业在跨境电商平台上备案，境外消费者通过跨境电商平台在境外下单，产生“订单、支付”信息。

（3）传输“订单、支付”信息。跨境电商企业通过通关服务平台向海关传输“订单、支付”信息，同时向保税物流中心仓库推送订单信息，通知保税物流中心仓库拣货。

（4）按单拣货，出库报关。保税物流中心仓库按消费者订单拣货、复核、包装、贴标，同时向海关推送运单信息和申报清单。

（5）“三单对碰，清单核放”。海关对“三单”信息和“申报清单”信息进行电子比对，确认无误后系统发送放行回执指令。

（6）保税物流中心仓库出库发运。保税物流中心仓库将放行货物出库，在监管场所接受海关查验，放行货物交邮政/快递企业运输出境。

【课堂活动】

2人一组，分析“9610”出口通关和“1210”出口通关在申报场所和通关流程方面有哪些区别?

通关模式	申报场所	通关流程
“9610”出口通关		
“1210”出口通关		

三、跨境电商B2B出口通关

（一）跨境电商B2B出口业务模式

跨境电商B2B出口是指境内企业通过跨境物流将货物运送至境外企业或海外仓，并通过跨境电商平台完成交易的贸易形式。跨境电商B2B出口包括跨境电商B2B直接出口和跨境电商出口海外仓两种业务模式。

1. 跨境电商B2B直接出口

跨境电商B2B直接出口是指境内的跨境电商企业通过跨境电商平台与境外企业达成交易后，通过跨境电商物流将货物直接发给境外企业的贸易形式。跨境电商B2B直接出口也称为“9710”出口。

“9710”是海关总署2020年第75号公告增列的海关监管方式代码，全称“跨境电子商务企业对企业直接出口”，简称“跨境电商B2B直接出口”，适用于跨境电商B2B直接出口的货物。“9710”跨境电商B2B直接出口业务模式如图5-3所示。

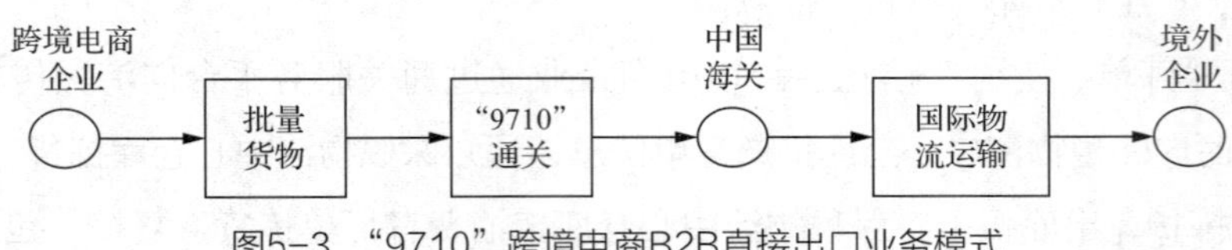

图5-3 “9710”跨境电商B2B直接出口业务模式

2. 跨境电商出口海外仓

跨境电商出口海外仓是指境内的跨境电商企业将要销售的货物批量出口至海外仓，当境外消费者网购下单后，再从海外仓将商品发送给消费者。跨境电商出口海外仓也称为“9810”出口。

“9810”是海关总署2020年第75号公告增列的海关监管方式代码，全称“跨境电子商务出口海外仓”，简称“跨境电商出口海外仓”，适用于跨境电商出口海外仓的货物。“9810”跨境电商出口海外仓业务模式如图5-4所示。

“9710”出口和“9810”出口的区别

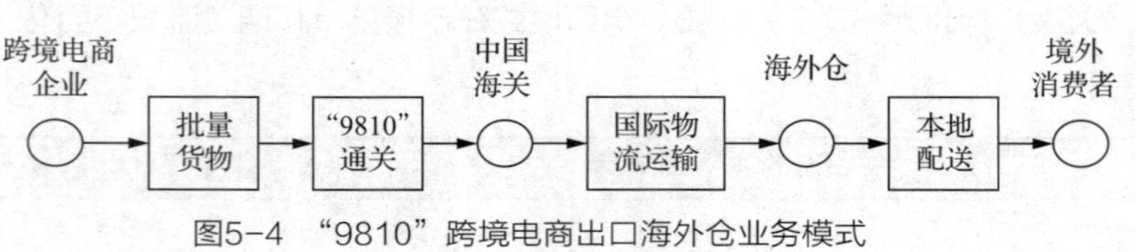

图5-4 “9810”跨境电商出口海外仓业务模式

【课堂活动】

从商品运输轨迹来看，“9710”出口和“9810”出口有什么区别?

（二）跨境电商B2B出口通关管理

1. 注册登记

跨境电商企业、跨境电商平台企业、跨境电商物流企业等参与跨境电商B2B出口业务的境内企业，应当依据海关报关单位注册登记管理有关规定，向所在地海关办理注册登记。

2. 备案要求

开展出口海外仓业务的跨境电商企业，还应当在海关开展出口海外仓业务模式备案。

3. 数据传输

跨境电商企业或其委托的代理报关企业、境内跨境电商平台企业、跨境电商物流企业应当通过国际贸易“单一窗口”或“互联网+海关”向海关提交申报数据、传输电子信息，并对数据真实性承担相应法律责任。

4. 检验检疫

跨境电商B2B出口货物应当符合检验检疫相关规定。海关实施查验时，跨境电商企业或其代理人、监管场所经营人应当按照有关规定配合海关查验。

5. 监管试点

目前，跨境电商B2B出口在北京海关、天津海关、南京海关、杭州海关、宁波海关、厦门海关、郑州海关、广州海关、深圳海关、黄埔海关开展跨境电商B2B出口监管试点，根据试点情况将及时在全国海关复制推广。

跨境电商B2B出口通关申报

（三）跨境电商B2B出口通关申报

1. 报关单申报模式

若单票货值高于5000元人民币，或涉证、涉检、涉税的货物，企业必须采用报关单申报模式，如图5-5所示。“9710”监管方式需要申报“交易订单和报关单”，“9810”监管方式需要申报“海外仓订仓单和报关单”。

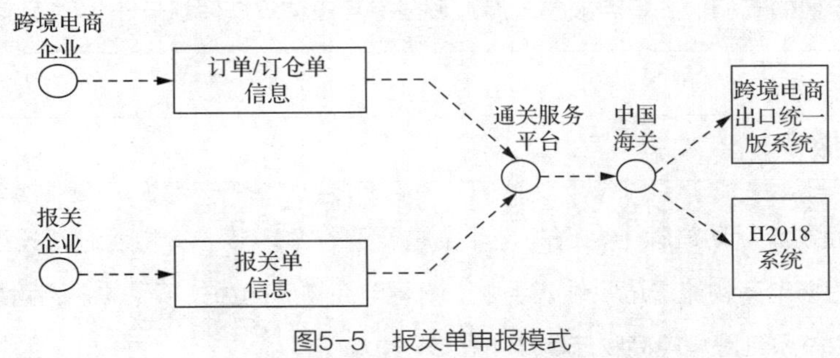

图5-5 报关单申报模式

（1）跨境电商企业通过通关服务平台向海关传输“9710”出口模式下的订单或“9810”出口模式下的“订仓单”信息。

（2）由报关企业通过通关服务平台向海关申报“报关单”信息。

（3）“订单/订仓单”信息进入海关的跨境电商出口统一版系统，“报关单”信息则进入海关的H2018系统，办理通关手续。

2. 清单申报模式

若单票货值在人民币5000元以内，且不涉证、不涉税、不涉检的货物，企业可选择采用清单申报模式或报关单申报模式进行申报。

清单申报模式下，“9710”出口需要申报“交易订单、收款单（可选）、运单、清单”电子信息；“9810”出口需要申报“海外仓订仓单、收款单（可选）、运单、清单”电子信息，如图5-6所示。

（1）跨境电商企业通过通关服务平台向海关报送“9710”出口的“订单”或“9810”出口的“订仓单”以及“收款单”信息。注意，这里的“收款单”信息也可不报。

（2）物流企业通过通关服务平台向海关报送“运单、清单以及离境单”信息。

（3）监管场所通过通关服务平台向海关报送“运抵单”信息。

（4）上述申报信息进入海关的跨境电商出口统一版系统，办理通关手续。

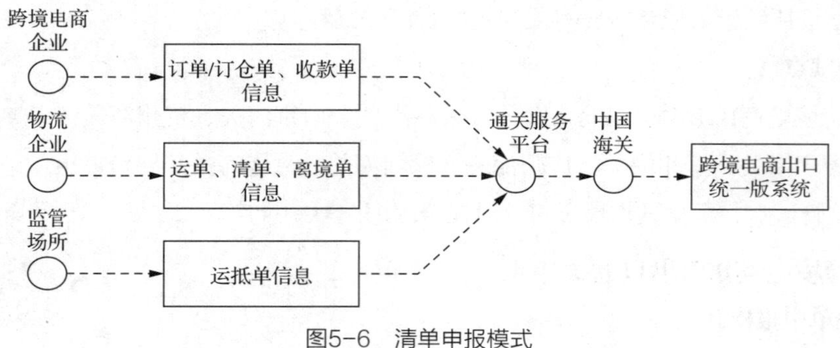

图5-6 清单申报模式

【做一做】

讨论清单申报模式和报关单申报模式涉及哪些参与主体，解释这些主体的定义和作用。

【做一做】

在跨境电商物流活动过程中，通关是非常重要的一个环节，货物通过海关查验并放行之后，才能通过跨境电商物流送达收件人手中。跨境电商物流的通关不仅关系到跨境电商出境是否合规，同时也关系到跨境电商物流的成本和效率。

为促进我国跨境电商出口业务的发展，近些年，国务院和海关总署出台一系列促进跨境电商出口通关便利化的文件和措施。请你搜集资料，全面学习《海关总署公告2014年第12号》《海关总署公告2014年第56号》《海关总署公告2014年第57号》《关于促进跨境电子商务健康快速发展的指导意见》《海关总署公告2020年第75号》等文件内容，谈谈这些文件的出台对促进我国跨境电商出口贸易发挥了怎样的作用?

任务二 境外入境清关

任务背景

货物为什么险些被扣

清关查验一直是所有跨境电商卖家面临的难题，一旦不注意细节，就可能出问题。例如，经营跨境电商的张先生选择海运方式运送一批“棉质服装”到英国的亚马逊海外仓，计划赶在圣诞节出货，可是货物刚到英国南安普顿，就被英国海关通知需要进行线路2的查验。

线路2的查验由英国海关的“税务部门”负责，主要查验的是低申报货物，但是由于低申报，海关还会检查货物的材质、品名、数量、单价等是否存在瞒报行为。如果被检查出存在瞒报行为，那么这票货物通常会被英国海关没收。此次张先生的货物被英国海关没收的原因并非“低申报”，根据海关给出的查验通知，原来是因为张先生在填写申报资料的时候把产品的“海关编码”填错了，这原本是一批“棉质服装”产品，在申报时填写的海关编码却显示为“尼龙服装”产品，因此导致申报的材质与产品真实材质不一样。从产品的清关税率来看，“棉质服装”和“尼龙服装”要缴纳的关税是一样的，张先生并没有在主观意识上要逃税和瞒报，仅仅是因为在填写申报资料的时候不够谨慎而错填了其他品类的海关编码。

然而这种行为在英国海关看来却完全不一样，这是属于材质上的瞒报行为。因为有的跨境电商卖家就是试图通过“海关编码”来逃税，原本按照产品的“海关编码”需要缴纳12%的关税，但是在申报的时候却填写了另外一个低税率的“海关编码”，从而规避了原来应该缴纳的关税。对于这样的问题，英国海关一般处理的结果是整批货物直接没收或下令销毁。

此案中，因为张先生没有刻意存在逃税和瞒报行为，英国海关也给了一次申诉的机会，但如果是采用低税率的海关编码来逃税的客户，海关是绝不会给申诉机会的。因此，广大跨境电商卖家一定要注意清关细节，避免因为一个疏忽而造成不可挽回的重大损失。

任务问题

李先生的货物为什么险些被扣？境外清关应注意哪些问题？如何避免出现货物被扣关？

知识准备

与境内电商物流相比，跨境电商物流面临更多的挑战，可能涉及许多与商品清关及贸易规则有关的问题或纠纷。作为成熟的跨境物流从业人员，应该熟悉目的地海关的监管要求，避免被海关扣关的风险。

一、主要国家的海关监管规定

（一）美国

美国海关（美国海关与边境保护局，CBP），隶属美国国土安全部。美国海关提供了很多合规性指引文件，如“商业进口指南”文件，申报“合理关注问题清单（Reasonable Care Checklists）”等，以问答的方式提示进口商需要关注的问题，强调进口商在进行HTS、价格、原产地等项目的申报时要合理谨慎，疏忽、过失或欺诈都会受到不同程度的处罚。

1. 进口清关方式

美国进口包裹的清关方式有邮政清关、快件清关、货物清关。这3种清关方式的对比如表5-1所示。

表5-1 美国进口包裹清关方式对比

清关方式	邮政清关（USPS）	快件清关（ECCF）	货物清关（CFS）
预计清关时效	1～3天	预清关或到达后数小时内	2～4天
清关费用	无	1美元/件	批量收费
周末是否清关	否	是	否
查验扣货时间	2～4天	24小时	2～4天
旺季清关延误	是	否	是

（1）邮政清关

美国邮政每天的进口邮件量巨大，主要通过纽约、芝加哥、旧金山、洛杉矶和迈阿密五大国际邮件处理中心接收来自世界各地的进口邮件。美国海关会入驻国际邮件处理中心对邮件进行监管、过机抽查及开箱查验。邮政清关无手续费，但周末不清关，旺季清关可能有延误。

（2）快件清关

FedEx、UPS、DHL三大快递企业的快件寄往美国时，其一架飞机的货物只有一个货代，且三大快递企业有各自的海关监管场地及报关资质，海关现场派驻清关。对于多代理的集拼货物寄往美国时，就需要用公共的快件清关场地（Express Consignment Clearance Facility，ECCF）进行清关了。商业快件入境清关时效高，按预申报先放货，在航班起飞之前，清关数据预先传送到目的地海关，航班抵港时海关已经审核完毕，但商业快件清关有手续费。

（3）货物清关

第三种清关类型是集装箱货运站（Container Freight Stations，CFS）清关，主要是处理空运/海运拼箱货的场所，与ECCF清关相比，通过CFS清关的包裹不收取单件费用，有批量清关的成本优势；缺点是速度慢，周末不处理，旺季清关有延误的现象。

2. 进口清关申报形式

美国的关税法案“Section 321”规定，单件申报价值在800美元（含800美元）以内的包裹，免税并直接放行，不需要商业发票，不需正式报关，用仓单做申报和核销，收件人就是IOR（Import of Record）。美国进口清关申报形式如表5-2所示。

表5-2 美国进口清关申报形式

非正式报关（Infonnal Entry）	单件申报价值≤800美元	低货值免税范围，不需要提供海关编码（HTS）及箱单，用仓单做批量报关
	进口配额商品限值≤2500美元，且800美元<价值≤2500美元的商品	需提供产品装箱单、发票、HTS等，按照HTS的税率直接计算关税，由物流公司代缴代办，收取进口商品处理费用，一件货物2～9美元

续表

正式报关（Fonnal Entry）	2500美元＜价值≤10000美元的商品	正式入境报关单（Form 7533/3461），提供商品HTS、产品装箱单、发票、提单等，收货人给报关行POA（进口清关委托书）及EIN（税号），提供Bond（海关保证金）并缴纳税费。清关最低收费25美元，经常性进口的IOR（进口商）可使用ACH自动税费结算账户
正式报关（Fonnal Entry）	价值>100000美元及需要政府批准的商品	进口配额、反倾销、反补贴及出口退回的，需走特殊清关流程，大批量高货值通常都需要依赖本土清关代理清关

价值在2500美元（含2500美元）以内的包裹，需提供产品装箱单、发票、HTS海关编码等，按照HTS的税率直接计算关税，由物流企业向收件人收取关税和清关手续费；对于申报价值大于2500美元且小于100000美元的包裹，会被扣在国际邮件处理中心或快件监管中心内，由物流企业通知收件人做正式进口报关；对于价值大于100000美元及需要政府批准的商品，则需要依赖本土清关代理清关。美国海关给予报关行明确的资质，负责预归类、预审价和原产地预先确定等制度的落实，并有权追溯5年以内所有进口申报记录有无虚假。

（二）俄罗斯

中俄两国拥有漫长边境线，拥有珲春、黑河、绥芬河和满洲里四大贸易口岸，跨境运输非常便捷，俄罗斯邮政来自中国的进口包裹占到90%以上。俄罗斯邮政（简称俄邮）是当地的主要配送商，占整个市场的70%，直邮小包是俄罗斯邮政较常用的物流方式，近年来发展较快。

俄罗斯海关对小包裹价值有严格限制，时常调整免税进口额，最新规定是消费者每人每月可以累计接收价值在1000欧元以内、重量在31kg以内的境外包裹，如果包裹超过此限制，则会产生关税，此税费需由消费者承担；在同一包裹中若有超过5个相同的商品，海关将视其为非自用物品而拒绝清关并退运。个人商业清关必须提供纳税号等个人信息，发往俄罗斯的很多线上物流开始使用个人商业清关，在下单时平台会要求卖家填写相关个人信息，卖家要提前和消费者沟通相互配合清关，在线签署清关授权协议，清关失败大多是因为申报资料提供不全而导致的。

（三）欧盟

欧洲的通关手续有两种方式，一种是直接在国际运输抵达的口岸清关，再经内陆运输至目的地，是多数快递及空派专线采取的落地清关模式，然后“货转邮”配送；另一种是在口岸港转关（Cross）而非清关（Clear），包裹到达目的地还会另行清关征税，例如有些专线包裹在荷兰、比利时等地进口，意大利或德国收件人还要在当地缴纳关税。

欧盟“新电商增值税法”于2021年实施，实现一个VAT（Value Added Tax）通用。该税法规定所有从境外直发进口至欧盟的包裹，只要货值在150欧元以下，就免征进口VAT，但需要出口商/卖家注册VAT税号，取消22欧元VAT低值包裹豁免条款，并向税务局申报销售VAT，不再接受由税务代理人代缴进口税费。

税务部门保留对历史问题订单征收惩罚性税收的权利。海外仓卖家在进行税务登记、取得VAT税号后，需留存产品销售链接，将其作为税务部门复核销售税及免税货物的依据，并保留在欧盟地区销售税申报的完税凭证，以备税务部门对海外仓的出库订单抽查。

欧盟各成员方的申报单信息基本相同，海外仓企业必须根据税务局要求做好KYC（Know Your Customer）客户管理，如校对客户VAT税号、留存进口申报文件、记录配送及物流单证等信息。如果海外仓企业没有遵照要求对自己的客户做好把关，则要承担客户的税务连带责任。

【案例】欧盟统一市场如何清关?

货物从中国起运，包裹所贴荷兰邮政标签含有CN 22/23报关单，货物到达阿姆斯特丹的邮政处理中心，在完成了货转邮的操作后被转往瑞典，但包裹在荷兰并未清关。清关动作实际是在瑞典的斯德哥尔摩国际互换局完成的，这类包裹会被视为从欧盟以外入境的包裹。如果先将货物空运至欧盟境内某个国家，对货物进行商业清关，则此后货物就等同进入欧盟内部，无须对其做二次清关。

（四）日本

日本市场有更规范的法规制度，在通关方面比较严格。根据日本《关税法》规定，一般情况下，应将进口货物运入保税区域后，再向海关申报。海关接到进口申报后，进行单证审查和必要的货物查验，需要缴纳关税的货物原则上待企业缴纳关税后，海关予以放行，企业方能提货。但也存在例外规定，例如，散装货物，蔬菜、鱼类等需快速运走的航空货物等可不运入保税区域。此外，具备以下条件，向关长提出关税担保并获得关长同意后，可先提货。

（1）贵重品、危险品，有变质、损坏可能的货物。

（2）因参加展览会受时间限制的货物。

（3）因适用特惠税率待交原产地证书的货物。

（4）合同规定卸货后需核实数量，申报时数量还未确定的货物。

符合特例申报制度规定的，可先放行，后纳税。适用特例申报制度的对象主要是通过了安全性管理和遵纪守法风险控制机制，并经关长批准的“特例进口者”，目的是降低进口者成本，增加便利性。

日本没有VAT和KYC审核，常规进口的80%以上货物是免关税的，但需缴纳消费税。超过1万日元的货物要缴纳3%～5%进口关税和8%的消费税，税费分为多个档位，且海关要求申报单价不得低于该商品在网店售价的25%，否则属于严重低报。邮寄包裹的税额起征点是1000日元。

在进口代理人清关模式下，卖家在海关必须做好店铺商品链接的备案，若通关申报不实，货主可能会面临被扣货及高额罚款；当货物被海关查验时，一旦被认定侵权，货物就会被没收，或商家被追究法律责任并进行经济处罚。普货和FBA货件必须以有进口权的公司的名义清关；若无进口商配合，则基本无法完成清关。

另外，最好不要邮寄清关敏感物品，一切与食品、医疗、美容等人体接触的产品，以及刀具等都很难清关。例如，直接接触人体的物品在日本进口清关时会比较复杂，会产生仓储费，若因无法进口必须销毁时又会产生销毁费用。食品需要提供日本卫生部门的食品卫生检疫证明书；按摩器材需要做医药确认并提供相关的医疗证明资料；玩具必须确认被使用年龄段，否则会按照食品类进行清关，则需要提供食品相关清关许可证资料。

（五）中东

因政治和经济等问题，中东物流更具挑战。一是各国（地区）物流基础设施差异很大，受局势影响，邮政发展相对滞后，一些偏远地区还要靠沙漠驼班邮路，订单密度小，偏远地区派送困难。二是地址没有标准化，中东地区对地址库的维护很差，消费者的网购习惯使他们在收件地址上就填写一个邮政信箱号，收件地址模糊导致难以配送。很多物流商都会到当地邮政购买地址库，通过与自己系统的历史数据对比来匹配消费者的实际地址。三是消费者偏好货到付款，使得物流还承担了收款功能，消费者网购时下单后无须支付，容易反悔和拒收。

在税务方面，各国（地区）规定不一样，相对比较富裕的国家（地区）税率比较低。海湾合作委员会制定的统一VAT税则，目前只在沙特阿拉伯和阿联酋有用，若单票包裹的申报价值在270美元以下，则被视为低值货物，缴纳5%的VAT，大于或等于270美元的货物缴纳“增值税＋关税”。不是特殊的品类，海关查验相对宽松，但不能低于申报价值，申报价值要和货到付款收款额一致。包裹从消费者下订单到消费者收货通常需要15～20天或更长时间。

（六）巴西

巴西曾是全球速卖通在全球出口前三大市场之一，但是由于当地的物流时效和清关问题，中国直邮巴西包裹投递时间在30～60天。巴西海关不仅效率低，而且查验率、扣货率较高，尤其商业快件必查，这些问题让很多卖家对巴西望而却步。

巴西海关与税务合为一体，进口税收采取分级征收，种类多、税率高、累计缴纳。与跨境电商有关的税收有三种：一是联邦税，一般消费品的进口关税税率可达20%～30%，工业品关税税率约为10%；二是州政府的商品服务流通税（类似增值税）税率约为17%；三是清关环节税，税率为2%～10%。邮件运抵巴西，税号须写在运单和发票上。

巴西虽然支持邮件以简易清关的方式进口，但巴西人每年的境外购物免税额只有50美元，因此几乎所有进口货物都需要缴纳关税，对境外包裹普遍征收 5 ～10美元的关税，即使低申报也无用。

2015年巴西新政规定第一种、第二种税收不得免征；对于一般包裹，通常收取5～10美元关税，对3000美元以上的商品征收60%进口税，买家须提前支付，否则会产生清关延误。除邮政清关外，巴西的圣保罗、里约、库里蒂巴等机场可接受快件清关，实现邮政清关和商业清关分流。

【知识链接】巴西对所有国际包裹强制加收清关费

为了抑制进入巴西的国际小包数量，并平衡邮政连年亏损的情况，巴西邮政自2018年年底起，对所有国际包裹强制加收15BRL的清关费，该笔费用用于支持邮政运营，在此之前只针对价值超过50美元的包裹征税。买家有30天的时间在网上支付税费，若逾期未付，则包裹将被退回，付款后巴西邮政才配送上门，自2020年起要求入境包裹打印个人税号。

（七）澳大利亚

澳大利亚海关规定：任何条件下，通过跨境电子商务购买的进口商品都需要依法缴纳进口关税和相关税费。当商品的海关申报价值不足1000澳元时，网购者需要接受商品估价，按照估价向海关申报；当商品的海关申报价值高于1000澳元时，要按照实际价值向海关申报，在没有特殊规定情况时，网购者必须进行海关申报并办理缴纳税费手续。

澳大利亚对进口包裹查验相对宽松，但有着严格的动植物检验检疫程序，植物、食品药品、化妆品、化学类、未经官方熏蒸处理的木制品等都是被禁止进口的。任何物品都必须在面单和发票上清楚注明其新旧、材质和用途，否则易被转入动植物检验程序。一旦货物被开箱查验，即产生大约100澳元的查验费用，查验周期在一周左右。

二、如何避免海关扣关

出于对国家利益的保护，大多数国家（地区）在进口清关、查验、税收、认证等方面都有着严格的规定。跨境电商卖家往往由于缺乏基本常识和疏忽细节，在清关方面出现问题而受阻。清关受阻有以下3种情况：（1）海关直接没收货物；（2）强制退回发货地；（3）要求补充文件资料并在交税后放行。那么如何避免自己的货物发生清关受阻呢？这就要了解常见的海关扣关的原因和规避海关扣关的注意事项。

（一）海关扣关的原因

货物被海关扣关，多半是自身原因导致的，常见的原因有以下几种。

（1）商品的申报价值和海关估价不一致。

（2）申报的品名和实际商品不符。

（3）装箱清单不详。

（4）收货人条件不合格（如没有进口权，个人税号不符等）。

（5）作为个人自用物品超过规定的数量或金额。

（6）与目的国家（地区）的政策法规有冲突。

（二）规避海关扣关的注意事项

要想货物顺利被清关，需要注意以下事项。

1. 商品合规

首先，商家要保证自己的商品不存在侵权、涉嫌违禁品和敏感限制类商品的问题。在销售前，应了解目的国（地区）的监管制度，分析是否与当地法规存在冲突，要保证商品的认证、授权、专利、相关检测等手续和文件齐全。了解商品被查验的规律，例如贵重物品、重件包裹的查验率和扣货率比较高等。

2. 手续齐全

商品进口报关需要准备的单证包括进口许可证、入关单、商业发票、产地证、装箱单和货运单等，还要结合商品属性出具相应认证及产地标签；如果需要收货人协助清关的，首先检查收货人是否具备条件，有无进口权、私人税号等，订购的商品数量是否超出个人物品限值、网购限额等，确保满足条件要求。

3. 如实申报

有些商家可能为了少付税费而低报单价、虚报数量、模糊品名，或者装箱清单不详，作为物流服务商，需要从保护自身及进口商安全的角度考虑，提醒商家注意这些问题。一旦申报价值和海关估价不一致，就要补缴差额甚至罚金。有些物流商为了节省目的港的费用，整板拼货一个主单去申报，这也会大大增加扣关风险。海关的开箱查验比例与本国（地区）当时对待跨境包裹的政策有关，寄往不同的国家（地区），申报策略要有所不同。

【阅读材料】普通跨境电商的知识产权侵权风险及应对措施

一、商标权侵权

商标权侵权是跨境电商经营活动中知识产权侵权频发的“高风险区”。中国海关总署的统计数据显示，在跨境电子商务贸易中，侵犯商标权的产品已占据了所有侵权产品总量的98.48%，属于侵权“重灾区”。一些跨境电商企业往往会利用他人知名商标或品牌已有的影响力，来混淆消费者的视听。在实践中，企业侵害商标权行为多种多样，主要包括将店铺名称或网站域名注册成与商标权人的商标相同或近似、在产品介绍时使用与商标权人相同或近似的商标、售卖标有他人注册商标的产品、销售仿冒产品等行为。

在商标权侵权类案件中，最为著名的是2016年美国婚纱与礼服行业协会以销售假冒产品、侵犯知识产权为由在美国新泽西州地方法院起诉了中国3000多家跨境电商独立站，控告中国企业存在假冒商标、商标侵权、不公平竞争和使用虚假原产地名称的行为。与此同时，近些年来，境外权利人维权的战场已慢慢燃烧至我国。2019年，德国汽车工业协会向北京市海淀区人民法院提起诉讼，称其合法拥有的商标“ADBLUE”被中国公司侵犯了商标权，理由是中国公司在其阿里巴巴相关网站上使用了该标志。中国公司认为，“ADBLUE”在国内就是车用尿素的意思，是一种通用名称，不构成侵权。此外，中方主张自己并未将“ADBLUE”用于产品包装上，仅在阿里巴巴网站关键字中使用。经查，“ADBLUE”是原告于1970年在德国注册的商标，后通过马德里注册申请国际商标，已获得中国商标权保护，且在尿素所属第一类中注册了商标权。因此，中方侵权成立。

二、专利权侵权

相较于著作权侵权与商标权侵权，专利权侵权在知识产权侵权案件中所占的比例并不大，这是由于专利权侵权确认的复杂性与专业性所导致的。在跨境电商活动中，专利权侵权行为主要表现为未经授权假冒、销售权利人的产品；未经权利人许可，许诺销售、销售、进口、制造他人享有专利权的产品；未经权利人许可，利用专利方案制造、销售、许诺销售专利产品等。虽然专利权侵权的占比不高，但一旦被认定存在侵权行为，就会掀起不小的波澜。2015年轰动一时的“下架平衡车事件”以及美国婚纱与礼服行业协会起诉事件，均是由于我国商家涉嫌销售侵害专利权产品所引起的，上述事件的相关权利人及平台均对我国超过上千家商家采取了平台产品全线下架、卖家PayPal账户资金冻结的措施，且相关商家均面临高额的专利侵权赔偿的索赔。

以“下架平衡车事件”中中美双方权利人正面交锋的案件为例。追踪溯源，打响两个企业专利纠纷战役的第一枪发生在我国境内。2009年前后，美籍华裔Shane Chen与杭州骑客公司均在美国和中国申请了平衡车专利，给后续专利争议埋下隐患。2013年前后，Shane Chen在中国起诉过几家平衡车公司专利侵权，但均以失败告终；2015年11月中旬，Shane Chen将平衡车专利卖给美国公司Razor USA。鉴于在中国战场维权失败的经历，Razor USA将维权战场转向美国市场，在美国加利福尼亚州中区联邦地区法院提交诉状指控美国Swagway公司侵犯其专利，并申请了临时禁令，请求停止电动平衡车的销售。在沃尔玛实体店据此停止了电动平衡车的线下销售后，2015年12月11日，某平台美国站单方面删除了所有平衡车产品链接，并对销售平衡车的卖家账户执行了限制措施，并通知买家可以退货，致使我国卖家遭受的经济损失高达10亿元。而在我国卖家的电动平衡车下架后，Razor USA的平衡车产品在该平台美国站火速上架并火热销售。2016年5月，杭州骑客公司针对Razor USA公司提起诉讼，认为Razor USA公司未经其允许，擅自制造、销售侵害其知识产权的悬浮电动平衡车。截至目前，中美双方企业就平衡车专利纠纷案件仍未有定论，但美国企业却在本次事件中抢占了原本属于中国卖家的市场，而中国卖家不仅丢失了大量的交易机会与市场份额，还深陷在专利诉讼的泥潭中苦苦挣扎。

三、普通跨境电商知识产权侵权的应对

提高跨境电商企业的知识产权保护意识、提升企业自主创新能力、完善企业知识产权制度建设是应对普通跨境电商知识产权侵权风险的根本性措施。在我国跨境电商企业“走出去”的过程中，企业应当充分注重知识产权的保护，在拓展境外市场前，充分了解进口国（地区）相关知识产权法律规定；提前做好知识产权布局，视产品的市场需求及企业资金状况，在全球主要市场提前注册、申请相关知识产权；做好知识产权风险排查与预警工作，在产品生产、采购、营销环节中尽可能避免知识产权侵权行为的发生。

此外，在遭遇被控侵犯知识产权的纠纷时，我们建议企业应冷静分析案件情况，针对个案采取不同措施。如确属侵权的，企业应主动删除、下架被控侵权产品链接，及时将PayPal账号提现，减少财产损失。与此同时，企业可以利用平台、通过Google找到权利人网站、查找权利人Facebook的公司页面等，获取权利人的联系方式，主动沟通协商和解事宜，争取尽快达成和解方案，以早日解封账户、顺利开展后期的企业经营活动。当无法联系权利人或无法得到权利人回应时，跨境电商企业可以考虑委托境外当地律师协助处理、应对纠纷。当和解金额过高、条件过于苛刻时，跨境电商企业可以考虑在律师的帮助下积极应诉，以便在诉讼中争取将赔偿金额降低至合理金额。广大跨境电商企业需要注意，如果企业认为被法院冻结的资金不多，最好不和解也不应诉，甚至放弃店铺打算的，那么在法院下达缺席判决后，企业PayPal账户资金还是会被划走，店铺也就无法运营了。新店铺的注册及账户的开立一定要注意使用全新的资料，只要和之前的店铺存在关联的信息，就可能会面临再次被追诉的风险。

如果属于恶意投诉的，跨境电商企业可以在查清楚对方的知识产权权利状况后，向平台提供资料证明所售产品不构成侵权并与平台进行交涉，要求平台恢复产品链接。如平台不同意重新上架产品的，企业可以考虑对竞争对手的知识产权提出无效申请，通过诉讼手段迫使其自动撤诉，必要时还可以聘请律师与竞争对手进行沟通协商，以促使产品早日上架。

【职业素养栏目】遵纪守法是企业和每个公民的基本守则

扫描二维码，阅读其中案例，完成以下任务。

（1）讨论该案例带给你哪些启发和思考？

（2）阐述《中华人民共和国知识产权海关保护条例》的主要内容。

（3）跨境电商出口申报要注意哪些事项？

（4）作为企业或一个公民，如何做到遵纪守法，诚信经营？

港珠澳大桥海关查获跨境电商侵权嫌疑商品941件

课后习题

一、单选题

1.（　　）出口通关模式是指跨境电商企业根据境外消费者的网购订单，直接从境内启运订单商品，在跨境电商零售出口监管场所完成申报、查验、放行等海关监管手续，商品以邮件、快件方式运送出境的模式。

A. 1210　　B. 1239　　C. 9610　　D. 9710

2. 下列不属于“9610”出口通关优势的是（　　）。

A. 提高了通关效率　　B. 降低了跨境电商报关成本

C. 报关商品种类更为丰富　　D. 企业退税更为便捷

3. “1210”是海关总署公告2014年第57号中增列的海关监管方式代码，全称为（　　）。

A. 直购出口　　B. 跨境电子商务企业对企业直接出口

C. 保税跨境贸易电子商务　　D. 跨境电子商务出口海外仓

4. “1210”出口通关模式下，跨境电商企业可以将尚未销售的货物整批发至（　　），再进行网上零售。

A. 境内保税物流中心　　B. 境外保税物流中心

C. 境内出口商　　D. 境外进口商

5. 跨境电商（　　）出口是指境内企业通过跨境物流将货物运送至境外企业或海外仓，并通过跨境电商平台完成交易的贸易形式。

A. B2C　　B. B2B　　C. C2C　　D. C2B

6. “9710”是海关总署公告2020年第95号中增列的海关监管方式代码，全称为（　　）。

A. 直购出口　　B. 跨境电子商务企业对企业直接出口

C. 保税跨境贸易电子商务　　D. 跨境电子商务出口海外仓

7. “9810”是海关总署公告2020年第95号中增列的海关监管方式代码，全称为（　　）。

A. 直购出口　　B. 跨境电子商务企业对企业直接出口

C. 保税跨境贸易电子商务　　D. 跨境电子商务出口海外仓

8. 跨境电商B2B出口通关申报中，若单票货值高于（　　）元人民币，或涉证、涉检、涉税的货物，企业必须采用报关单模式申报。

A. 2000　　B. 3000　　C. 4000　　D. 5000

9. （　　）海关不仅效率低，而且查验率、扣货率较高。

A. 美国　　B. 日本　　C. 巴西　　D. 俄罗斯

10. “1210”出口通关模式下，跨境电商企业通过通关服务平台向海关传输“订单、支付”信息，同时向保税物流中心仓库推送（　　），通知保税物流中心仓库拣货。

A. 订单信息　　B. 支付信息　　C. 物流信息　　D. 通关信息

二、多选题

1. 通关是指（　　）向海关申请办理货物的进出境手续，海关对其呈交的单证和实际进出口货物依法进行审核、查验、征收税费、批准进口或出口的全部过程。

A. 进出境运输工具负责人　　B. 货物的收发货人及其代理人

C. 交易平台负责人　　D. 物品的所有人

2. “9610”出口通关的核心是采用（　　）办理通关手续。

A. 清单核放　　B. 清单申报　　C. 汇总核放　　D. 汇总申报

3. 在“9610”出口通关模式中，“三单对碰”中的“三单”指（　　）。

A. 订单信息　B. 支付单信息　C. 报关单信息　D. 物流单信息

4. 在“1210”出口通关模式出现之前，跨境电商出口小包订单面临的主要问题是（　　）。

A. 不规范　B. 不透明

C. 不真实　D. 很多卖家没有报关单据，无法退税

5. 跨境电商B2B出口包括（　　）模式。

A. B2B直接出口　B. 直邮买家　C. 出口海外仓　D. 出口保税仓

6. 美国进口包裹的清关方式有（　　）。

A. 邮政清关　B. 快件清关　C. 货物清关　D. 电子数据清关

7. 导致海关扣关的情况有（　　）。

A. 商品的申报价值和估价不一致　B. 申报的品名和实际商品不符

C. 收货人条件不合格　D. 作为个人自用物品超过规定的数量或金额

8. 清关受阻的情况有（　　）。

A. 海关就地销毁　B. 海关直接没收货物

C. 强制退回发货地　D. 要求补充文件资料并在交税后放行

9. “1210”出口通关的优势有（　　）。

A. 提高通关效率　B. 促进阳光通关　C. 加速退税流程　D. 降低退货成本

10. 跨境电商卖家最好不要向日本发运清关敏感物品，这些物品包括（　　）。

A. 食品　B. 医疗　C. 美容　D. 刀具

三、判断题

1. 出口通关流程是指从消费者下单到跨境电商包裹发运出境这一过程。（　　）

2. 跨境电商出口流程的第一步是境外消费者通过跨境电商平台下单、付款。（　　）

3. “1210”出口通关是指跨境电商企业把整批商品按跨境电商出口报关，送入海关特殊监管区域，并实现退税。（　　）

4. “1210”模式下，货物必须出境才能实现退税。（　　）

5. 跨境电商出口海外仓是指境内的跨境电商企业将要销售的货物批量出口至海外仓，当境外消费者网购下单后，再从海外仓将购买的商品发送给消费者。（　　）

6. 跨境电商B2B直接出口是指境内的跨境电商企业通过跨境电商平台与境外企业达成交易后，通过跨境电商物流将货物直接发给境外企业的贸易形式。（　　）

7. 跨境电商B2B出口通关管理中，跨境电商相关企业应当依据海关报关单位注册登记管理有关规定，向出口地海关办理注册登记。（　　）

8. 跨境电商B2B出口货物应当符合检验检疫相关规定。海关实施查验时，跨境电商企业或其代理人、监管作业场所经营人应当按照有关规定配合海关查验。（　　）

9. 跨境电商B2B出口货物单票货值在人民币5000元以内，且不涉证、不涉税、不涉检的货物，企业可选择采用清单申报模式或报关单申报模式进行申报。（　　）

10. 出口商/卖家如经营欧盟市场的跨境电商业务，需要注册VAT税号。（　　）

四、简答题

1. 请简述“9610”出口通关模式的优势。
2. 请简述“1210”出口通关流程。
3. 请简述出口货物规避海关扣关的注意事项。

项目六 跨境电商进口物流模式选择

知识目标

- 掌握包裹直邮进口物流流程及特点
- 掌握集货直邮进口物流流程及特点
- 掌握跨境保税备货进口物流流程及特点

能力目标

- 能为客户介绍直邮进口物流模式的优劣势
- 能为客户介绍保税备货进口物流模式的优劣势
- 能计算不同进口物流模式下的进口税费
- 能根据客户需求制定跨境进口物流方案
- 能掌握跨境电商海关政策的动态变化及规定
- 能向客户解释报关报检的原因和所需手续

职业素养目标

- 培养社会主义核心价值观
- 树立本专业领域的工匠精神
- 培养爱岗敬业、遵纪守法意识
- 树立劳动意识和环保意识

任务一 直邮进口物流模式选择

任务背景

跨境物流时效与清关方式密切相关。进口跨境电商可采用多口岸布局来降低清关受阻的风险。中国邮政山东省分公司青岛口岸可提供邮件、快件、跨境电商、一般贸易清关服务。青岛百世达国际贸易公司拟开展跨境电商进口业务，向中国邮政山东省分公司国际业务部咨询进口商品可以通过哪些清关方式运到境内，并希望中国邮政山东省分公司为其制定一套跨境电商进口物流解决方案。

任务问题

假设你是中国邮政山东省分公司国际业务部的新入职大学生，请你制作演讲PPT，为客户介绍进口商品入境清关有哪些方式，对比分析不同清关方式的适用场景和优劣势，为客户合理规划入境方式、选择合理入境口岸提供建议。

知识准备

一、包裹直邮进口物流模式

（一）什么是包裹直邮进口物流模式

包裹直邮进口物流模式及征税

包裹直邮进口物流模式是指消费者在网上下单后，商家在境外按订单零散采购，打包成小包裹，直接通过万国邮联网络或国际快递空运入境，按规定清关后配送到消费者手中。包裹直邮进口物流模式是进口跨境电商C2C常用的物流模式，简称CC直邮。

（二）包裹直邮进口物流模式的流程

包裹直邮进口物流模式的详细流程如图6-1所示，大致包括按单零散采购、国际运输、入境清关、境内配送四个主要阶段。

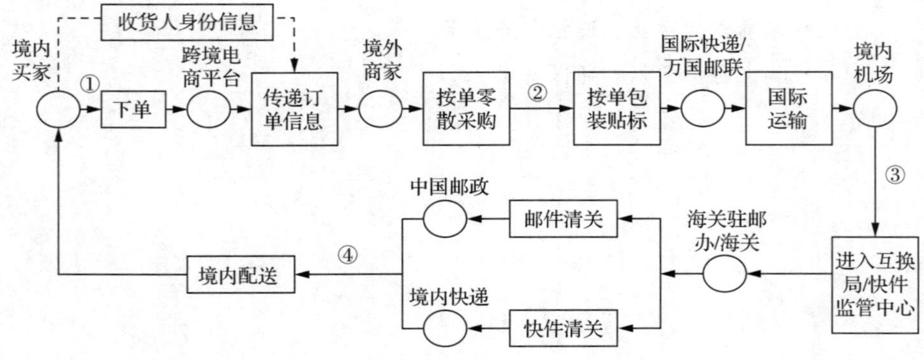

图6-1 包裹直邮进口物流模式的详细流程

1. 按单零散采购

境内买家通过跨境电商平台下单，平台将订单信息和身份信息传递给境外商家，境外商家按单零散采购。

2. 国际运输

境外商家将采购的商品按订单打包成一个个小包裹，通过国际快递或万国邮联渠道运输至境内机场。

3. 入境清关

中国邮政或快递企业从机场提货，包裹进入互换局或快件监管中心，在此接受海关查验，办理清关手续。

4. 境内配送

海关放行后，由中国邮政或快递企业将包裹配送到消费者手中。

（三）包裹直邮进口物流模式的清关

根据运输渠道不同，包裹直邮进口物流模式可分为邮件方式入境和快件方式入境，下面介绍这两种入境方式的清关要求。

邮件方式入境清关

1. 邮件方式入境清关

邮件方式入境清关是指通过万国邮联网络邮递进口包裹，按邮件清关。

（1）入境申报

国际邮件入境清关实行的是非主动建议报关制度，不纳入海关贸易统计，申报流程相对简单。只在超出“自用、合理”等情况下，国际邮件入境清关才需办理申报纳税等海关手续。

进境“邮件”通过“邮关”办理清关手续。“邮关”是海关针对“邮件”设立的一套专门监管通道。中国邮政向海关申报进出境邮政业务单证，包括收发邮件路单、封发清单、CN22报关签条及报关单等，即可批量清关。CN22报关签条示例如图6-2所示。

中国邮政 CHINA POST

IMPORTANT:
The item/parcel may be opened officially.
Please print in English.

US
1F

LW642366030CN

FROM: TEST STAFF
TEST Dept
TEST ADDRESS
BeiJingShi BEIJING 100000
CHINA

PHONE: 010xxxxxxxx

Fees(US $):

Certificate No.

SHIP TO: TEST STAFF
TEST ADDRESS
TEST CITY TEST PROVINCE 12345-1234
UNITED STATES OF AMERICA

PHONE0099876543

No	Qty	Description of Contents	Kg.	Val(US $)	Goods Origin
1	1	TEST ITEM 测试物品	0.5	0.8	CN
	1	Total Gross Weight (Kg.):	0.5	0.8	

I certify the particulars given in this customs declaration are correct. This item does not contain any dangerous article, or articles prohibited by legislation or by postal or customs regulations. I have met all applicable export filing requirements under the Foreign Trade Regulations.

Sender's Signature & Date Signed: CN22

图6-2 CN22报关签条示例

收发航空邮件总包路单

（2）海关查验

海关对邮件总申报单进行预审，根据包裹价值与品类等将明显要交税的挑出来，然后查验布控，通过X光机同屏比对，若发现可疑包裹，则进行人工拆封查验。进口邮件现场海关查验流程如图6-3所示。

查验结果一般有以下几种情形。

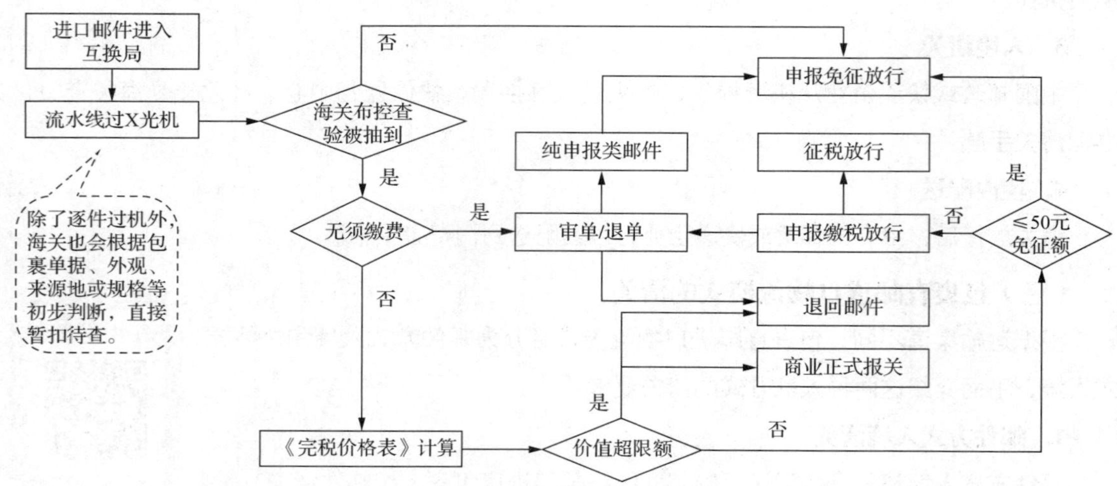

图6-3　进口邮件现场海关查验流程

① 若包裹被海关判定需要进一步详细申报或需要缴纳税款，邮政企业会向收件人代发海关面洽通知或办理缴税通知。收件人收到通知后，备齐相关材料，到海关驻邮局办事处办公大厅办理清关手续。

② 若包裹被海关判定不属于个人物品或者价值超出限额，则需转为按贸易货物办理报关手续。

③ 收件人如果不想申报或缴税，可选择退件，邮政企业会将包裹退回发件人。按照《中华人民共和国海关法》的规定，邮包自进境之日起超过3个月未向海关办理手续的，将被视为无主物，由海关依法进行处理。

【知识拓展】海关查验布控方式

海关查验布控方式一般有以下几种。

（1）随机布控。系统设定比例随机抽查，通常没有条件。

（2）现场审单即决。由现场接单关员根据同屏比对决定，如存在单证与申报不符、疑点等。

（3）审单中心布控。适用于申报价与海关风控价相差较大、特定时期特定品类、逻辑错误等情况。

（4）风险部门布控。海关内部相互监督制约的机构，下达查验指令，具有复查复验职能。

（5）缉私部门布控。由于举报或发现违法违规操作，海关内部缉私部门专门查验侦查。

（3）征税规定

邮政包裹在海关属于进出境个人非贸易性物品监管范畴，海关依法征收行邮税。行邮税是行李和邮寄物品进口税的简称，它是关税、进口增值税及消费税三者合一的替代税种。

海关总署公告2010年第43号《关于调整进出境个人邮递物品管理措施有关事宜》，对行邮税做出以下规定。

① 行邮税有免征额

个人邮寄进境物品，海关依法征收进口税，但应征进口税税额在人民币50元（含50元）以下的，海关予以免征。

② 限定价值和合理自用原则

个人寄自或寄往中国港、澳、台地区的物品，每次限值为800元人民币；寄自或寄往其他国家和地区的物品，每次限值为1000元人民币。若邮寄物品超出规定限值的，应办理退运手续或者按照货物规定办理通关手续。但邮包内仅有一件物品且不可分割的，虽超出规定限值，经海关审核确属个人自用的，可以按照个人物品规定办理通关手续。

以上规定也是海关判定包裹是否属于个人自用物品的基本原则。

③ 行邮税税率

根据海关总署公告2019年第63号，进境物品行邮税税率主要分为 13%、20%、50%三个档次，如表6-1所示。具体税号、物品类别、商品名称及规格、单位、完税价格、税率等信息参见《中华人民共和国进境物品归类表》和《中华人民共和国进境物品完税价格表》。

行邮税税款 = 完税价格 × 行邮税税率。

表6-1　进境物品行邮税税率

税率	物品类别
13%	食品、饮料、药品，书报刊物及其他印刷品，教育用影视资料，计算机及外围设备，金银，家具，文具用品、玩具、游戏用品，节日或其他娱乐用品等
20%	纺织品及其制成品、皮革服装及配饰、箱包及鞋靴、钟表及配件、家用医疗保健及美容器材、运动用品及钓鱼用品（不含高尔夫球及球具）、厨卫用具及小家电（不包括电话机等信息技术产品）及自行车等
50%	烟、酒、贵重首饰及珠宝玉石，高尔夫球及球具，高档手表等

【案例1】行邮税调降，更好满足人民群众消费升级需求

我国自2019年4月9日起调降行邮税税率，将进境物品进口税税目1和税目2的税率分别调降为13%、20%。原按15%税率征收的物品，税率下调到13%，商品范围包括百姓需求较大的婴儿奶粉、手机和数码相机等信息技术产品；原按25%税率征收的物品，税率下调到20%，商品范围包括纺织品、箱包、鞋靴、化妆品（高档化妆品除外）、家电、摄影（像）设备等常见日用消费品；原按50%税率征收的物品，税率保持不变。进境物品进口税调降，有利于促进扩大进口，更好地满足人民群众消费升级需求。

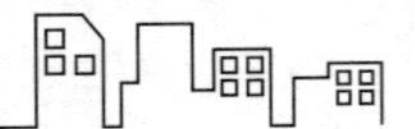

降税新政当日，上海海关所属黄浦海关为一名进境旅客办理了行李通关手续，该旅客的笔记本电脑、衣帽鞋靴等7件分运行李，按照调整后的行邮税税率缴纳税款2588.4元，较税率调整前少缴税款500元左右。

南京海关所属苏州海关驻邮局办事处审核验放的首票税率调整类邮件为食品，审核完税价格为1280元，共征收税款166.4元，收件人较税率调整之前可节省税款25.6元。

4月9日凌晨1时15分，宁波海关所属机场海关对一票从香港寄出的快件进行验放，这票快件实际物品为BOSE牌蓝牙音响一个，申报价值人民币1521.65元。原以15%行邮税率应征税款228.25元，调整后实际征收税款197.81元，减少税款30.44元。

（4）纳税主体

进境物品的纳税义务人是携带物品进境的入境人员、进境邮递物品的收件人以及以其他方式进口物品的收件人。

【行业改革】进口邮件的电子化申报改革

由于国际邮件实行非主动建议报关制度，海关对个人邮递物品实行抽检。海关因人力、物力和效率等因素的限制，无法对每个邮包逐一拆包查验，也无法判断其货值和商品品类是否符合监管要求，更无法断定此邮包是个人使用还是转手倒卖。因此在实际作业中，实行“综合抽查率”意味着部分海淘邮包可能不被征税，存在清关漏洞。

为了消除邮件监管盲区，解决抽检率低、拆包避税等问题，海关总署实施了进口邮件电子化申报。自2018年11月30日起，在全国海关驻邮办推广使用“进出境邮递物品信息化管理系统”（简称“信息系统”），海关总署与中国邮政集团有限公司通过建立总对总的对接方式实现进出境邮件全国联网传输数据，具体过程如下。

（1）中国邮政集团有限公司的“新一代信息系统”与海关“信息系统”对接。

（2）进境邮件由机场进入互换局后，中国邮政集团有限公司对包裹邮件的面单进行拍照、扫描、识别，通过“新一代信息系统”将采集到的面单电子数据向海关“信息系统”传输。面单电子数据包括收寄件人名称，收寄国家（地区）及具体地址，内件品名、数量、重量、价格（含币种）等。

（3）海关“信息系统”在很短的时间内反馈3种情况给中国邮政集团有限公司：第一种是免税放行，第二种是征税放行，第三种是补充申报。

（4）对免税放行的包裹邮件，过机查验完即可放行；对于征税放行的包裹邮件，则进入监管仓等待客户缴税后才放行；对于包裹内件模糊不清，或申报内容模糊不清的包裹，海关就会判定补充申报。需补充申报的包裹邮件进入监管仓，等待客户自己申报，中国邮政集团有限公司负责通知境内收件人或寄件人办理补充申报手续。

2. 快件方式入境清关

快件方式入境清关是指通过国际快递渠道运输进口包裹，按商业快件清关。

商业快件清关正规、高效，适用于对时效非常敏感的高价值商品。商业快件清关流程如图6-4所示。

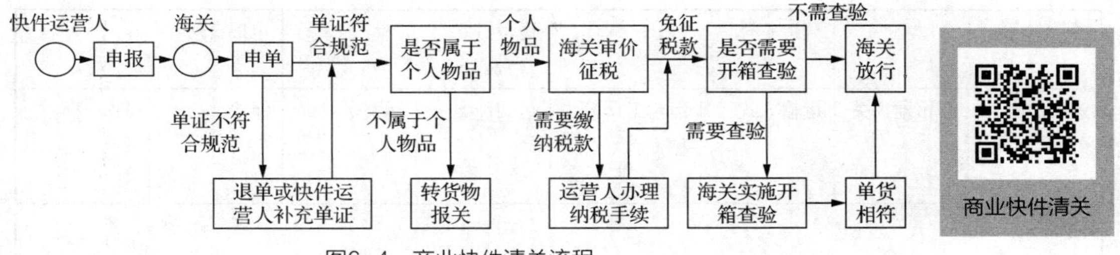

图6-4 商业快件清关流程

（1）入境申报

商业快件清关采用的是主动申报的清关方式，每单必检。报关主体是快件运营人，也是责任承担人。

① 申报时间

根据海关总署令第104号《中华人民共和国海关对进出境快件监管办法》和海关总署公告2016年第19号《关于启用新快件通关系统相关事宜的公告》规定，进境快件自运输工具申报进境之日起十四日内，出境快件在运输工具离境3小时之前，应当向海关申报。快件运营人应向海关传输或递交进出境快件舱单或清单，海关确认无误后接受申报。

【知识链接】什么是舱单

舱单是指进出境快件承运人及其地面服务代理人在始发站或经停站所装卸全部货物的清单，包括总重量、总件数、主要商品名称和件数等信息。

② 分类申报

进出境快件分为文件类快件（简称A类快件）、个人物品类快件（简称B类快件）和低值货物类快件（简称C类快件），分别采用不同的监管方式，如表6-2所示。

表6-2 进出境快件类型及其监管方式

类型	范围	监管方式
A 类快件	法律法规规定予以免税，且无商业价值的文件、单证、票据及资料	免税/其他监管
B 类快件	法律法规规定自用、合理数量范围内的个人物品（旅客分离运输行李物品除外）。B类快件的限量、限值、税收征管等事项应当符合海关总署关于邮递进出境个人物品相关规定	行邮监管/行邮税
C 类快件	超过个人物品限值，但价值≤5000元人民币（涉及许可证件管制的，需要办理出口退税、出口收汇或者进口付汇的除外）	一般贸易监管/“货样广告品A”/一般征税

A类快件报关时，快件运营人应当向海关提交A类快件报关单、总运单（副本）和海关需要的其他单证。A类快件报关单如表6-3所示。

表6-3　A类快件报关单

中华人民共和国海关进境A类快件报关单（单票）

快件单号：　　　　　　　　　　　　　　　　　　报关单号：

<table>
<tr><td colspan="2">总运单号</td><td colspan="2">分运单号</td><td colspan="2">进境日期</td><td colspan="2">申报日期</td></tr>
<tr><td>进口口岸</td><td>申报地海关</td><td>运输方式</td><td>运输工具名称</td><td>包装种类</td><td>运费</td><td>保费</td><td>杂费</td></tr>
<tr><td colspan="4">发件人</td><td colspan="4">启运国（地区）</td></tr>
<tr><td colspan="4">收件人</td><td colspan="2">件数</td><td colspan="2">重量（千克）</td></tr>
<tr><td colspan="4">备注</td><td colspan="4">海关回执信息</td></tr>
<tr><td colspan="8">项号　商品名称　规格型号　数量及单位　来源国（地区）　单价　总价　币制</td></tr>
<tr><td colspan="8"></td></tr>
<tr><td colspan="3">录入员　录入单位</td><td colspan="3" rowspan="2">兹申明对以上内容承担如实申报、依法纳税之法律责任
申报单位（签章）
填制日期</td><td colspan="2">海关批注及日期（签章）
审单</td></tr>
<tr><td colspan="3">报关人员
单位地址
邮编　电话</td><td colspan="2">查验
放行</td></tr>
</table>

B类快件报关时，快件运营人应当向海关提交B类快件报关单、每一进出境快件的分运单、收件人或出境快件发件人身份证件复印件、购物票据和海关需要的其他单证等。按B类快件申报，收件人必须是自然人，物品要满足“数量合理、生活自用、不超限值、不属违禁”等条件。B类快件报关单如表6-4所示。

表6-4　B类快件报关单

中华人民共和国海关进境B类快件报关单（单票）

快件单号：　　　　　　　　　　　　　　　　　报关单号：

总运单号	分运单号		进境日期	申报日期
进口口岸	申报地海关	运输方式	运输工具名称	包装种类
发件人	发件人国别		启运国（地区）	
收件人	发件人城市		件数	重量（千克）
备注			海关回执信息	

项号	税号	商品名称	规格型号	数量及单位	原产国（地区）	单价	总价	币制

录入员　　录入单位	兹申明对以上内容承担如实申报、依法纳税之法律责任	海关批注及日期（签章） 审单
报关人员	申报单位（人）（签章）	查验
单位地址	填制日期	放行
邮编　　电话		

C类快件报关时，快件运营人应当向海关提交C类快件报关单、代理报关委托书或者委托报关协议、每一进出境快件的分运单、购物发票和海关需要的其他单证，并按照进出境货物规定缴纳税款。C类快件报关单如表6-5所示。

表6-5　C类快件报关单

中华人民共和国海关进境C类快件报关单（单票）

快件单号：　　　　　　　　　　　　　　　　　　　　报关单号：

<table>
<tr><td>总运单号</td><td colspan="3">分运单号</td><td>进境日期</td><td colspan="2">申报日期</td></tr>
<tr><td>进口口岸</td><td>申报地海关</td><td colspan="2">运输方式</td><td>运输工具名称</td><td colspan="2">启运国（地区）</td></tr>
<tr><td colspan="2">收发货人</td><td>监管方式</td><td>征免性质</td><td colspan="3">征税比例</td></tr>
<tr><td colspan="2">收件人</td><td>成交方式</td><td>运费</td><td colspan="2">保费</td><td>杂费</td></tr>
<tr><td colspan="2">发件人</td><td colspan="2">包装种类</td><td>件数</td><td colspan="2">重量（千克）</td></tr>
<tr><td colspan="4">备注</td><td colspan="3">海关回执信息</td></tr>
</table>

项号	商品编号	商品名称	规格型号	数量及单位	原产国（地区）	单价	总价	币制	征免

<table>
<tr><td>录入员　　　　录入单位</td><td rowspan="3">兹申明对以上内容承担如实申报、依法纳税之法律责任
申报单位（签章）

填制日期</td><td>海关批注及日期（签章）
审单</td></tr>
<tr><td rowspan="2">报关人员

单位地址

邮编　　　　电话</td><td>查验</td></tr>
<tr><td>放行</td></tr>
</table>

（2）查验和征税

① A类快件免征税。

② B类快件适用行邮税。

B类快件的限量、限值、税收征管等与邮政渠道邮件类似。口岸海关根据海关总署发布的《中华人民共和国进境物品归类表》与《中华人民共和国进境物品完税价格表》计算进境物品需要缴纳的行邮税税额，应征额在50元（含50元）以下的予以免征。

若购买价格是《中华人民共和国进境物品完税价格表》列明的完税价格的两倍及以上或1/2及以下的物品，进境物品所有人需向海关提供真实的购物发票或收据。如果海关发现申报情况与实物不符，则会开箱检查，重新确定税额或征税手续。开箱查验时，无小票则按完税价计税。小票或其他购物凭证必须是海关认同的，否则海关仍会按完税价计税；无规定完税价格的，海关会参考市场购买价值进行估价。B类快件海关审价征税流程如图6-5所示。

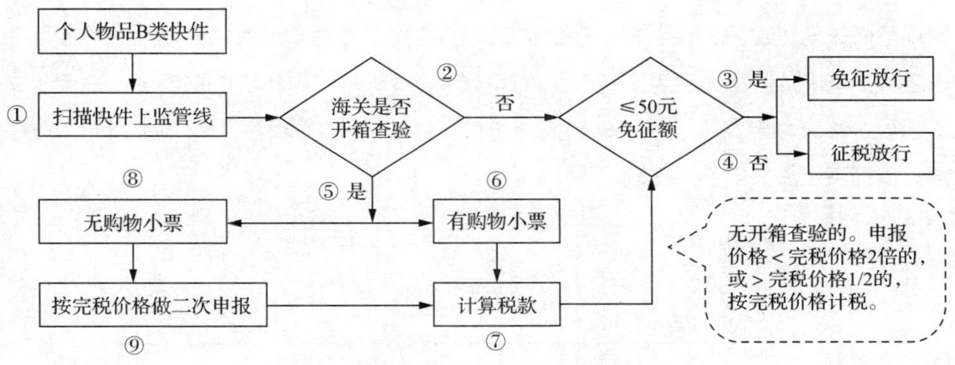

图6-5　B类快件海关审价征税流程

【案例2】

客户申报内装2罐0.9千克的奶粉，总计1.8千克，申报价格为120元/千克，总价值为216元；系统执行完税价格为200元/千克，总价值=2×0.9千克×200元/千克＝360元，客户申报货值在实际完税价格360元的1/2和2倍之间，则系统默认将总价值调为360元，此时将产生关税税额＝360×13%=46.8（元）。

【案例3】

客户申报内装3罐0.9千克的奶粉，总计2.7千克，申报价格为95元/千克，总价值为256.5元；系统执行完税价格为200元/千克，总价值=3×0.9千克×200元/千克＝540元，客户申报货值低于完税价格540元的1/2，则系统仍按256.5元计算税金，此时产生关税税额＝256×15%=38.4（元），低于个人物品50元的免税额，可免征放行。但如果海关开箱查验，内无购买凭证或不能证伪，海关会要求退单或按完税价格申报，届时产生关税税额=2.7×200×13%＝70.2（元），不予免征。

③ C类快件按进出境货物缴纳税款。

C类快件按进出境货物规定缴纳税款，监管方式为“一般贸易监管”或“货样广告品A”，征免性质为“一般征税”，征免方式为“照章征税”。企业已在海关办理汇总征税担保备案的，可以交由运营人进行“汇总征税”的申报。超出C类物品范围的快件俗称转D，即转为一般进口贸易清关。

事实上，据海关总署对境内商业快件公司调查统计，95%以上的快件包裹是按照进出口货物向海关进行报关的，海关纳入货物统计范畴内，仅有不到5%的快件包裹是按照个人自用物品向海关申报的，因此大量快件是按C类物品入境的。

税款由快递商统一代收、代缴，快递商可要求客户预付或后付。

【行业改革】启用新版快件通关管理系统

为规范海关对进出境快件监管，使各个口岸的监管程度趋于一致，并提高通关效率，海关总署自2016年6月1日正式启用了新版快件通关管理系统（简称新快件系统），适用于文件类进出境快件、个人物品类进出境快件和低值货物类进出境快件的报关。图6-6所示为电子口岸快件通关管理系统清关操作流程图。

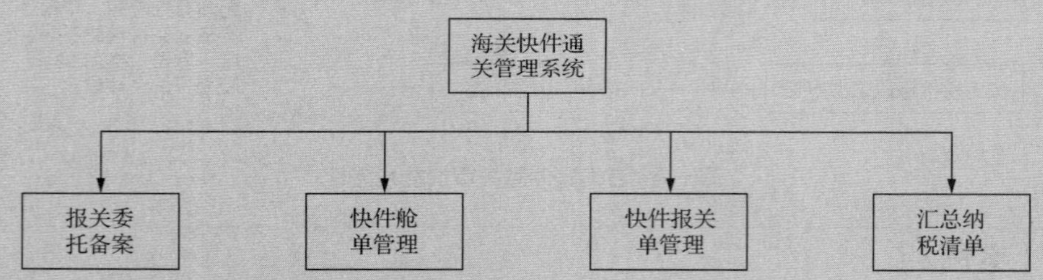

操作流程：①建立报关通道，确定与海关通信的报关软件；②个人身份验核回传海关（第三方平台验真）；③ 转库（机场货站转到海关快件监管仓）；④分运单信息（小票、名址、运单等）回传海关；⑤入库／出库数据推送海关；⑥监管数据结果（获取同屏比对数据）；⑦快件出监管仓后妥投信息推送海关。

图6-6　电子口岸快件通过管理系统清关操作流程

【做一做】对比邮件清关和快件清关有何异同

类别	清关主体	报关要求	需提报料
邮件清关			
快件清关			

二、集货直邮进口物流模式

（一）什么是集货直邮进口物流模式

集货直邮进口物流模式是境外商家将消费者所购商品集中发往境外集货仓，达到一定包裹量之后，通过国际快递集中运输发往境内，在口岸以跨境电商模式清关，再配送到消费者手中。

集货直邮进口物流模式

集货直邮进口物流模式用集包运输代替零散运输，可节约物流成本，是包裹直邮模式的升级版。集货直邮是进口跨境电商B2C常用的物流模式，简称BC直邮。

（二）集货直邮进口物流模式的参与主体介绍

1. 跨境电子商务平台企业

跨境电子商务平台企业，简称跨境电商平台，是指在境内办理工商登记，为交易双方（消费者和跨境电子商务企业）提供网页空间、虚拟经营场所、交易规则、信息发布等服务，设立供交易双方独立开展交易活动的信息网络系统的经营者。

2. 跨境电子商务企业

跨境电子商务企业也称为商家，是指自境外向境内消费者销售跨境电子商务零售进口商品的境外注册企业（不包括在海关特殊监管区域或保税物流中心注册的企业）。

3. 跨境电子商务企业境内代理人

跨境电子商务企业境内代理人是指接受开展跨境电子商务零售进口业务的境外企业委托，在海关办理注册登记，承担如实申报责任，依法接受相关部门监管，并承担民事责任的境内代理企业，其在海关备案时，通常备案为电商企业。

4. 支付企业

支付企业是指在境内办理工商登记，接受跨境电子商务平台企业或跨境电子商务企业境内代理人委托，为其提供跨境电子商务零售进口支付服务的银行、非银行支付机构以及银联等。

5. 物流企业

物流企业是指在境内办理工商登记，接受跨境电子商务平台企业、跨境电子商务企业或其境内代理人委托，为这些主体提供跨境电子商务零售进口物流服务的企业。

6. 消费者

消费者是指商品的订购人，是境内终端消费者（不以二次销售为目的），也是跨境电商零售进口商品交易限值的扣减主体，还是跨境电商综合税的纳税义务人。

【课堂活动】

2人一组，以相互问答形式，讲述集货直邮进口物流模式各参与主体的定义。

（三）海关对集货直邮进口物流模式的监管规定

1. 适用“9610”监管方式代码

海关总署公告2014年第12号明确规定了跨境电商集货直邮模式进口的商品适用“9610”海关监管方式代码，采用“清单核放”办理通关手续。

2. 征收跨境电商综合税

2016年3月，财政部、海关总署、国家税务总局发布《关于跨境电子商务零售进口税收政策的通知》（财关税〔2016〕18号），将跨境电子商务零售（企业对消费者，B2C）进口税收政策由行邮税调整为跨境电商综合税。

财关税〔2016〕18号规定，跨境电子商务零售进口商品按照货物征收关税和进口环节增值税、消费税。购买跨境电子商务零售进口商品的个人为纳税义务人，跨境电子商务平台企业、物流企业或申报企业为税款的代收代缴义务人，代为履行纳税义务。

2018年11月，财政部、海关总署、国家税务总局联合发布《关于完善跨境电子商务零售进口税收政策的通知》（财关税〔2018〕49号），规定如下。

（1）将跨境电子商务零售进口商品的单次交易限值由人民币2000元提高至5000元，年度交易限值由人民币20000元提高至26000元。

（2）在限值以内进口的跨境电子商务零售商品，关税税率暂设为0%；进口环节增值税、消费税取消免征税额，暂按法定应纳税额的70%征收。

【知识链接】限值以内，单件商品的跨境电商综合税计算规则

① 完税价格＝实际交易价格，包括商品零售价格、运费和保险费。

② 关税税额＝完税价格×关税税率。

③ 增值税税额＝（完税价格＋正常计征的消费税税额）×增值税税率×70%。

④ 消费税税额＝［完税价格/（1－消费税税率）］×消费税税率×70%。

⑤ 应缴税额＝关税税额+增值税税额+消费税税额=完税价格×跨境电商综合税税率。

⑥ 跨境电商综合税税率=［（消费税税率+增值税税率）/（1－消费税税率）］×70%。

【做一做】

2021年元旦，张丽首次通过跨境电商平台购物，购买了一瓶100mL资生堂红腰子精华，包邮单价799元/瓶，该商品以集货直邮进口物流模式邮递到消费者手中，请问该商品清关需要支付多少税款?

（3）完税价格超过5000元单次交易限值但低于26000元年度交易限值，且订单下仅一件商品时，可以自跨境电商零售渠道进口，按照货物税率全额征收关税和进口环节增值税、消费税，交易额计入年度交易总额，但年度交易总额超过年度交易限值的，应按一般贸易管理。

【知识链接】超出限值，单件商品的跨境电商综合税计算规则

①完税价格=CIF价=商品零售价+运费+保险费。

②关税税额=完税价格×关税税率。

③增值税税额=（完税价格+关税税额+正常计征的消费税税额）×增值税税率。

④消费税税额=［（完税价格+关税税额）/（1－消费税税率）］×消费税税率。

⑤应征税额=关税税额+消费税税额+增值税税额=完税价格×［（关税税率+增值税税率+消费税税率+关税税率×增值税税率）/（1－消费税税率）。

【海关提醒】

个人在限额内通过跨境电商零售平台购买的商品只可自用，凡是用于销售及牟利的行为均属于走私违法行为。

【案例4】龙邦海关查获一起假借“跨境电商”走私普通货物物品案

龙邦海关缉私分局依法对靖西市新靖镇某精品生活馆店铺进行检查，现场查获境外品牌的全外文包装化妆品、护肤品、日用杂货等商品300余件，现货货值约10万元。

经查，该批商品系嫌疑人蒋某利用本人及他人名义通过海外代购、跨境电商平台购买境外商品，然后进行二次销售牟利。

3. 通关管理

根据海关总署公告2018年第194号《关于跨境电子商务零售进出口商品有关监管事宜的公告》，对于集货直邮模式进口的商品按照以下方式处理。

（1）按个人自用进境物品监管，不执行有关商品首次进口许可批件、注册或备案要求。但对有明令暂停进口的疫区商品和出现重大质量安全风险的商品启动风险应急处置的除外。

（2）海关对进口商品及其装载容器、包装物按照相关法律法规实施检疫。

（3）跨境电商零售进口商品申报前，跨境电子商务平台或跨境电子商务企业、支付企业、物流企业分别通过国际贸易“单一窗口”或跨境电商通关服务平台向海关传输交易、支付、物流等电子信息。

在集货直邮模式下，邮政企业、进出境快件运营人可以接受跨境电子商务平台企业或跨境电子商务企业境内代理人、支付企业的委托，向海关传输交易、支付等电子信息。

（4）跨境电商零售商品进口时，跨境电子商务企业境内代理人或其委托的报关企业应提交《中华人民共和国海关跨境电子商务零售进出口商品申报清单》，采取“清单核放”方式办理报关手续。

（四）集货直邮进口物流模式流程

集货直邮进口物流模式的详细流程如图6-7所示。

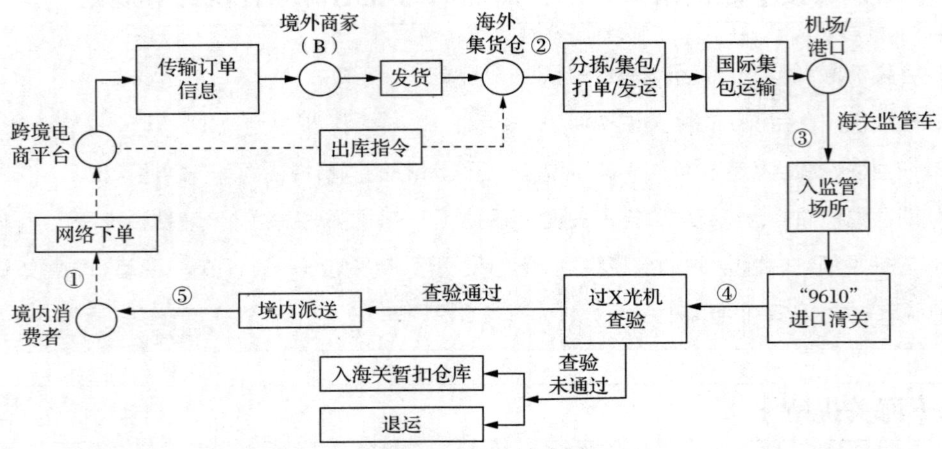

图6-7 集货直邮进口物流模式的详细流程

1. 海外仓集货

境内消费者通过网络在跨境电商平台上下单，并提供收货人的身份信息和收货地址信息。境外商家接到订单后，将所销售的商品发往海外集货仓。

2. 集包发运

当订单累积到一定数量后，跨境电商平台向海外集货仓发送出库指令，海外集货仓按单拣货、打包、贴标，再把若干小包裹集成一个大包裹，交给国际运输承运商。

3. 国际运输

出口报关后，货物可通过海运、空运等多种运输方式运至境内机场或港口口岸，再由海关监管车转运至监管场所等待清关。

4. “9610”进口清关

（1）清单核放过程

“9610”跨境电商进口清单核放过程如图6-8所示。

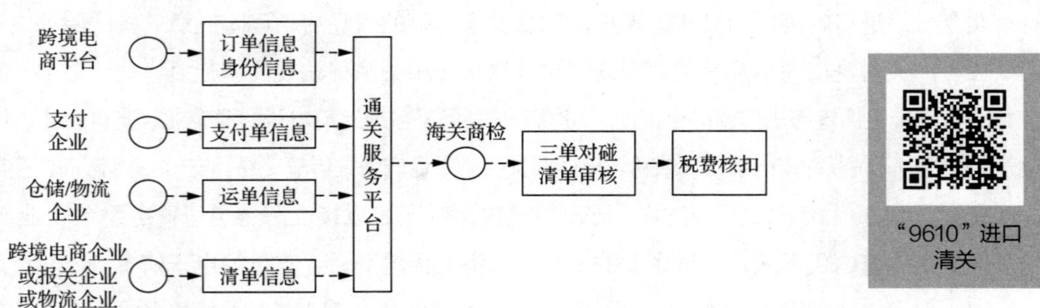

图6-8 “9610”跨境电商进口清单核放过程

“9610”进口清关

① 推送“三单”信息

在境内消费者下单付款后，进口商品申报前，跨境电商平台、支付企业、物流企业分别通过国际贸易“单一窗口”或跨境电子商务通关服务平台向海关传输订单、支付单、运单信息，目的是由海关校验每一笔交易订单信息和消费者信息的真实性。

【做一做】回顾“三单”信息

订单信息、支付单信息、运单信息都包括哪些内容?

② 推送《申报清单》

从境外发货至货物运抵海关监管场所前，物流企业按照海关要求的格式向海关报送《中华人民共和国跨境贸易电子商务进出境物品申报清单》，简称《申报清单》，该申报清单包括消费者购买商品的清单编号、订单号、订购人信息、收件人信息、商品及价格信息，商品进境和报关的海关名称、商品原产国，以及身份、税费等信息。

③ 电子审单

海关将订单、支付单、运单中的订购人信息、收件人信息、商品及价格信息等和《申报清单》中的订购人信息、收件人信息、商品及价格信息等进行数据对碰，若对碰结果没有问题，海关系统则开始审单，同时根据风险参数设置、系统随机布控。将高风险物品或被随机布控指令捕中的货物转为人工审单，其他的自动审结。

④ 人工审单

对于需人工审单的《申报清单》中的货物信息，海关人员通过通关服务平台进行审核；对于需要查验的，布控查验指令；对于无须查验的，则完成人工审结。

⑤ 税费核扣

对于已审结的《申报清单》信息，通关服务平台逐票计算税款，生成电子税单，代缴企业可通过支付企业直接支付税款，也可自动从代缴企业保证金账户中扣减。

（2）实物通关过程

实物通关过程如图6-9所示。

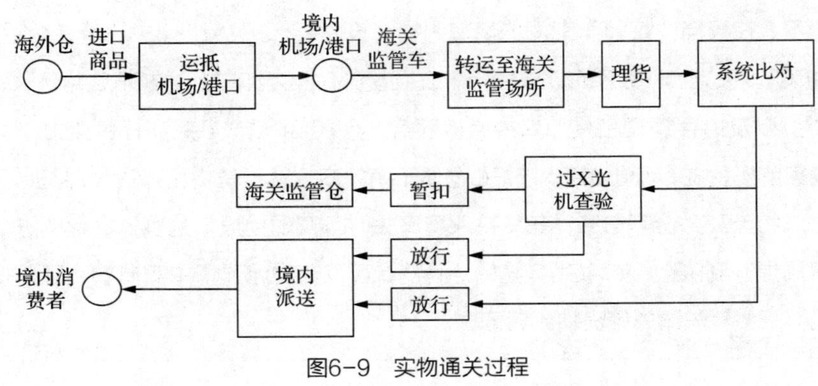

图6-9 实物通关过程

① 运抵理货

进口商品运抵机场或者港口后，由海关监管车转运至海关监管场所，大包分拆，监管场所经营人通过通关服务平台逐件扫描包裹运单条码，并向海关发送运抵理货信息。

② 系统比对

通关服务平台将已缴税的《申报清单》信息与运抵理货信息进行比对，比对成功且无布控查验指令的，自动放行；比对异常的，转为人工处置。

③ 同屏比对

海关人员将进境物品的X光机图像与物品清单信息同屏比对，比对无异常且无布控查验指令的，自动放行；比对异常的，进行即决式布控查验。

④ 现场查验

海关根据《物品清单》信息、布控指令、X光机图像进行分析，需开拆查验的进行开拆，无须开拆的办理放行手续。海关在通关服务平台中记录查验结果，查验正常的，系统记录自动放行；查验异常的，记录转为人工处置。

⑤ 货物放行

物流企业或监管场所经营人根据通关服务平台中的放行信息办理提货配送手续。已放行的办理出库发运，未放行的转到海关监管仓，等待现场办理清关手续。

5. 境内派送

已备案的境内派送物流企业将放行后的包裹送达消费者手中，并按照海关要求及时向通关服务平台发送派送信息。

【案例5】集货仓——菜鸟的全球订单履约中心（GFC）

我们在天猫国际平台上购物以后，物流经常会显示，海外GFC仓作业中。什么是GFC？GFC即全球订单履约中心，就是在跨境购物需求旺盛的国家（地区）设立境外订单处理中心，该中心集仓储、发货、通关于一体，帮助境外商家一站式处理订单需求。

2016年，菜鸟设在中国香港的全球订单履行中心（GFC）首次服务于“双11”；2017年，菜鸟又在大阪、首尔、洛杉矶、奥克兰、法兰克福、马德里等地增设了10个GFC仓，以提升中国消费者在天猫“双11”期间的海淘购物体验。

菜鸟GFC仓可以让消费者的订单直接下发到境外GFC仓库内，由GFC为商家提供备货、拣货、发货，以及库存管理和其他库内增值服务。使用GFC仓可保证打包能力，避免发货延迟，降低商家的发货成本和出错率；GFC仓便于境外商家就近备货和补货，并整合了消费者的交易、支付、物流及身份等信息，在货物入境清关时可实现预报，从境外寄递的进口商品递送时效可从两周提升到5天。使用GFC发货，消费者可以在物流详情中实时看到订单揽货、入库出库、干线航班、转关清关等货物流转信息。

三、包裹直邮和集货直邮的区别

包裹直邮和集货直邮都接受海关监管，属于正规化、阳光化的清关方式，但两者也存在一些区别。充分了解两者的区别，对于选择合适的进口申报渠道十分重要。

包裹直邮和集货直邮的区别

（一）在商品限制和商品备案方面的区别

CC直邮进口，相当于境外个人将商品邮寄给境内个人，不属于销售性质。个人可邮寄的商品不需要提前进行商检备案，不受“正面清单”的约束，除了一些动植物、电子产品、种子类、海鲜类等禁寄品之外，其他商品都可邮寄。

BC直邮进口，进口商品需在《跨境电子商务零售进口商品清单》之内。BC直邮进口的商品需要由电商企业提前进行商检备案，备案信息包括品名、税号、规格、重量、价格等。

【做一做】

跨境电子商务零售进口商品采取“正面清单”管理。那么，什么是“正面清单”？现行“正面清单”包含哪些商品品类?

【知识链接】什么是正面清单

2016年4月7日，财政部等11部门发布了《跨境电子商务零售进口商品清单》，也称“正面清单”，只有清单上的商品能够按照跨境电商综合税进口，该清单于2016年4月8日起执行。

自2016年发布以来，“正面清单”经过4次调整，商品税目数量不断增加。2022年3月1日，“正面清单”在2019年版的基础上，再次优化调整，增加了滑雪用具、番茄汁、高尔夫球用具等29个商品税目，删除刀剑1个商品税目，商品品类更加丰富，涵盖母婴用品、个护美妆、鞋包服饰、生鲜食品、家用家电等品类，可满足大部分消费群体的购物需求。

（二）税费计算与缴纳方式区别

CC直邮进口，按行邮税征收，有50元免征额度，超出免征额度的，税率分为13%、20%、50%三档；征税基准以海关完税价格为准；税费由物流商代缴，客户补缴；CC直邮进口的个人物品，单个包裹限额1000元，超出限额的需办理通关手续（单件不可分割的物品除外），个人年度消费总额没有限制。

BC直邮进口，按照跨境电商综合税征收，无免税额度。个人单次交易限额5000元，个人年度消费总额不能超过26000元。在限额内，税率是增值税和消费税相加的综合税的70%。税费由电商企业代缴（需要在海关提前设立税费代缴保证金账户，并存储保证金，税款可直接扣除）。

（三）海关申报文件与手续办理的区别

CC直邮进口的快件清关需要准备以下资料。

（1）身份证的正反面复印件。

（2）真实的购物小票。

（3）入境快件申报清单。

BC直邮进口的快件清关需要准备以下资料。

（1）申报企业需在入境口岸的海关和国检分别进行企业备案。

（2）在快件监管中心的国检办事处进行商品备案。

（3）需要向海关传输真实有效的四单信息（支付信息、物流信息、订单信息和清单信息）以及主运单信息。

（四）通关效率与查验率区别

CC直邮进口的快件清关由物流服务商通过海关新快件系统申报，申报、放行、查验一般在2～3天完成。

BC直邮进口的快件清关由电商、物流商、支付商统一向海关报送四单（订单、支付单、运单、申报清单）数据，全程EDI传输，申报、放行、查验最短在1天之内完成。

（五）适用对象区别

CC直邮进口以个人名义清关，比较适合个人买家、海淘卖家、代购群体和转运公司。

BC直邮进口需要企业向海关传输四单（订单、支付单、运单、申报清单）数据，更适合中小电商平台以及入驻境内电商平台的卖家。

任务二　保税备货进口物流模式选择

任务背景

某跨境电商企业进口业务规模不断扩大，为了降低物流成本，改善客户体验，拟增加保税备货进口物流模式。该企业向中国邮政集团有限公司郑州市分公司国际业务部咨询如何开展跨境电商保税备货进口业务。该国际业务部经理了解到客户需求，指示项目经理小王为该客户进行详细的解答，并争取与该客户达成合作事宜。

任务问题

假设你是小王，请你制作PPT，详细介绍保税备货进口物流模式的业务流程，国家对保税备货进口商品的监管规定、税收政策、企业备案和商品检验要求，分析保税备货进口物流模式的优势和劣势，为客户提出合理建议。

知识准备

一、什么是保税备货进口物流模式

保税备货进口物流模式是指跨境电商企业将境外采购的商品大批量运至境内的海关特殊监管区域或保税物流中心暂存，海关实施账册管理，境内消费者在网上下单后，跨境电商企业再从保税仓发货、逐票清关，海关查验放行后进行配送。简单来讲，该模式就是海关特殊监管区保税进口+邮政、快递配送，简称BBC保税备货进口。

保税备货进口物流模式

二、保税备货进口物流模式的参与主体

保税备货进口物流模式的参与主体，除了包括前述的跨境电子商务平台企业、跨境电子商务企业、跨境电子商务企业境内代理人、支付企业、物流企业和消费者外，还增加了海关特殊监管区和保税监管场所。

（一）海关特殊监管区

海关特殊监管区是指经国务院批准，设立在中华人民共和国关境内，赋予承接国际产业转移、连接国内国际两个市场的特殊功能和政策，以海关为主实施封闭监管的特定经济功能区域。海关特殊监管区包括保税区、综合保税区、保税港区、保税物流园区等。

1. 保税区

保税区（Bonded Area）又称保税仓库区，是海关设置的或经海关批准注册的，海关实施特殊监管的特定地区和仓库。保税区的功能定位为“保税仓储、出口加工、转口贸易”，保税区享有“免证、免税、保税”政策，实行“境内关外”运作方式。

运入保税区的货物可以进行储存、改装、分类、混合、展览和加工制造，但必须处于海关监管范围内。

2. 综合保税区

综合保税区是指设立在我国境内具有保税港区功能的海关特殊监管区，实行封闭管理，是目前我国开放层次最高、政策最优惠、功能最齐全的海关特殊监管区。

综合保税区集保税区、出口加工区、保税物流区、港口的功能于一身，可以发展国际中转、配送、采购、转口贸易和出口加工等业务。综合保税区的功能和税收、外汇政策按照《国务院关于设立洋山保税港区的批复》的有关规定执行：国外货物入港区保税，货物出港区进入国内销售按货物进口的有关规定办理报关手续，并按货物实际状态征税；国内货物入港区视同出口，实行退税；港区内企业之间的货物交易不征增值税和消费税。

3. 保税港区

保税港区是指经国务院批准，设立在国家对外开放的口岸港区和与之相连的特定区域内，具有口岸、物流、加工等功能的海关特殊监管区。

保税港区享受保税区、出口加工区、保税物流园区相关的税收和外汇管理政策。

4. 保税物流园区

保税物流园区是指经国务院批准，在保税区规划面积或者毗邻保税区的特定港区内设立的、专门发展现代国际物流业的海关特殊监管区。保税物流园区开展的物流业务包括：（1）存储进出口货物及其他未办结海关手续货物；（2）对所存货物开展流通性简单加工和增值服务；（3）开展进出口贸易、转口贸易；（4）国际采购、分销和配送；（5）国际中转；（6）检测、维修；（7）商品展示；（8）经海关批准的其他国际物流业务。

（二）保税监管场所

保税监管场所包括保税物流中心（分为A型和B型）、保税仓库等。

1. 保税物流中心

保税物流中心是封闭的海关监管区域，具备口岸功能，分为A型和B型两种。A型保税物流中心是指经海关批准，由中国境内企业法人经营、专门从事保税仓储物流业务的海关监管场所。B型保税物流中心是指经海关批准，由中国境内一家企业法人经营，多家企业进入并从事保税仓储物流业务的海关监管场所。

2. 保税仓库

保税仓库是指经海关批准设立的专门存放保税货物及其他未办结海关手续货物的仓库。保税仓库按照使用对象不同分为公共型保税仓库和自用型保税仓库。

公共型保税仓库由主营仓储业务的中国境内独立企业法人经营，专门向社会提供保税仓储服务。

自用型保税仓库由特定的中国境内独立企业法人经营，仅存储供本企业自用的保税货物。在实际运作中，不是所有电商企业都有能力自建保税仓库，因此需要与特殊监管区内第三方公共保税仓库合作。

知识拓展：保税仓管理

保税仓在保税区围网内（境内关外）接受海关监管，不仅存储保税货物，还承担账册管理职能。进出保税仓的商品均应体现在账册中，海关每年会进行账册核销，账册上的商品、数量与实物盘点出的商品、数量应该相符。

保税仓中货物的跨账册移动、跨仓移动、跨保税区移动、入区出区、数目增减等，都需向海关申请，得到批准后方能操作。现在的保税仓一般都配有WMS（仓储管理系统），并与电商企业和电商平台的API对接；在设施设备方面，通常配置立体货架存储、地堆存储、叉车、连续输送机械（含打包台）、PDA手持终端、拣货车、面单打印机、监控系统等；仓内可实现预打包、贴标签、精准发货、效期管理、残次品管理、库内调拨、库存共享等作业。

当货物入保税仓后，一般先查验、理货并将理货报告发送给电商企业，在查验、理货报告确认无误后进行货物上架；海关清关放行的订单会流入WMS，保税仓根据订单信息进行分拣打包，等待快递企业揽收。通常情况下，保税仓在工作日、没有活动大促时，从订单放行到完成打包的过程不超过24小时。

【课堂活动】

2人一组，以相互问答形式，讲述海关特殊监管区和保税监管场所的类型及功能。

三、保税备货进口物流模式的流程

BBC保税备货进口物流模式的详细流程如图6-10所示，大致包括海外采购、商家发货、国际物流运输、入保税区暂存、出保税区清关、境内配送几个主要阶段。

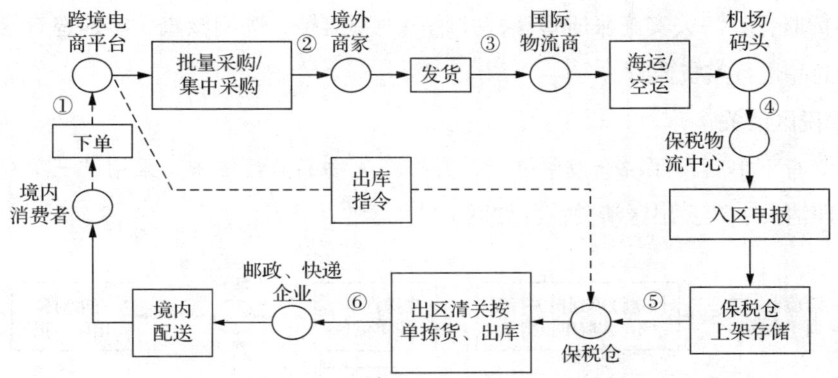

图6-10　BBC保税备货进口物流模式的详细流程

1. 海外采购

电商平台根据订单大数据预测，从境外批量采购库存周转快、对保质期要求不高的商品，或者当订单累积到一定批量时，进行集中采购。

2. 商家发货

进口货物入保税仓时，如果出现单货不符，则可能需要删单重报、退单退运，情节严重的甚至可能转缉私。因此，境外商家发货时应注意避免出现单货不符的错误，以规避风险。

商家发货可通过信息系统与境内报关行、保税仓系统打通，并配置PDA手持终端。发货时用PDA扫码拣货，系统自动生成预发货清单并同步传给境内报关行和保税仓，报关行对照收到的来货报关资料进行预审，并与物流商建立复核机制。

3. 国际物流运输

保税进口货物一般通过海运或空运方式运输到境内机场或码头，然后在海关监管下，由物流公司转关提货，最后运至海关特殊监管区域或保税物流中心。海关监管车如图6-11所示。

4. 入保税区暂存

境外货物进入保税区时，海关查验依据大宗货物报关单。其过程如下。

图6-11　海关监管车

（1）入区前预报。入区前，代理企业要申请特殊监管区账册备案业务，准备海关商品备案表，在电子口岸网站申请账册，做好数据传输准备。货物运抵一线口岸后，进行报检报关预录入。

（2）入区报关。货物从口岸转到特殊监管区进行报关，企业将报关单与整套报关单据交给海关接单窗口，海关检查（检疫）后放行，货物进入保税仓。

（3）实货监管。海关实施账册管理，并采用视频监控、联网核查、实地巡查、库存核对等方式对保税商品进行实货监管。

5. 出保税区清关

境内消费者下单后，保税仓按单拣货，并按个人物品监管要求，采用“三单对碰、出库申报”方式办理清关手续。出区清关流程如图6-12所示。

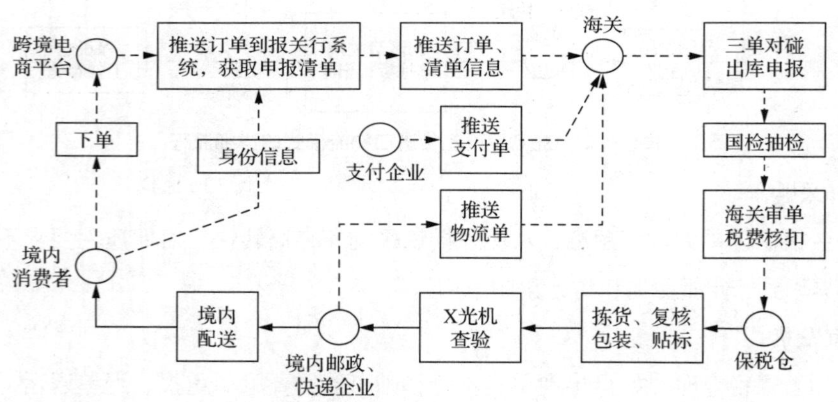

图6-12　出区清关流程

（1）传输“四单”信息

当消费者通过网络下单、付款后，跨境电商平台生成订单，支付企业生成支付单，境内快递企业生成物流单，报关行系统根据三单信息生成申报清单，“四单”信息分别推送到海关系统。

（2）“三单”对碰，出库申报

海关系统进行“三单”对碰，将“三单”对碰结果无异常的订单信息发送给保税仓，保税仓进行出库申报。

（3）海关（国检）抽检

根据海关布控，保税仓拣出待抽检包裹送布控抽检区，国检通过的商品，返回保税仓进行包装，然后按正常流程进行后续处理；国检未通过的商品，进行订单删除。

（4）海关审单，税费核扣

国检完成后，海关系统进行电子审单，税费核扣。

（5）保税仓出库作业

海关系统放行后，保税仓进行常规的订单拣货、复核、包装、贴标作业。

（6）X光机查验

包装好的包裹进入流水线，海关通过X光机进行查验，查验通过后，包裹出库，实施出仓核销。

6. 境内配送

查验放行后，由境内邮政或快递企业配送到消费者手中。

四、保税备货进口物流模式的监管规定

（一）监管代码

保税备货进口商品适用“1210”监管方式。

海关总署公告2014年第57号《关于增列海关监管方式代码的公告》增列海关监管方式代码“1210”，全称“保税跨境贸易电子商务”，简称“保税电商”，适用于境内个人或电子商务企业在经海关认可的电子商务平台实现跨境交易，并通过海关特殊监管区域或保税监管场所进出的电子商务零售进出境商品。

海关特殊监管区域、保税监管场所与境内区外（场所外）之间通过电子商务平台交易的零售进出口商品不适用该监管方式。

（二）税收政策

2016年4月8日之前，保税进口与一般贸易进口相比，头程运输基本一样，但从保税仓发货后是按照个人物品入境清关的，只支付行邮税，节省了税收成本，从而造成与一般贸易进口的不公平竞争。

2016年4月，财政部、国家税务总局等有关部门制定了跨境电子商务零售进口税收新政策，4月8日之后，跨境电商零售进口商品将不再按邮递物品征收行邮税，而是按货物征收关税和进口环节增值税、消费税，即跨境电商综合税。

（三）商品受正面清单约束

保税备货进口商品品类须在“正面清单”内，“正面清单”中的商品可免于向海关提供许可证。

（四）交易限值和税率

海关对保税备货进口商品征收跨境电商综合税，无免税额度。交易限值为：个人单次交易限额5000元人民币，个人年度消费总额不能超过26000元人民币。在限额内关税免征，税率是增值税和消费税相加的综合税的70%。税费由电商企业代缴（需要在海关提前设立税费代缴保证金账户，并存储保证金，税款可直接扣除）。

（五）企业备案

电子商务企业、海关特殊监管区域或保税监管场所内跨境贸易电子商务经营企业、支付企业和物流企业需要按照规定向海关备案，并实现系统对接，通过电子商务平台将交易、支付、仓储和物流等数据实时传送给海关。

（六）商品检验

“网购保税进口”商品，按照个人自用进境物品监管，不执行有关商品首次进口许可批件、注册或备案要求（明令暂停进口的疫区商品和出现重大质量安全风险的商品启动风险应急处置时除外）。但海关对跨境电子商务零售进出口商品及其装载容器、包装物按照相关法律法规实施检疫，并根据相关规定实施必要的监管措施。

【案例】寄样送检还是抽样送检

某电商企业进口的某款SKU商品，首次进入青岛口岸的保税仓，该SKU属于法检商品，按规定需要出具检测报告。出具检测报告的方式一般有两种：寄样送检和抽样送检。前者是在境外发货前寄送样品到指定检测实验室进行检测，确认检测符合要求后方可从境外发货；后者是货物入仓后抽取样品送到指定实验室进行检测，确认检测符合要求后方可销售。

显然，寄样送检风险成本较低，因为货物入仓后再检测，一旦出现检测不符合要求的情况，可能就会涉及退运或销毁，耗时又耗财。此外，如果同一口岸有多个支持“1210”监管方式的保税区，指定的检测机构很可能是同一家，这样也可以避免商家重复送检。

【课堂活动】比较BC直邮进口和BBC保税备货进口的异同点

比较项目	BC直邮进口	BBC保税备货进口
监管代码		
税收政策		
消费总（单次）限额		
可进口商品范围		
入境后的暂存地点		
物流模式		
商品首次进口要求		
退货管理		

保税进口与集货直邮进口的对比

五、保税备货进口物流模式的优缺点

（一）优点

保税备货进口物流模式的最大优点就是消费者体验好，表现在以下几个方面。

（1）配送时间短。消费者下单后，从保税仓发货，配送时间与境内电商购物体验类似。

（2）降低物流成本。保税备货进口物流模式提前以大宗进口方式将商品存放到保税仓，头程运输可采用整箱或拼箱海运，可大幅降低物流成本。

（3）退换货便捷。商品进入保税区，入仓处于保税状态（出区时才缴税），其中的滞销商品可以不缴纳出口关税直接退回境外，退换货较其他模式更便捷。

（二）缺点

（1）商品品类欠丰富。保税备货进口物流模式一般只选择主流畅销品，品类有限，小众商品不宜进保税仓，否则很容易被积压在保税区中。

（2）资金占用大，周转慢。保税备货进口物流模式针对大宗商品，商品量大，销售周期相对较长，资金周转慢。

（3）存在经营风险。保税备货进口物流模式下，资金占用、库存积压、商品滞销及汇率变化均可能带来经营风险。例如，在政策波动和市场规律的双重影响下，全国各大跨境电商保税仓存在一定的库存积压问题。

总之，包裹直邮进口物流模式适合小规模、定制化、个性化商品，商品品类基本没有限制，但配送时间长，物流成本高。集货直邮进口物流模式既能够解决国际邮政包裹和国际快递时效差、成本高、海关商检难的问题，又能够弥补保税备货商品品类限制的不足，但海外仓的建设与运营需要专业人员和资金，在商品运输前要有集货准备期，形成规模优势需要耗费较长的储备时间。保税备货进口物流模式配送周期短，能降低物流成本，但需要先行囤货，不适合保质期短、时间敏感性高的商品。

【阅读材料】国际贸易“单一窗口”

单一窗口（Single Window，Sole Window），就是贸易商能够通过一个入口，向政府各相关机构提交货物进出口或转运所需要的单证或电子数据。按照联合国贸易便利化和电子业务中心的解释，单一窗口是指参与国际贸易和运输的各方，通过单一的平台提交标准化的信息和单证，以满足相关法律法规及管理的要求。

建设国际贸易“单一窗口”是促进贸易便利化、改善口岸营商环境的重要举措。我国高度重视“单一窗口”建设工作，连续三年将“单一窗口”建设工作列入《政府工作报告》。

2014年2月，上海率先启动国际贸易“单一窗口”建设试点。之后，海关总署牵头18家口岸和贸易管理相关部门共同推进“单一窗口”建设和推广工作，截至目前，“单一窗口”已经

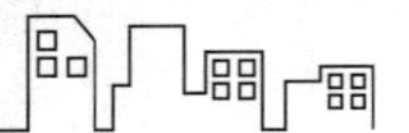

实现了与10个部委系统的连接和信息共享，集成了货物申报、舱单申报、运输工具申报、许可证件申领、原产地证书申领、企业资质办理、查询统计、出口退税、跨境电商、加工贸易、物品通关、税费支付、口岸物流等多项功能。图6-13所示为中国国际贸易单一窗口界面。

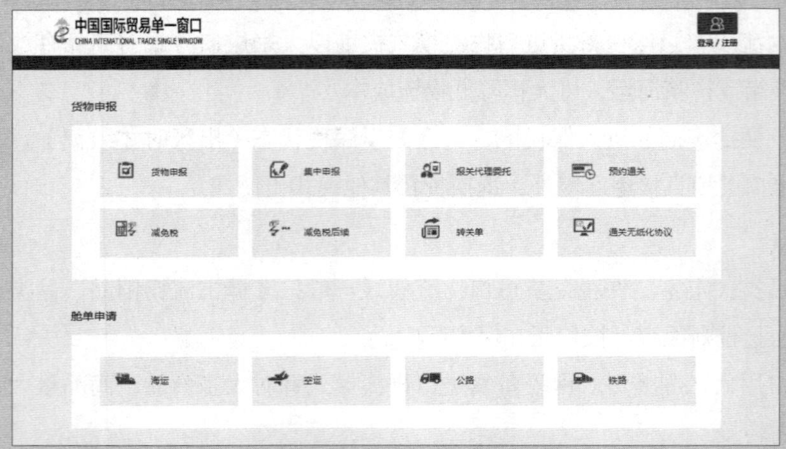

图6-13　中国国际贸易单一窗口界面

在我国，“单一窗口”就是一个电子政务平台，企业通过“单一窗口”可一次性提交海关、海事、边检、港务等口岸管理和国际贸易相关部门要求的标准化单证及电子信息，且全部免费申报，各口岸相关部门管理平台通过“单一窗口”实现互联互通和数据共享。

目前，“单一窗口”已覆盖全国31个省（市、区）所有口岸范围，功能也已覆盖至海关特殊监管区和跨境电商综试区等，已经成为国际贸易领域最主要的平台，解决了企业多头申报和重复申报的问题，实现了一点接入、一次提交、一次查验、一键跟踪、一键办理，实现了进出境通关全流程无纸化。企业可直接登录“中国电子口岸”扫描上传相关单证，系统自动审核放行，有效降低了通关成本、缩短了通关时间，如图6-14所示。

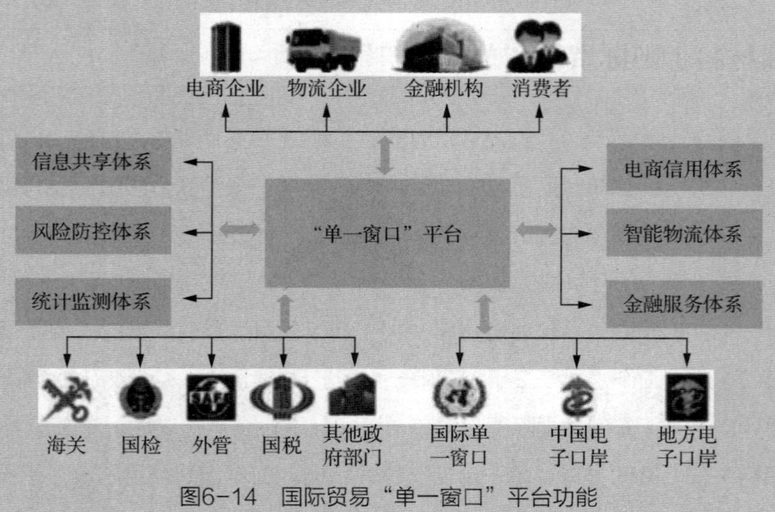

图6-14　国际贸易“单一窗口”平台功能

【职业素养栏目】爱岗敬业，创新奉献

干一行爱一行，行行出状元，指的是无论从事什么职业、分配在什么岗位，都要热爱自己从事的工作，岗位没有高低之分，只要坚守，勤于奉献，就能在本职岗位上获得成绩和荣誉，就能为国家、人民做出自己的贡献。

扫描二维码，阅读道德楷模张连钢的故事，完成以下任务。

（1）思考爱岗敬业的基本要求是什么？

（2）通过道德楷模张连钢的故事，你能获得哪些启发？

（3）作为一名即将踏入职业生涯的青年人，谈谈你将如何践行爱岗敬业精神，在平凡的岗位上做到不平凡？

智慧港口的拓荒人

课后习题

一、单选题

1. 境外包裹通过万国邮联网络邮递入境，在（　　）办理清关手续。

A. 快件监管中心　B. 互换局　C. 保税区　D. 机场

2. 境外包裹通过顺丰国际邮递入境，在（　　）办理清关手续。

A. 快件监管中心　B. 互换局　C. 保税区　D. 机场

3. C2C进口跨境电商平台常用的物流模式是（　　）。

A. 集货直邮　B. 包裹直邮　C. 保税仓发货　D. 海关特殊监管区发货

4. 海外集中采购、跨境集包运输、入境清关后直接配送给消费者的物流模式是（　　）。

A. 集货直邮　B. 包裹直邮　C. 保税备货　D. 海关特殊监管区发货

5. 清关主体为收件人个人的物流方式是（　　）。

A. 集货直邮进口　B. 国际邮件直邮进口

C. 保税备货进口　D. 国际快递直邮进口

6. 将境外批量采购的商品集中运送至境内的海关特殊监管区或保税物流中心暂存的物流模式是（　　）。

A. 集货直邮进口　B. 包裹直邮进口　C. 保税备货进口　D. 海外仓直发进口

7. B型保税物流中心是指（　　）。

A. 经国务院批准，在保税区规划面积或者毗邻保税区的特定港区内设立的、专门发展现代国际物流业的海关特殊监管区

B. 经国务院批准，设立在国家对外开放的口岸港区和与之相连的特定区域内，具有口岸、物流、加工等功能的海关特殊监管区

C. 经海关批准，由中国境内企业法人经营、专门从事保税仓储物流业务的海关监管场所

D. 经海关批准，由中国境内一家企业法人经营，多家企业进入并从事保税仓储物流业务的海关监管场所

8. 适用监管方式“1210”进行监管的是（　　）。

A. 国际邮件　B. 网购保税商品　C. 国际快件　D. 境外集采直邮商品

9. 适用监管方式“9610”进行监管的是（　　）。

A. 国际邮件　B. 网购保税商品　C. 国际快件　D. 集货直邮商品

10. 保税备货进口物流模式的优点是（　　）。

A. 商品品类丰富　B. 配送时间短　C. 降低物流成本　D. 退换货便捷

二、多选题

1. 国际邮件清关，邮政须向海关提供（　　）。

A. 收发邮件路单　B. 封发清单

C. CN22/23报关签条　D. 普通货物报关单

2. 海关判定直邮进口包裹是否属于个人自用物品的原则包括（　　）。

A. 寄自或寄往中国港、澳、台地区的物品，每次限值为800元人民币

B. 寄自或寄往其他国家和地区的物品，每次限值为1000元人民币

C. 商品在正面清单之内

D. 邮包内仅有一件物品且不可分割的，虽超出限值规定，经海关审核确属个人自用的，可以按照个人物品规定办理通关手续

3. 适用行邮税的进口商品有（　　）。

A. 以邮件方式进口的商品　B. 以保税备货方式进口的商品

C. 以直邮集货模式进口的商品　D. 以快递方式进口的个人自用商品

4. 行邮税税率分为三个档次，分别是（　　）。

A. 15%　B. 20%　C. 13%　D. 50%

5. 海关总署自2016年6月1日开始，正式启用了新版快件通关管理系统，适用于（　　）进境报关。

A. 文件类进出境快件　B. 个人物品类进出境邮件

C. 个人物品类进出境快件　D. 低值货物类进出境快件

6. “清单核放”通关模式，需要推送“三单”信息，“三单”通常是指（　　）。

A. 订单

B. 支付单

C. 运单

D. 《中华人民共和国跨境贸易电子商务进出境物品申报清单》

7. 包裹直邮和集货直邮的区别体现在（　　）等方面。

A. 商品限制和商品备案　　B. 税费计算与缴纳方式

C. 海关申报文件与手续办理　　D. 通关效率与查验率

8. 跨境CC直邮进口模式下，快件清关所需要的资料包括（　　）。

A. 身份证的正反复印件　　B. “三单”信息

C. 入境快件申报清单　　D. 总路单

9. 采用“三单对碰、清单核放”方式办理清关手续的物流模式是（　　）。

A. 国际邮件直邮进口　　B. 集货直邮进口

C. 保税备货进口　　D. 国际快件直邮进口

10. 适用跨境电商综合税的是（　　）。

A. 以邮件方式进口的商品　　B. 以保税备货方式进口的商品

C. 以直邮集货模式进口的商品　　D. 以快递方式进口的商品

11. 受单次交易≤5000元，年度交易限值≤26000元限制，且进口商品在正面清单范围内约束的物流模式有（　　）。

A. 邮政渠道直邮进口　　B. 国际快递渠道直邮进口

C. 集货直邮模式进口　　D. 保税备货模式进口

三、判断题

1. 直邮包裹通过快件方式入境，实行的是非主动建议报关制度，不纳入海关贸易统计。（　　）

2. 邮政渠道清关走的是邮关，是隶属于海关的一套独立监管通道。（　　）

3. 行邮税是行李和邮递物品进口税的简称，它是关税、进口增值税及消费税三者合一的替代税种，没有免征额。（　　）

4. 进口邮件清关采用的是主动申报的清关方式，每单必检。（　　）

5. 商业快件清关，报关主体是快件运营人，也是责任承担人，税费由快递商代缴，用户补缴。（　　）

6. 集货直邮进口物流模式用集中采购/批量采购代替零散采购，用集包运输代替零散运输，可降低物流成本，是B2C进口跨境电商平台常用的物流模式。（　　）

7. 同屏比对就是海关人员通过进境物品的X光机图像与物品清单信息比对，比对结果无异常且无布控查验指令的，自动放行；比对结果出现异常的，进行即决式布控查验。（　　）

8. 跨境BC直邮进口，企业需要向海关传输四单（订单、支付单、运单、申报清单）数据，更适合中小电商平台以及入驻境内电商平台的卖家。（　　）

9. 保税进口货物一般通过海运或空运方式运输到境内机场或码头，然后在海关监管下，由物流公司转关提货、运至海关特殊监管区域或保税物流中心。（　　）。

10. 保税备货进口模式下，二线出区时按个人物品监管要求执行，采用商业快件方式办理

清关手续。（　　）

四、简答题

1. 阐述包裹直邮进口、集货直邮进口物流模式的流程。

2. 小李通过跨境电商平台从境外购买了奶粉、手机、蓝牙音箱、箱包和鞋靴，这些商品以国际快递方式邮递入境，请问适用税率是多少？

3. 阐述国际邮件电子化申报的起因和申报流程。

4. 阐述保税备货进口物流模式流程及其优缺点。

项目七 科技赋能

知识目标

- 掌握条形码、RFID、OCR、EDI、RS、GIS、GPS基本知识
- 掌握SaaS、AI、IoT、区块链相关知识
- 掌握PDA、GPS终端、Kiva机器人、无人车、无人机的基本知识

能力目标

- 能应用物流信息技术赋能物流行业
- 能应用物流智能设备进行物流作业处理
- 具备适应物流数智化发展的潜在能力

职业素养目标

- 培养创新意识和创新能力
- 培育专业领域的工匠精神
- 树立终身学习、适应发展的意识
- 树立劳动意识和环保意识

任务一 物流信息技术及应用

任务背景

如何提高效率，加快物流数字化产品创新，赋能国际物流渠道畅通是目前跨境电商领域发展的重要议题。

一站式国际物流在线服务平台“运去哪”将互联网技术、数字化技术与传统的国际物流相结合，推出“航小运”创新产品，通过整合上海国际航运研究中心、国家水上交通信息服务平台等多个数据平台的数据，交叉分析船舶AIS数据、船舶静态数据、港口静态数据等信息，可以将7天船期预测精准到4小时。制造业企业可以按照预测的船期进行备货，这样至少每个集装箱可以为用户节约1000～2000元的成本。

港口是重要的物流数字节点，“运去哪”还与浙江四港联动发展有限公司达成战略合作，共建国际物流数字化生态体系，服务于中国的进出口企业。“运去哪”的目标是利用互联网技术、数字化技术，打造可视化的跨境供应链物流，让国际物流也像收发境内快递一样便捷、高效。

任务问题

物流数字化是提高国际物流效率、改善客户服务体验的利器。请你完成以下任务。

（1）物流数字化相关的技术有哪些？

（2）在国际物流的揽收、运输、仓储、配送、通关等各环节，已经应用了哪些数字化的成果？

（3）物流数字化还能解决哪些方面的问题？

知识准备

跨境电商交易规模持续增长，对跨境电商物流服务能力提出更高要求。物流作为支撑跨境电商发展的重要基础设施，最迫切的需求就是“降本增效”。近几年，在电子商务和新技术突破双重驱动下，物流业发生了前所未有的改变。自动识别技术、电子数据交换技术、物流空间信息技术，以及软件即服务、人工智能、物联网和区块链等技术的应用，给物流业的变革带来了无限可能。通过科技赋能，物流业正在由信息化向数字化、智能化转型升级，不但解决物流运作的痛点，而且极大地提升了物流管理水平。

一、自动识别技术

数字化与信息化的重要区别是数据的自动采集，基于物联网感知，自动识别技术实现信息自动采集、可视化呈现、智能分析同时完成。

（一）什么是自动识别技术

自动识别技术是指应用一定的识别装置，通过被识别物品和识别装置之间的接近活动，自动获取被识别物品的相关信息，并提供给后台的计算机处理系统来完成相关后续处理的一种技术。

自动识别技术是一种高度自动化的信息或者数据采集技术，也是将物品信息数据自动输入计算机的重要方法和手段。利用自动识别技术对每个物品进行标识和识别，是物流数字化的前提和基础，也是构建物联网的基石。

（二）常用的自动识别技术简介

目前，在物流领域用于商品信息/数据采集的自动识别技术主要有条形码识别、射频识别、光学字符识别等。

1. 条形码识别

条形码是一种便于机器识读的图形标识符。条形码标签成本低廉，机器识读率高，很容易翻译成计算机需要的二进制数据或人需要的十进制数据。目前，应用的主要是一维条形码和二维条形码。

一维条形码是将宽度不等的多个黑条和空白按照一定的编码规则排列，用以表达一组信息的图形标识符，如图7-1所示。一维条形码只在水平方向表达信息，由于信息容量较小，因此表达的信息有限。

二维条形码是在水平方向和垂直方向均可以表达信息的一种图形符号，如图7-2所示。二维条形码表达的信息可以是一维条形码的几倍到几十倍，可靠性更高、保密防伪性更强。

图7-1　一维条形码

图7-2　二维条形码

条形码可以标出物品的生产地、制造厂家、商品名称、生产日期、图书分类号、邮件起止地点、类别、日期等信息，二维条形码还可存储英文、中文、人类的指纹、照片等信息，在商品流通、物流管理、邮政快递等领域得到广泛应用。

2. 射频识别

射频识别（Radio Frequency Identification，RFID），是一种非接触式的自动识别技术。RFID系统由RFID阅读器、RFID标签及应用软件系统组成，如图7-3所示。其工作原理：当RFID标签进入RFID阅读器的识读范围后，就会接收到RFID阅读器发出的射频信号，激发内部电路，将存储在芯片中的物品信息以一定频率发送出去，RFID阅读器接收信息并解码，送至应用软件系统做相应的信息处理。

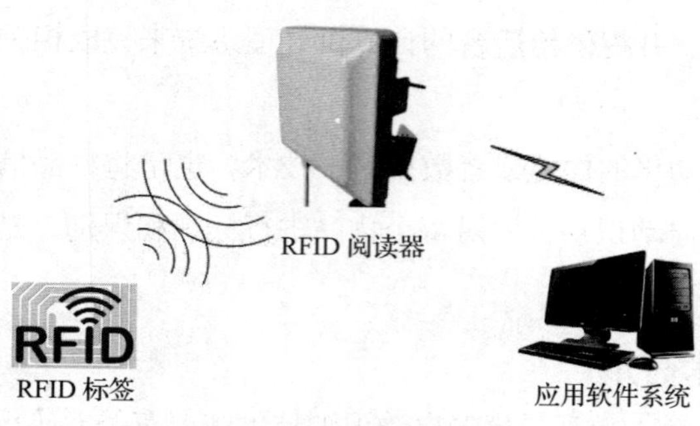

图7-3 RFID系统组成

RFID无须人的干预，可以在各种恶劣环境下工作。相对条形码标签而言，RFID标签存储信息容量大，不怕灰尘、油渍污染，不怕磨损，可反复使用，目前主要应用于包裹识别与跟踪、包裹自动分拣、运输车辆的自动识别和自动收费等领域。

RFID是构建物联网中的一项重要技术，具备多目标批量识别、无接触自动识别、抗干扰性强等优点。随着RFID制造成本的下降，RFID必将得到更广泛的应用，成为推动现代物流数字化转型的重要基石。

3. 光学字符识别

光学字符识别（Optical Character Recognition，OCR），是通过扫描、拍照等光学输入方式，将纸质文件上的文字或数字转换成图像信息，再利用图像处理和模式识别技术进行识别，转换为电子格式的文字或数据。

采用光学字符识别技术能够将纸质文件上的文字自动识别并录入计算机中，实现数字化信息的传输、存储和处理。

在跨境电商物流领域，采用OCR技术可将各种物流单证、票据等文件资料转换成可编辑的电子文件。例如，采用OCR扫描设备对物流面单上的发货人、收件人、货物名称、价值等文字进行扫描，或者对贸易商提交的各种报关纸质单证、文件资料等进行扫描，可将有关信息自动录入计算机中，形成电子文件进行传输、存储、核验等，可大大提高通关效率、减少录入错误。

二、电子数据交换技术

（一）什么是EDI

电子数据交换（Electronic Data Interchange，EDI），是一种通过电子方式，采用标准化的格式，利用计算机网络进行结构化数据的传输和交换的技术。简单来说，EDI就是在不同公司之间，通过计算机和公共信息网络，以电子方式传输订单、发票等商业文件和信息数据的电子化新方法。

构成EDI系统的3个要素是EDI应用软硬件、通信网络以及数据标准化，这3个要素相互衔接、相互依存，构成EDI的基础框架。

EDI工作流程：（1）通过EDI转换软件将原始数据转换为EDI平面文件；（2）通过翻译软

件将EDI平面文件转变成EDI标准文件；（3）在文件外层加上通信信封，通过通信软件传输给目标对象；（4）目标对象接收和处理EDI标准文件，最后转换成用户应用系统能够接收的文件格式，如图7-4所示。

图7-4 EDI工作流程

（二）EDI在物流中的应用

EDI的应用可以完全取代传统纸质文件的交换，因此也被称为“无纸贸易”或“电子贸易”。我国建设实施的金关工程，就是利用EDI技术实现了海关报关业务的电子化。

中国海关EDI通关系统就是一个海关与通关对象之间运用EDI技术自动交换和处理通关文件，并利用海关计算机应用系统自动完成整个通关过程的EDI实用系统。EDI通关系统涵盖进出口货物报关、审单、征税、放行等通关环节，涉及报关行、仓储、运输企业、金融企业和国际贸易、行政管理等部门。

EDI通关系统在原有报关系统的基础上，进一步简化了通关手续，用户在许多情况下不必派人到海关就可办理报关手续，既提高了报关效率，又降低了报关成本。

EDI还可应用在生产企业、运输管理、商品批发等业务领域，可实现数据的电子传输、改善作业流程。

【知识拓展】EDI应用案例

（1）发货人在接到订单后制订货物运输计划，并把运送货物的清单与运送时间安排等信息通过EDI发送给承运人和收货人，以便承运人预先制订车辆调配计划和收货人制订货物接收计划。

（2）发货人根据客户订单的要求和货物运输计划下达发货指令、分拣配货、打印物流条形码的货物标签，并贴在货物包装箱上，同时把运送货物的品种、数量、包装等信息通过EDI发送给承运人和收货人，并依据请示下达车辆调配指令。

（3）承运人在向发货人取运货物时，利用扫描读数仪读取货物标签的条形码，并与先前接收到的货物运输数据进行核对，确认运送货物。

（4）承运人在物流中心对货物进行整理、集装，做成送货清单并通过EDI向发货人发送发货信息。在货物运送的同时进行货物跟踪管理，并在将货物交给收货人之后，通过EDI向发货人发送完成运输业务信息和运费请示信息。

（5）收货人在货物到达时，利用扫描读数仪读取货物条码信息，并与先前收到的货物信息进行对比，核对无误后开出收货发票，货物入库。同时，通过EDI向发货人发送货物确认通知。

三、物流空间信息技术

物流管理涉及物体的空间位移，供应商、经销商、用户的地理分布，物流设施、站点、配送中心的选址与布局，以及运输路径的合理规划等，这些都属于空间信息管理的范畴。空间信息技术的应用使复杂物流规划问题得到智能、高效的优化，并让物流运输过程实现动态透明化。

（一）什么是空间信息技术

空间信息技术是遥感技术、地理信息系统、全球定位系统与计算机网络技术、无线通信技术的综合集成。其中，遥感（Remote Sensing，RS）技术、地理信息系统（Geographic Information System，GIS）、全球定位系统（Global Positioning System，GPS）简称3S技术，是构成空间信息技术的核心。

1. 遥感技术

遥感技术是应用各种传感仪器对远距离目标所辐射和反射的电磁波信息，进行收集、处理，并最后成像，从而对地面各种景物进行探测和识别的技术。利用高分辨率遥感影像图作为电子地图和城市道路矢量图，成图周期短，成本较低。

在空间信息技术中，RS技术主要为GIS的数据库提供数据源，及时对GIS的空间数据进行更新。例如，在车辆导航与监控系统中，RS技术以数字图像的方式提供城市范围内道路及动态变化信息，可以作为GIS的电子地图使用，也可以及时更新道路数据库。GIS通过接收GPS数据，并将其显示在电子地图上，使物流企业实现动态、可视化的物流管理。

2. 地理信息系统

地理信息系统是一种在计算机软、硬件系统支持下，对整个或部分地理空间中的有关地理分布数据进行采集、储存、管理、运算、分析、显示和描述的空间信息系统。

GIS的功能包括数据采集与输入、数据存储与管理、数据编辑与更新、空间查询与分析、数据显示与输出，如图7-5所示。

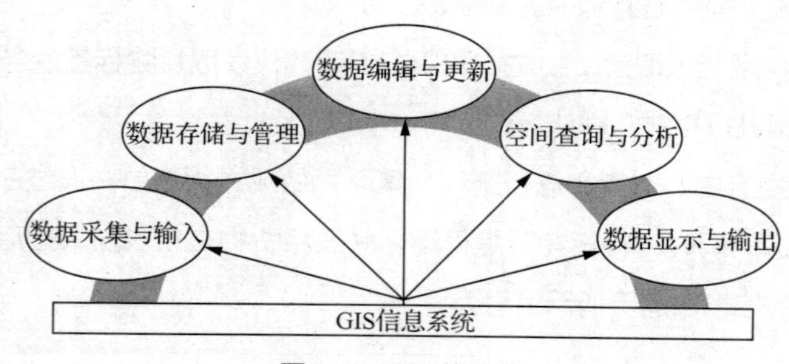

图7-5 GIS的功能

GIS能对以下问题进行分析。

（1）位置问题，即在某个特定位置有什么。例如，分析客户所分布的地理位置，精确匹配配送点和客户的位置。

（2）条件问题，即找到满足某个条件的地点。例如，查找能最大程度节约物流成本的供应商。

（3）趋势问题，分析某一时间段内发生了怎样的变化。例如，分析某一区域客户的购买能力及需求的变化趋势。

（4）模式问题，分析满足某种条件的模式是什么样的。例如，有能力购买某商品的客户呈现什么样的分布模式。

（5）模拟问题，分析如果怎样，会发生什么。例如，如果在某区域建立一个配送中心，会出现什么样的结果。

3. 全球定位系统

根据中华人民共和国国家标准《物流术语》（GB/T 18354—2021），全球定位系统是指由一组卫星所组成的、24小时提供高精度的全球范围的定位和导航信息的系统。

目前，全球定位系统主要有美国的GPS、俄罗斯的GLONASS、欧洲的伽利略以及中国的北斗卫星导航系统。美国的GPS长期处于垄断地位，因此，“GPS”一般特指美国的GPS系统。

中国的北斗卫星导航系统（Beidou Navigation Satellite System，BDS）已被世界行业权威公认排名第二，超越了 GLONASS。在我国民用 GPS 市场，应用的主要是美国的GPS和中国的北斗卫星导航系统。

GPS包括三大组成部分：空间星座部分、地面监控部分和用户设备部分，如图7-6所示。

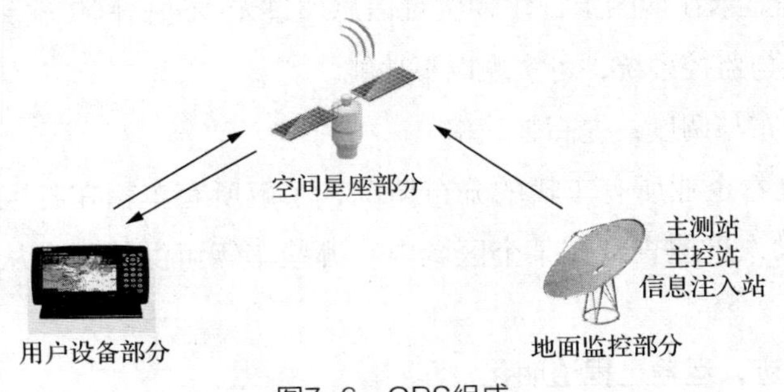

图7-6 GPS组成

地面监控部分由分布在全球的5个地面站组成（其中包括5个卫星监测站、1个主测站、1个主控站和3个信息注入站），其功能是追踪及预测GPS卫星轨道，控制GPS卫星状态及轨道偏差，通过遥控GPS卫星，确保其正常工作。

GPS的空间星座由24颗卫星组成，负责接收和存储由地面监控站发来的导航信息，接收并执行监控站的控制指令，通过星载高精度原子钟提供精密的时间标准向用户发送定位信息。

用户设备就是在用户端必须配备一个GPS专用接收机，功能是接收卫星信号，分析计算所在位置。随着技术的发展，GPS接收机已经可以集成在大多数日用电子设备中，如集成在智能手机中。

在物流领域，GPS能广泛地应用于各个环节，如用于管理者对车辆进行定位、跟踪、调度，货主对货物进行过程跟踪与定位等，增强供应链的透明度和控制能力。

（二）空间信息技术在跨境电商物流中的应用

RS技术、GIS技术、GPS技术的功能各有侧重，互为补充。RS技术为GIS提供电子地图及道路更新数据，GPS的主要功能是定位和导航，GIS的主要功能是将定位和导航显示在电子地图上。RS、GPS和GIS三大技术的综合应用，为打造数字物流提供了技术手段，成为现代物流系统不可或缺的重要组成部分。空间信息技术的典型应用举例如下。

1. 物流设施选址和运输路径规划

仓库和配送中心位置的选择、运输路径的规划、配送车辆的调度、仓库的容量设置是受多种因素影响的复杂决策过程，传统决策方式需要先建立数学模型，然后求解，效率低，精度差，决策过程不能人机交互。嵌入GIS的物流分析软件，集成了车辆路线模型、最短路径模型、网络物流模型、分配集合模型和设施定位模型等，可以高效且人机交互式解决这些问题。利用网络物流模型，可以解决物流网点布局问题；利用分配集合模型，可以准确地确定网点服务范围；利用车辆路线模型和最短路径模型，可以确定使用多少辆车及每辆车的路线。

2. 车辆导航与监控

综合利用RS、GIS、GPS、无线通信等技术构建车辆导航与监控系统，可对车辆等移动目标进行导航和动态跟踪，来实现对车辆的实时管理与控制。GPS提供车辆的精确位置，GIS将位置信息以“点”状符号显示在地图上，车辆位置信息通过无线通信网传输到调度控制中心，通过调度中心的车辆导航与监控系统，可实现以下功能。

（1）查看车辆分布与调度，提高装载率

在电子地图上查看企业所有车辆的分布情况，了解所有车辆在各区域的具体位置、行驶状况，根据用户需求，迅速查到在某个区域内有哪些车辆可供使用，从而提高车辆装载率，降低空驶率。

（2）查询历史轨迹，运输过程透明化

通过查询车辆的历史轨迹，调度中心可以了解车辆在行驶过程中的状态、路线，便于对车辆进行规范管理与控制。客户也可以通过查询运输车辆的行驶轨迹，了解在途货物的运输过程，改善客户体验。

（3）查看车辆当前位置，紧急救援

一旦车辆在行驶过程中发生意外或遇到特殊紧急情况，调度中心可以查看车辆的当前位置、行驶的方向和行驶的速度，以便进行紧急救援或实时调度。

四、软件即服务

（一）什么是SaaS

软件即服务（Software as a Service，SaaS），是一种通过互联网提供软件服务的模式。在该模式下，软件运营商将各种应用软件统一部署在自己的服务器上，用户可以根据自己的需求，通过互联网向软件运营商租用所需的软件服务。

SaaS属于云计算的一种，通过该模式，用户不必投入大量资金用于系统开发，只需要支付一定的租赁费用，便可以享受运营商提供的软件服务以及系统更新和维护。

（二）SaaS在跨境电商物流中的应用

1. SaaS在运输管理中的应用案例

运输管理的痛点是人、车、货信息不对称，运输过程不透明，导致运输效率低、成本高、运输质量难以管控。

oTMS是一站式运输服务平台提供商，其基于社区型“SaaS平台+移动App”模式，将货主、第三方物流公司、运输公司、司机和收货人进行无缝互联，形成一个基于核心流程、平衡、多赢的协同平台。货主版和ERP/WMS 对接，连接多级承运商，可订单询价，在线招标，实时追踪、实时KPI等。承运商版可在线接收订单、连接下游多级分包商或司机、提供电子回单等。司机App可接收订单，追踪反馈（提货、在途），进行送货GPS定位，提供地图导航、电子围栏，在将货物送达后一键上传电子回单等。

oTMS的物流SaaS平台在云端构建了一个生态，为不同的企业建立快捷沟通和协同提供了基础，能够帮助企业实现上下游无缝链接，可提高运输效率，加强过程管控，改善用户体验，实现运输过程的透明化、可视化和可监督。

2. SaaS在物流供应链管理中的应用案例

在传统供应链管理软件中，各个环节的业务数据大多是孤立的，难以实现信息的共享。奥林科技采用SaaS模式研发出物流供应链管理平台，串联订单中心、客户关系管理（CRM）、海运货代管理、空运货代管理、报关管理、保税管理、仓储管理、配送管理、运输管理、堆场管理等系统模块，用户端无须任何安装，通过互联网便可解决物流供应链各个环节的信息化应用难题。

3. SaaS在跨境包裹运输中的应用案例

对于跨境电商卖家来说，国际包裹的跟踪查询是必不可少的需求。AfterShip是一家专注做B2B端SaaS应用程序的科技公司，利用云端技术实现快递跟踪、订单打印和退货客服的全自动化，为国际电商及零售平台提供定制的快递查询页面，让其用户在查快递的同时还可查看产品广告，实现智能营销。17TRACK是一家为用户提供一站式的全球跨境电商物流查询平台，为用户提供国际挂号包裹查询、国际快递查询、国际物流查询等服务，并通过抓取货物的公开查询，经过系统化的筛选和分析，为卖家提供聚合查询、时限监控、质量分析和比价等工具。基于SaaS，跨境电商卖家通过互联网即可享受该平台的查询服务。

五、人工智能

（一）什么是人工智能

人工智能（Artificial Intelligence，AI）是研究、开发用于模拟、延伸和扩展人的智能的理论、方法、技术及应用系统的一门新的技术科学。

人工智能属于计算机科学的一个分支，其目的是让机器模拟人类思考过程，并生产出一种能以人类智能相似的方式做出反应的智能机器，包括机器人、语言识别、图像识别、自然语言处理和专家系统等。

（二）AI在跨境电商物流中的应用

现代物流业是人工智能最早和最大的受益者，人工智能技术的应用给物流业带来革命性的改变，让物流设备的智能化、无人化、物流管理的智慧化得以实现。AI赋能给物流企业带来更高的效率和更低的成本。

目前，人工智能应用已经渗透到物流的各个环节，从采购到存储、从运输到配送，从信息世界到现实设备。京东、阿里巴巴等电商企业，邮政、顺丰、圆通、申通等邮政快递企业也都在探索人工智能技术的落地应用，并取得很多成果。利用AI技术可以实现智能拣选、智慧盘库、智能调度、路由优化、单证识别等，也可以规划和执行复杂作业等。

1. 智能拣选

仓储和配送中心商品种类繁多、拣货频次高，拣货工作量巨大，如何迅速准确地把不同种类和数量的商品按订单需求拣选出来，是一项极具挑战性的任务。有关资料统计，在物流搬运成本中，拣货作业的搬运成本约占90%，在劳动密集型配送中心，与拣货作业直接相关的人力成本占50%，拣货作业时间占整个配送中心作业时间的30%～40%。

智能拣选系统包括分拣过程中使用的搬运设备（如AGV、智能分拣车、传送带等），以及分拣过程中的信息流。路径规划、机器视觉等技术的应用赋予搬运设备更多的智能，使得无人搬运更加安全、高效。数据挖掘、大数据分析等技术的应用能够将拣选订单进行更合理的拆分与合并，并与仓储设备、搬运设备和人员形成联动，实现成本更低、效率更高的订单拣选。

2. 智慧盘库

库存盘点是一项耗费人力和物力的工作，还不能直接产生经济效益，因此，降低盘库的成本、提高效率很有必要。计算机视觉、图像识别、无人机等技术，能够迅速对货物的种类和数量进行盘点，相比于人工盘点，效率更高，准确率更高。

3. 智能调度

利用AI技术，根据包裹数量、体积及路径等基础数据分析，对各环节（如包装、装卸及运输等）进行智能调度，降低线路用车量、空驶率，合理安排运输方案，避免运输次数增加或迂回。

4. 路由优化

利用AI技术，结合电子地图和实时路况进行路径规划，根据用户分布、交通运输、税收、劳动力租金成本等约束条件，计算接近最优解决方案的科学选址。

5. 单证识别

利用AI技术，通过图像识别、地址库和卷积神经网络提高手写运单的机器识别率，减少人工录单量和出现差错的可能性。

6. 规划和执行复杂作业

利用AI技术，自动识别场院内外的人、物、设备、车的状态和学习规范的操作及指挥经验，达到现场管理自动决策。

7. AI客服

利用AI技术，智能应答、主动外呼及回复邮件，并对复杂的投诉类和理赔类等问题，通过算法模型预判客户意图，为客服人员预设解决方案和话术安排，并可自动派发工单等。

【案例】菜鸟打造AI报关员

在菜鸟上线的“AI报关员”系统中，当商家申报后，AI抓取各项信息、商品图像等，进行预归类报关，生成推荐税号，通过算法训练的AI归类正确率可达98%以上。

六、物联网

（一）什么是物联网

物联网（Internet of Things，IoT）就是物物互连的网络，是指在互联网的基础上，通过信息传感设备，按约定的协议，将任何物体与网络相连接，构造一个全球物品信息实时交换与共享的实物互联网。

（二）物联网的原理

物联网的本质就是在射频识别、红外感应器、全球定位系统、激光扫描器等信息传感设备的支持下，按约定的协议实现“物体与互联网”自动连接、智能定位、场景识别、数据采集上网、物品跟踪、过程监控等。

首先，物联网通过信息传感器感知设备，获取物体的数据，然后通过无线通信网络和互联网，把获取的信息传递到系统端，再利用云计算、模式识别等智能计算技术，对物联网收集的海量数据进行智能分析与处理，最后对物体进行智能调度与控制。

（三）物联网在跨境电商物流中的应用

当物联网走进现实，世间万事都能够彼此“交流”，这将极大地增强供应链各环节的信息获取和实时反馈的能力。利用物联网，可以让跨境电商物流过程具备智能，从而实现智能仓储、智能配送、智能监控等。

1. 智能仓储

仓储是跨境电商物流的一个核心环节，应用物联网技术，可以实现智能仓储。例如，通过RFID标签、智能传感器等，既可以实时感知仓库温湿度环境，也可以对商品进行智能识别、定位、计数、拣选、盘库、监控，从而提高仓储入库、在库、出库作业效率，优化商品储存环境。

2. 智能配送

跨境电商物流的短板之一就是运输途中的物流信息缺失或更新不及时，客户体验差。应用物联网技术，可以及时获取和反馈运输途中的物流信息，并传输到中央管理系统，供企业和客户对跨境包裹进行实时跟踪，从而改善物流服务质量，提升客户购物体验。

3. 智能监控

基于物联网，通过RFID技术可以快速感知并获取物流各阶段商品的数据与信息，通过EDI技术可以实现物流数据文件的传输与共享，通过GIS、GPS技术可以对运输途中的车辆及商品进行实时监控，从而优化物流监管，实现快递包裹全程可监管、可追溯。

七、区块链

（一）什么是区块链

区块链（Blockchain）是一种分布式数据存储、点对点传输、共识机制、加密算法等新型计算机软件应用模式。区块链是一串使用密码学方法相关联产生的数据块，每一个数据块中包含了一批次网络交易的信息，用于验证信息的有效性（防伪）和生成下一个区块。

从应用视角来看，区块链就是一个分布式的共享账本和数据库，区块链中的“区块”指信息块，这个信息块内含有一个特殊的信息，即时间戳。含有时间戳的信息块彼此互连，形成信息块链条，称为“区块链”。区块链具有去中心化、不可篡改、全程留痕、可以追溯、集体维护、公开透明等特点。

（二）区块链在跨境电商物流中的应用

物联网与区块链的结合是一个新的探索方向。全球贸易和跨境物流链条长，复杂性高。供应链上各个主体之间存在严重的信任问题，商品的真实性无法保证问题，以及单据流、物流、信息流三者同步性和一致性难以保证的问题等。

区块链技术与跨境电商物流的特点具有天然的耦合性，利用区块链技术，可将国际供应链条上的各个主体，以分布式记账方式串联起来，实现共享账本和交叉检验，智能合约、货源追溯和报关等相关应用，缓解国际供应链条各方缺乏信任的痛点。

1. 区块链技术应用于国际物流供应链管理

物流承运商和雇佣方之间的结算凭证是双方结算的重要依据，传统纸质单据流转成本高、效率低。区块链与电子签名技术相结合，可以实现供应链中不同主体之间的无纸化电子签收，将单据流转和电子签收过程写入区块链存证，以实现承运过程中的单据流与信息流一致，然后通过智能系统进行对账，具有极高的信任度。区块链技术与物联网相结合，借助RFID技术自动识别和GPS全球定位，可保证单据流、信息流与物流的一致性。

2. 区块链技术应用于国际物流追踪方面

利用物联网和区块链技术，以条形码或RFID标签为载体，从生产端开始，为每件商品赋予唯一、可追溯的数字身份信息。当商品离开生产地时，可将商品的生产地、生产时间、生产批次信息，商品的包装信息传到分布式数据库中；在运输时，可将运输时间、车辆信息、司机信息、中转换装信息、接收人信息等传到分布式数据库中；在海关商检时，可将商品的品质信息、数量信息、单证信息、准予放行信息等传到分布式数据库中。

商品在国际供应链中每个节点流转时，利用区块链的信息共享、不可篡改及时间戳特性，可动态监控跨境电商流转的各环节，通过实名注册记录制造商、供应商、物流商等主体的账本信息，对跨境货物进行分辨，从而保障货物安全出入境，避免假冒伪劣问题出现。当商品到达客户手中时，客户可以扫描包装箱上的溯源码，了解与商品有关的一切信息，做到安心购买。

【案例】

京东国际是全球首个在全链条采用区块链技术溯源的跨境电商平台。商品从“诞生”那一刻起，就通过区块链技术将其身份信息记录下来，直到后续进入海外仓、出境口岸进行报关、国际物流运输，进入保税仓或直邮至境内进口清关、分拣配送、消费者签收等，商品的“旅行信息”都可以记录下来，从而杜绝“偷梁换柱”，实现商品保真。京东应用区块链防伪溯源为跨境电商进口商品打上身份标签，让客户购物更安心。

任务二 物流智能设备及应用

任务背景

近几年，智能仓储机器人在电商物流领域受到推崇，发展十分迅速。其原因：一是电子商务订单数量多、SKU复杂、配送时效要求高，采用传统的人工作业难以满足电商订单的生产需求，进而制约了电商业务的发展；二是人口红利消失，人工作业成本不断提高；三是电商行业的各种大促导致订单数量大幅度波动，这给仓库的运营管理和作业能力带来很大挑战。在上述背景下，以“机器换人”的运营需求应运而生。

从技术和政策角度看，国家倡导创新驱动发展，大数据、人工智能、云计算、运筹优化等技术蓬勃发展，物流智能设备不断创新，给行业智能化升级带来了动力。

任务问题

（1）有哪些物流智能设备可以应用到电商仓配环节？

（2）某电商仓配中心业务发展十分迅速，仓库不断扩容，但是人工拣选的时候，由于拣选面不断增大，人走的路线越来越长，拣选效率急剧下降，而且由于订单SKU复杂，人工拣选出错的概率也增加了。因此，该仓配中心计划进行升级改造，采用类Kiva机器人实现货到人拣选，请你为该仓配中心选择类Kiva机器人，包括导航方式、机器结构和功能的选择，并阐述选择的理由。

知识准备

随着人工智能技术在物流业的大量应用，物流设备向智能化、无人化方向发展，推动着物流业的“数智化”水平不断提升。目前，智能设备的应用已经渗透到物流每一个环节，赋能物流行业，带来效率的提升和成本的降低。

一、PDA移动终端

物流信息的自动采集是物流作业中一个重要的技术装备，目前广泛应用于物流信息采集的设备是PDA移动终端。

1. 什么是PDA移动终端

PDA（Personal Digital Assistant）移动终端又称掌上电脑，是一种可通过宽带无线移动通信技术接入互联网，搭载各种操作系统，根据用户需求定制化各种功能的终端设备，如图7-7所示。

图7-7 PDA移动终端

PDA移动终端可承载很多业务流程，是一个实时互连的一线作业平台，也是衔接系统与实物的重要载体，广泛应用于服装、快消品、3C电子、快递、仓储、运输等细分行业的物流信息采集，常见的有条形码PDA、RF PDA、OCR PDA等类型。

条形码PDA是具有识别一维条形码和二维条形码功能的PDA，可用于图书馆、仓库、快递、物流等环节需要扫描条形码的场合。

RF PDA是指具备RFID读写功能，可以对RFID标签信息进行识读的移动终端。目前，有些RF PDA移动终端兼具识别条形码、字符和RFID标签的功能。根据频率不同、读写的距离不同，RF PDA又分为低频RF PDA移动终端、高频RF PDA移动终端、超高频RF PDA移动终端。

OCR（Optical Character Recognition）PDA是具有光学字符识别功能的PDA。目前，市场上的OCR PDA不但具有光学字符识别功能，也兼具条形码识别功能，可用于快递面单的条码识别和手机号码识别等场合。

2. PDA移动终端的应用

PDA移动终端可应用于物流各个环节，下面举例说明。

（1）PDA在仓储与配送管理中的应用

① 用于入库验收

在入库验收环节，要对供应商送来的众多商品的数量、品种及规格进行核对，若采用人工验收，劳动强度大，验收效率低，且极易出错。

采用PDA移动终端，验收人员只需手持PDA扫描商品上的条形码或RFID标签，便可实现对入库商品的智能核对、数量统计、储位分配、数据上传等功能，从而智能、高效、准确地完成入库作业。

② 用于库存盘点

库存盘点是为客户提供准确的库存信息、保证账实相符的重要手段。库内商品的SKU有成千上万种，若采用人工盘点、手工记账，很容易出现错盘、漏盘、错记、漏记，盘点数据还需要配备专门人员录入系统，盘点工作耗时长、效率低、准确度无法保证。

采用PDA移动终端，可以实现智能化移动盘点。通过PDA扫描盘点对象的条形码或RFID标签，便可精准高效完成商品的清点、统计，并通过无线通信，一键上传盘点信息到后台数据库，避免人工二次录入数据，大大提高工作效率和盘点准确度。

③ 用于拣货出库

订单量日益增长，配送中心拣货工作量巨大。传统人工拣选效率低，容易出错。

利用PDA移动终端智能拣选，拣货人员通过PDA接收拣货信息，PDA可智能计算最优拣货路径，并指示待拣商品货位，拣货人员只需根据PDA指示，走到指定货位，扫描商品条码或RFID标签便可自动比对出库商品，从而高效、准确地完成商品拣取、出库信息上传工作。

（2）PDA在快递作业与管理中的应用

① 用于快件揽收

传统揽收方式需要人工填写快件详情单，效率低、出错概率高，揽收信息不利于录入系统。

使用PDA移动终端，当客户在网上下单后，系统将客户姓名、电话、收货地址推送到快递员的手持终端上，快递员根据信息到客户指定地址揽件，现场称重、计费、打印标签，高效完成快件揽收。而快件信息则同步传到后台数据库，方便后续业务处理和客户跟踪查询。

② 用于快件派送与签收

通过PDA移动终端可实时获取派送员的地理位置，全程透明化跟踪定位，客户收货时可在PDA移动终端上签字确认，并实时上传到后台管理系统。开箱货物有问题时，客户还可实时拍照取证，避免不必要的纠纷。利用PDA移动终端的移动支付功能，还可刷卡代收货款，让货款资金更加安全可靠。

③ 用于快件的中转与分拨处理

采用PDA移动终端代替人工进行货物的分拣，可实时记录货物的状态、位置和流转信息，并通过无线网络上传到后台管理系统，调度中心可实时掌握货物在每个环节的状态信息，让管理更加透明高效。

二、GPS智能终端

1. 什么是GPS智能终端

GPS智能终端是智能交通系统（Intelligent Traffic System，ITS）的重要组成部分，它将卫星定位技术（GPS）、地理信息系统（GIS）以及无线通信技术融于一身，承载了智能交通系统各环节的需求。

在交通信息采集部分，需要GPS智能终端提供车辆的准确定位信息和车辆运行状态信息；在车辆调度控制部分，GPS智能终端作为调度指令的接收设备，负责接收ITS中心的调度指挥信息；在电子收费环节，需要GPS智能终端与收费站自动完成付费交易；GPS智能终端还是交通服务信息的接收平台，把可视化的服务信息展示给驾驶人员；在交通管理层面，通过GPS智能终端可限制车辆行驶范围和行驶时间，监控车辆的行驶轨迹等。

2. GPS智能终端在运输管理中的应用

运输管理常见的痛点：驾驶人员和车辆远离管理和调度中心，传统方式无法实时跟踪货运车辆的位置信息，也难以监管运输过程中驾驶员的行为，当出现临时需求时，对人和车的调度都比较困难等。

GPS智能终端的出现，让上述痛点迎刃而解。只需为每辆货运车辆配置GPS智能终端，利用其定位功能，便可快速准确地追踪车辆及货物的位置，让管理调度中心和货主可随时了解货运车辆和货物的状态；利用 GPS智能终端，调度中心可进行车辆调度和线路管理，根据客户需求查看附近的车辆分布情况，及时安排运力；利用GPS智能终端，还可以优化运输路线、回放车辆行驶轨迹、验证驾驶员身份信息、规范驾驶员行为等。

三、智能仓储机器人

（一）智能拣选机器人

智能拣选机器人也称Kiva机器人，它是AGV自动导引小车的一种，如图7-8所示。2012年，亚马逊公司斥资7.75亿美元收购了Kiva Systems公司的机器人项目，并将该公司研制的Kiva机器人应用于仓库的订单拣货，创新了“货到人”拣选模式。

图7-8 Kiva机器人

1. Kiva机器人的工作原理

Kiva机器人由导航系统、举升装置、碰撞检测模块、供电模块、驱动模块、控制系统6个部分组成，各部分的功能如下。

（1）导航系统

Kiva机器人依靠地面二维码和惯性导航。Kiva机器人的导航系统由双摄像头成像模块组成，一个摄像头用于向下看，识别地面的二维码，进行位置导航；另一个摄像头用于向上看，读取货架底部的条形码，以识别货架。

（2）举升装置

举升装置用于将货架从地面举起，由齿轮箱、升降电机和大口径滚珠丝杠组成。当升降电机转动时，机器人的两个驱动轮子沿反方向旋转，结果是升降托盘相对地面没有旋转，只是在滚珠丝杠的作用下升高，从而保证货架平稳升降，不会随着升降托盘的旋转而旋转。

（3）碰撞检测模块

Kiva机器人的外壳有红外传感阵列，以及气动保险杠，用于检测并缓冲碰撞。如果感应到有人或者物体阻挡了去路，机器人会立即停止移动。

（4）供电模块

由一组铅酸电池为机器人提供动力电源，当电池电量过低时，机器人会自行移动到充电站进行充电。

（5）驱动系统

在Kiva机器人底部两侧有两个无刷直流电机独立控制的橡胶轮子，小车可双向行驶。

（6）控制系统

Kiva机器人的控制系统负责管理和指挥机器人的导引、路径选择、行走和装卸等操作。

2. Kiva机器人在智能仓库中的应用

拣选是仓储的核心环节。拣选作业是根据客户订单上的商品品名、数量，将商品从货位上取出，并放在指定位置的物流活动。在典型的电商仓库中，由于商品种类繁多、订单零散，若采用传统的“人到货”拣选模式，拣货作业由人工完成，拣货人员在仓库内每天可能需要行走几十千米，工作量巨大、效率低且容易出现错误，直接影响订单履行的质量和客户的购物体验。

亚马逊公司开创的“货到人”拣选模式，颠覆了传统意义上的仓库拣货方式，可完美解决电商仓库拣货作业的痛点，成为目前电商物流行业中发展最快、最受认可的智能拣货方式。

“货到人”拣货系统至少包含以下5个关键部分。

（1）可移动的定制货架，底部有二维码。

（2）地板上铺设的二维码网格。

（3）配有电子秤、显示屏等设备的包装站。

（4）若干可独立移动的类Kiva机器人。

（5）嵌入复杂的调度算法、具有自决策和机器人管理功能的软件系统。

Kiva机器人体积小巧，可在狭窄的空间内行走，并能自动避障。基于Kiva机器人的“货到人”拣货过程如下。

（1）当客户在网上选购商品并下订单后，拣货流程就开始了。软件系统将拣货任务分配给某个Kiva机器人，该Kiva机器人接到任务后，会计算路线并前往目标货架。

（2）在行进过程中，Kiva机器人会尽可能从货架下方穿过，从而将过道让给正在搬运货架的其他机器人，如遇到需转弯的情况，机器人会自行停下并原地转向，然后继续前行。

（3）当Kiva机器人到达目标货架后，它会通过螺旋运动升起货架，然后载着货架到最近的过道上行进。

（4）当到达智能拣选台前时，Kiva机器人会自动在规定区域内排队等待拣选。

（5）拣选台工作人员只需根据显示屏和播种墙电子标签的提示，从货架上取出相应数量的商品，然后扫描、装箱即可。

（6）取货完毕后，软件系统负责下达指令，将货架轮流送回存储区。

（7）在智能拣货系统中，拣货完毕的货架不一定返回原来的位置，而是根据所剩货物的情况以及仓库的订单情况智能决策，为货架寻找一个新的存放点，如果货架上的剩余货物被拣选的概率比较小，那么新的存放点可能是仓库较偏僻的角落。

（8）当Kiva机器人返回规划好的货架存放地点后，通过螺旋运动把货架放下，然后自行回到调度区域，等待下次调度任务。

（9）如果机器人电量低到需要充电的点位，它会自行前往充电站进行充电。

3. 利用“货到人”拣选模式带来的收益

利用Kiva机器人直接把货架搬到拣货人员面前的“货到人”拣货模式具有如下优势。

（1）提高拣货作业效率

“货到人”拣货模式大大压缩了拣货人员的行走距离，机器的爬行速度远高于人的行走速度，因此可节约拣货成本、提高拣货效率。

（2）提高拣货准确度

在“货到人”拣货模式中，拣货人员只需从很小的拣货面（单个小货架）拣货，拣货出错的概率大大下降，拣货准确度高。相关数据表明，Kiva机器人每小时可行进30千米，准确率达到99.99%，效率是普通工人的8倍。

（3）灵活性高、柔性好，能适应订单的弹性需求

由Kiva机器人组成的“货到人”拣货系统，项目部署快、交付周期短，系统灵活性高，易于扩展。例如，针对跨境电商大促期间拣货能力不足，可以通过淡旺季增减机器人的数量，动态灵活地应对大促期间的高峰物流问题，保证给客户提供良好的购物体验。

综上所述，Kiva机器人组成的“货到人”拣货系统，非常适合SKU量大、商品数量多、需要高频次拣货的场景。目前，类Kiva机器人系统在我国跨境电商、商超零售、医药、快递等多个行业实现了成功应用。

（二）智能分拣机器人

分拣是快递企业或配送中心根据客户的配送地址，将复核包装后的商品按路向进行分类的过程。随着网购订单越来越多，电商配送中心或快递分拣中心的包裹量急剧上升。传统人工分拣方式作业效率低、差错率高，旺季爆仓和暴力分拣的事件时常发生，严重影响电商物流的配送时效和客户体验。为了解决这些问题，智能分拣机器人应运而生。

智能分拣机器人形似扫地机器人，体型小巧，功能强大，集扫码、称重、分拣三重功能于一体，在机器人上方有一个可翻转的托盘，用于装载包裹，如图7-9所示。

图7-9　智能分拣机器人

1. 智能分拣机器人系统的工作过程

智能分拣机器人系统包括领取包裹、自动识别包裹面单信息并进行称重、自动规划行进路线并到达投递格口卸货、自动避障和自主充电等功能。

（1）领取包裹

机器人调度系统将包裹分拣任务发送给待命的智能分拣机器人，智能分拣机器人到分拣工作站前排队领取包裹，分拣站工作人员将传送带上的包裹放到机器人的翻盘中。

（2）自动识别包裹面单信息并进行称重

智能分拣机器人领到包裹后，头顶包裹穿过配有工业相机和电子秤等感应设备的龙门架，利用工业相机的扫码功能和电子秤的称重功能，自动完成包裹面单信息的识别和包裹重量的称重。

（3）自动规划行进路线并到达投递格口卸货

智能分拣机器人根据面单上的收件人地址，确定投递格口位置，然后自动规划最优路线，以3米/秒的速度行进，到达卸货格口旁边的指定位置后，机器人的托盘翻转，包裹滑入分拣格口，然后通过滑槽进入包裹暂存区域，至此完成包裹的分拣过程。

（4）自动避障和自主充电

智能分拣机器人拥有超声波避障检测和自主充电功能。在行进过程中，如遇障碍物会自动避让，当剩余电量到达低电量值点位时，自动去充电区充电；当电量到达工作电量值点位后，自动返回工作区。

2. 应用智能分拣机器人带来的收益

利用智能分拣机器人系统进行分拣作业，具有分拣效率高、分拣差错低的优势。一般情况下，机器人分拣差错率几乎为零。此外，由多台独立的智能分拣机器人组成的分拣系统，具有柔性好、灵活性高的特点。据报道，在2000平方米大小的分拣场地，部署300台智能分拣机器人（包含300个卸货口），即可满足每小时处理2 万单包裹的分拣需求，可减少80余名作业人员。企业还可根据不同季节业务量的波动，灵活增减现场工作的智能机器人数量，及时应对淡旺季的分拣需求。与人工作业相比，智能分拣机器人系统还具有工作稳定性好、可靠性高的优势。

四、智能配送机器人

配送是跨境电商物流的最后环节，配送范围广、场景复杂，因此也是需要投入人力最多的环节。目前，在配送环节应用的智能设备主要是无人配送车和无人机。

（一）无人配送车

无人配送车是指在配送最后一公里应用的低速自动驾驶无人车，由环境感知、车辆定位、路径规划、车辆控制、车辆执行等模块组成，如图7-10所示。

图7-10　无人配送车

无人配送车体积小，车速低，适用于在封闭的园区、社区、校园等场景代替人工完成配送任务。只需一键存入，无人配送车即可根据目的地生成合理的配送路线，在配送途中可自主转弯、自主掉头、自动避让车辆，也可减速通过缓冲带并绕开障碍物，到达设定停靠点后，会自动向收货人发送取货短信通知，收货人可通过验证或者人脸识别开箱取货。

2014年，国外开始试点无人配送车进行配送。2016年9月，京东发布了无人配送车进入道路测试阶段的消息，2017年，京东“6·18”大促期间，在中国人民大学完成了里程碑意义的首单配送。同年，京东在北京、杭州、西安等城市环境较为封闭的社区及学校开展了无人配送车服务。自此之后，阿里巴巴、中国邮政、中通、美团等各大企业的无人配送车纷纷亮相。

随着网购订单数量越来越多，末端配送的压力也越来越大，以无人配送车取代人力配送可减少人力投入、提高配送效率，同时也可避免某些场景不允许派送人员进入以及人工存在不安全隐患等制约因素。

（二）无人机

无人机配送是利用无线电遥控设备或者自带的程序操纵无人机低空飞行运送包裹。无人机能够垂直起降，占用场地空间小，灵活性强。利用无人机配送，可有效解决山区或偏远地区订单分散、交通不便利，配送效率低、配送成本高的问题。例如，偏远地区的包裹投递，开车需要2小时，采用无人机只需30分钟即可。此外，无人机还可用于紧急物资、生鲜类商品的运送等，运用无人机可提高运送效率、降低物流成本。

在美国，亚马逊公司最先使用Prime Air无人机配送包裹，沃尔玛公司在阿肯色州使用无人机送货，谷歌旗下的翼航公司用无人机为居民配送健康食品、宠物用品、冰激凌等。Zipline公司的无人机在非洲等地进行医药配送。在日本，用无人机配送高附加值的商品。瑞士等欧洲国家也在积极推进无人机配送，以补充快递员工作。

在国内，无人机配送的代表性企业有顺丰、京东、邮政、美团等。2017年8月，京东获得陕西省无人机试点证书；2018年3月，顺丰获得国内首个无人机运营许可证，先后在江西赣州、四川成都等地设立无人机基地，并在阳澄湖、舟山等地运送大闸蟹等生鲜水产品，相对于传统水路等运输方式，无人机运输效率可提高十多倍。

企业积极尝试无人机物流，国家层面也给予政策支持。2022年，中国民用航空局在《“十四五”航空物流发展专项规划》中多次提及无人机物流，并发布了《城市场景物流电动多旋翼无人驾驶航空器（轻小型）系统技术要求》等规范，国家政策的支持将进一步促进无人机在物流领域的应用及发展。

【职业素养栏目】树立创新意识，培养创新思维

扫描二维码，观看视频案例，完成以下任务。

（1）请列举青岛港自动化码头在物流方式上有哪些创新。

（2）以小组为单位开展头脑风暴，激发创新思维，讨论如何利用智能机器人、人工智能、物联网、自动识别、云计算、大数据等技术进行物流运输、仓储、装卸搬运方式的创新，通过创新提高物流效率、改善物流服务质量、降低物流成本。

青岛港自动化码头的科技创新

课后习题

一、单选题

1. 自动识别技术的作用是（　　）。

A. 数据采集　　B. 数据传输　　C. 数据存储　　D. 数据分析

2. （　　）是一种最便于机器识读的图形标识标签。

A. RFID标签　　B. 条形码标签　　C. 字符标签　　D. 数字标签

3. 有多个频段，可以远距离读写的自动识别技术是（　　）。

A. 条形码识别　　B. 光学字符识别　　C. 语音识别　　D. RFID

4. （　　）是为GIS系统提供数据源的技术。

A. 无线射频识别技术　　B. 遥感技术

C. 光学字符识别技术　　D. 条形码技术

5. GPS的主要功能是（　　）。

A. 更新道路数据　　B. 定位和导航

C. 将位置显示在电子地图上　　D. 分析某个位置有什么

6. （　　）是智能交通系统（ITS）的重要组成部分。

A. PDA移动终端　　B. GPS智能终端

C. GIS　　D. 区块链

7. 区块链技术与物联网相结合，借助RFID自动识别和GPS全球定位，可实现（　　）。

A. 商品信息可溯源　　B. 供应链节点之间的信任

C. 不同主体之间的电子签收　　D. 智能对账

8. 人工拣选和复核包装的痛点有（　　）。

A. 工作量巨大　　B. 容易出错　　C. 效率低　　D. 行走路线长

9. "货到人"拣选的优点不包括（　　）。

A. 拣货面大　　B. 行走路线短　　C. 出错概率小　　D. 效率高

10. 无人机配送更适合于（　　）场景。

A. 大城市　　B. 校园　　C. 社区　　D. 偏远山区

二、多选题

1. 在物流领域用于商品信息/数据采集的自动识别技术主要是（　　）。

A. 语音识别　　B. 条形码识别　　C. 射频识别　　D. 光学字符识别

2. 条形码是一种便于机器识读的图形标识符。条形码标签成本低廉，机器识读率高，很容易翻译成计算机需要的（　　）或人需要的（　　）。

A. 二进制数据　　B. 图像信息　　C. 语音信息　　D. 十进制数据

3. 相对条形码标签，RFID标签的特点包括（　　）。

A. 存储信息容量大　　B. 可工作于恶劣环境

C. 不怕磨损　　D. 可反复使用

E. 价格更低廉

4. 构成空间信息技术的核心技术有（　　）。

A. RFID　　B. RS　　C. GIS　　D. GPS

5. AI在跨境电商物流中的应用有（　　）等。

A. 智能拣选　B. 智慧盘库　C. 智能调度与规划

D. 路由优化　E. 单证识别　F. 客服

6. 区块链的特点有（　　）。

A. 不可篡改　B. 可以追溯　C. 集中维护

D. 公开透明　E. 去中心化

7. PDA是一种（　　）的终端设备。

A. 可搭载各种操作系统　B. 可承载多种业务流程

C. 可衔接系统与实物　D. 可接入互联网

8. 根据频率不同、读写的距离不同，RF PDA又分为（　　）PDA移动终端。

A. 低频　B. 高频　C. 超高频　D. 红外

9. GPS应用系统的组成部分包括（　　）。

A. 空间星座部分　B. 地面监控部分　C. 用户设备部分　D. GPS终端设备

10. 通过科技赋能，物流供应链获得的收益有（　　）。

A. 物流过程更加透明　B. 物流作业更加精准

C. 物流效率得到提高　D. 物流成本能够下降

三、判断题

1. 条形码是一种便于机器识读的图形标识符。（　　）

2. 语音自动识别是构建物联网的一项重要技术。（　　）

3. 射频识别具有多目标批量识别、无接触自动识别、抗干扰性强等优点。（　　）

4. 光学字符识别是通过扫描、拍照方式，将纸质文件上的文字或数字转换成人认识的十进制数据。（　　）

5. EDI是一种通过电子方式传输订单、发票等商业文件和信息数据的电子化新方法。（　　）

6. SaaS属于云计算的一种，通过该模式，用户支付一定的费用，便可让软件运营商为其量身定制开发一套应用系统。（　　）

7. 物联网就是物物互连的网络，可实现物品信息的实时交换与共享。（　　）

8. Kiva机器人是AGV自动导引小车的一种。（　　）

9. 在智能交通系统中，GPS智能终端只是调度指令的接收设备。（　　）

10. Kiva机器人依靠地面二维码和惯性导航。（　　）

四、简答题

1. 举例说明条形码、RFID、OCR在物流领域有哪些应用。

2. 阐述Kiva机器人“货到人”拣选方式有哪些优势。

3. 无人配送车和无人机配送的应用场景有哪些?

参考文献

[1] 张函．跨境电子商务基础[M]．北京：人民邮电出版社，2019.

[2] 孙韬，胡丕辉．跨境物流及海外仓[M]．北京：电子工业出版社，2020.

[3] 陈碎雷．跨境电商物流管理[M]．北京：电子工业出版社，2018.

[4] 陆端．跨境电子商务物流[M]．2版．北京：人民邮电出版社，2019.

[5] 潘勇．跨境电子商务物流[M]．北京：高等教育出版社，2021.

[6] 张娴．跨境电子商务物流管理[M]．北京：高等教育出版社，2019.

[7] 陈文，吴智峰．物流信息技术[M]．3版．北京：北京理工大学出版社，2022.

[8] 米志强，杨曙．物流信息技术与应用[M]．3版．北京：电子工业出版社，2019.

[9] 郭冬芬．国际物流与货运代理[M]．北京：北京师范大学出版社，2019.

[10] 方照琪．集装箱运输管理与国际多式联运[M]．2版．北京：电子工业出版社，2019.

[11] 江明光．集装箱运输实务[M]．2版．北京：北京理工大学出版社，2019.